독해

더 뉴텝스
실전연습 **500**

독해

더 뉴텝스 실전연습 500

지은이 NEW TEPS Research Team
펴낸이 정규도
펴낸곳 (주)다락원

초판 1쇄 발행 2018년 12월 11일
초판 3쇄 발행 2021년 2월 15일

편집 강화진, 유아름
디자인 김나경, 조화연, 토비트
영문 감수 Michael A. Putlack

다락원 경기도 파주시 문발로 211
내용문의 (02)736-2031 내선 533
구입문의 (02)736-2031 내선 250~252
Fax (02)732-2037
출판등록 1977년 9월 16일 제 406-2008-000007호

값 15,000원

ISBN   978-89-277-4130-5 14740
          978-89-277-4127-5 14740(set)

http://www.darakwon.co.kr
다락원 홈페이지를 방문하시면 상세한 출판정보와 함께
동영상강좌, MP3자료 등 다양한 어학 정보를 얻으실 수 있습니다.

신유형 분석 반영!

뉴텝스 최강 실전대비서!

NEW THE TEPS

NEW TEPS Research Team

독해

더 뉴텝스 실전연습 500

다락원

Contents

Q. NEW TEPS란 무엇인가요?

A. 최근의 영어사용 환경 변화와 영어교육 및 평가의 새로운 추세를 반영하고자 기존 TEPS 시험을 새롭게 개편한 영어 인증시험입니다.

Q. 그렇다면 어떻게 바뀌었으며, 가장 큰 변화는 뭔가요?

A. 각 영역의 문항 수(총 200 → 135문항)와 시험시간(약 140 → 105분)이 축소되었습니다. 또한 청해와 독해 부분에 새로운 유형이 도입되었고 문법과 어휘 시험이 통합되었습니다.

구분	문제유형	문항수	제한 시간	점수 범위
청해 Listening Comprehension	**Part I** 한 문장을 듣고 이어질 대화로 가장 적절한 답 고르기 (문장 1회 청취 후 선택지 1회 청취)	10	40분	0 ~ 240점
	Part II 짧은 대화를 듣고 이어질 대화로 가장 적절한 답 고르기 (대화 1회 청취 후 선택지 1회 청취)	10		
	Part III 긴 대화를 듣고 질문에 가장 적절한 답 고르기 (대화 및 질문 1회 청취 후 선택지 1회 청취)	10		
	Part IV 담화를 듣고 질문에 가장 적절한 답 고르기 (1지문 1문항) (담화 및 질문 2회 청취 후 선택지 1회 청취)	6		
	신유형 **Part V** 담화를 듣고 질문에 가장 적절한 답 고르기 (1지문 2문항) (담화 및 질문 2회 청취 후 선택지 1회 청취)	4		
어휘 Vocabulary	**Part I** 대화문의 빈칸에 가장 적절한 어휘 고르기	10	통합 25분	0 ~ 60점
	Part II 단문의 빈칸에 가장 적절한 어휘 고르기	20		
문법 Grammar	**Part I** 대화문의 빈칸에 가장 적절한 답 고르기	10		0 ~ 60점
	Part II 단문의 빈칸에 가장 적절한 답 고르기	15		
	Part III 대화 및 문단에서 문법상 틀리거나 어색한 부분 고르기	5		
독해 Reading Comprehension	**Part I** 지문을 읽고 빈칸에 가장 적절한 답 고르기	10	40분	0 ~ 240점
	Part II 지문을 읽고 문맥상 어색한 내용 고르기	2		
	Part III 지문을 읽고 질문에 가장 적절한 답 고르기 (1지문 1문항)	13		
	신유형 **Part IV** 지문을 읽고 질문에 가장 적절한 답 고르기 (1지문 2문항)	10		
합계 14개 유형		135 문항	105분	0~600점

Q. 점수 체계에 변화가 있나요?

A. 기존의 200문항에서 135문항으로 문항수를 줄여 점수 체계를 변경하였습니다. 각 영역별 최고점수는 청해와 독해 각 240점이며, 어휘와 문법은 각 60점으로 총점 600점입니다.

Q. 기존 TEPS 점수와 NEW TEPS 점수의 환산은 가능한가요?

A. 기존 TEPS의 총점 990점과 NEW TEPS의 600점은 최고점수에 해당하며 동일한 능력으로 간주됩니다. 개정 전후 TEPS 점수 체계를 비교하는 환산표는 아래와 같습니다.

기존 TEPS	NEW TEPS
990~937	600~551
936~870	550~501
867~799	500~451
799~724	450~401
723~643	400~351
641~557	350~301
555~469	300~251
467~381	250~201
379~282	200~151
280~178	150~101

NEW TEPS 등급 구성표

등급	점수	능력 검정 기준(Description)
1+급 (Level 1+)	526~600	**Native Level of English Proficiency** 외국인으로서 최상급 수준의 의사소통 능력. 교양 있는 원어민에 버금가는 정도로 의사소통이 가능하고 전문 분야 업무에 대처할 수 있음.
1급 (Level 1)	453~525	**Near-Native Level of Communicative Competence** 외국인으로서 최상급 수준에 근접한 의사소통 능력. 단기간 집중 교육을 받으면 대부분의 의사소통이 가능하고 전문 분야 업무에 별 무리 없이 대처할 수 있음.
2+급 (Level 2+)	387~452	**Advanced Level of Communicative Competence** 외국인으로서 상급 수준의 의사소통 능력. 단기간 집중 교육을 받으면 일반 분야 업무를 큰 어려움 없이 수행할 수 있음.
2급 (Level 2)	327~386	**High Intermediate Level of Communicative Competence** 외국인으로서 중상급 수준의 의사소통 능력. 중장기간 집중 교육을 받으면 일반 분야 업무를 큰 어려움 없이 수행할 수 있음.

등급	점수	능력 검정 기준(Description)
3+급 (Level 3+)	268~326	**Mid Intermediate Level of Communicative Competence** 외국인으로서 중급 수준의 의사소통 능력. 중장기간 집중 교육을 받으면 한정된 분야의 업무를 큰 어려움 없이 수행할 수 있음.
3급 (Level 3)	212~267	**Low Intermediate Level of Communicative Competence** 외국인으로서 중하급 수준의 의사소통 능력. 중장기간 집중 교육을 받으면 한정된 분야의 업무를 다소 미흡하지만 큰 지장 없이 수행할 수 있음.
4+급 (Level 4+)	163~211	**Novice Level of Communicative Competence** 외국인으로서 하급 수준의 의사소통 능력. 장기간의 집중 교육을 받으면 한정된 분야의 업무를 대체로 어렵게 수행할 수 있음.
4급 (Level 4)	111~162	
5+급 (Level 5+)	55~110	**Near-Zero Level of Communicative Competence** 외국인으로서 최하급 수준의 의사소통 능력. 단편적인 지식만을 갖추고 있어 의사소통이 거의 불가능함.
5급 (Level 5)	0~54	

파트별 출제유형

NEW TEPS 독해는 4개의 파트로 나뉘며 총 35문항으로 이루어져 있다. Part Ⅰ은 빈칸에 가장 적절한 답을 고르는 문제로 10문항이 출제되고, 이후 문맥상 어색한 내용을 고르는 Part Ⅱ가 2문항 출제된다. 가장 많은 비중을 차지하는 Part Ⅲ는 13문항으로 하나의 지문에 대의 파악, 세부 내용 파악, 추론 유형 중 한 가지에 해당하는 1문항이 제시되며, Part Ⅳ는 Part Ⅲ와 동일한 형태지만 지문이 더 길고, 각 지문당 2문항이 주어져 총 10문항이 제시된다.

PART I 지문을 읽고 빈칸에 가장 적절한 답 고르기

Part Ⅰ은 총 10문항으로, 글의 처음이나 중간, 혹은 마지막에 있는 빈칸에 들어갈 말을 고르는 문제로 구성된다.

Most traffic jams occur on roads that have recurring traffic congestion. This means that the roads' usual states are ones where motor vehicles move slowly. All it takes is for one small incident to transform the slow-moving traffic to traffic that does not move at all. Many times, even minor incidents like a vehicle being stalled on the road or a driver breaking suddenly in highly congested areas can cause what is known as a ripple effect, where every driver after that

_____.

(a) must also slow down
(b) has to change directions
(c) needs to make a detour
(d) gets in an accident

대부분의 교통 체증은 교통 정체가 반복되어 일어나는 도로에서 발생한다. 이는 도로의 일반적인 상태가 자동차가 천천히 움직이는 것이라는 의미다. 천천히 움직이는 교통 흐름에서 전혀 움직이지 않는 교통 흐름으로 바뀌는 데는 사소한 일 하나면 된다. 많은 경우, 차량이 도로 위에서 오도 가도 못하게 되거나 꽉 막혀 있는 지역에서 운전자가 갑작스럽게 브레이크를 밟는 것과 같이 아주 사소한 일도 연쇄작용이라 불리는 것을 야기하는데, 그 뒤에 있는 모든 운전자는 _____ 것이다.

(a) 역시 속도를 낮추어야 하는
(b) 방향을 바꾸어야 하는
(c) 우회해야 하는
(d) 사고를 당하게 되는

PART II

지문을 읽고 문맥상 어색한 내용 고르기

Part II는 총 2문항으로, 글의 흐름상 어색한 문장을 찾는 문제로 구성된다.

On August 3, 1492, Christopher Columbus set out from Spain with a crew of 104 men on three ships in search of a new, faster route to Asia. (a) On October 12, one of Columbus's men spotted land, which Columbus erroneously believed to be in Asia. (b) Instead, it was in the Bahamas, an island located in the Caribbean Sea and which is a part of North America. (c) Columbus had not made it to Asia; he had discovered an entirely new continent. (d) Columbus later made three more voyages back to various places in the Americas.

1492년 8월 3일 Christopher Columbus는 3척의 배로 104명의 선원들과 함께 새롭고 더욱 빠른 아시아로의 해로를 찾아 스페인에서 출발했다. (a) 10월 12일 Columbus의 선원 중 한 사람이 육지를 발견했는데, Columbus는 아시아에 도착했다고 잘못 생각했다. (b) 대신, 그 지역은 카리브해에 위치해 있으며, 북미 일부의 섬이었던 바하마 제도였다. (c) Columbus는 아시아에 도달하지 못하고, 완전히 새로운 대륙을 발견했던 것이다. (d) Columbus는 이후 아메리카 대륙의 다양한 지역으로 다시 세 번 더 항해했다.

Part Ⅲ는 13문항으로 하나의 지문에 대의 파악, 세부 내용 파악, 추론 유형 중 한 가지에 해당하는 문항이 하나 제시된다.

Dear Professor Malchow,

We are pleased to inform you that the article you submitted on modern business methods has been accepted and will be printed in an upcoming edition of our journal. However, we would like for you to make some minor changes to the manuscript prior to it going to press. If you have some time, I would like to meet you in person to go over all of the proposed changes. When you have an opportunity, please get in contact with me so that we can arrange a mutually acceptable time for us to meet.

Sincerely,
Jennifer Summers
Business Monthly Journal

Q: Which of the following is correct according to the email?

(a) Professor Malchow is an employee at Business Monthly Journal.
(b) Jennifer Summers has an appointment to meet Professor Malchow.
(c) The article Professor Malchow wrote requires heavy editing.
(d) A work by Professor Malchow will appear in a journal soon.

Malchow 교수님께,

교수님께서 제출하신 현대 비즈니스 방법론에 관한 글이 채택되어 저희 잡지의 다음 호에 게재될 것을 알려드리게 되어 기쁩니다. 하지만 인쇄에 들어가기 전에 원고를 조금 수정해 주셨으면 좋겠습니다. 시간이 있으시다면 직접 만나 뵙고 제안된 모든 변경 사항에 대해 검토하고 싶습니다. 시간이 나실 때 제게 연락을 주시면, 저희가 만나기에 서로 편한 시간으로 조정할 수 있을 것 같습니다.

Jennifer Summers 드림
월간 비즈니스 저널

Q: 이메일에 따르면 다음 중 옳은 것은 무엇인가?
(a) Malchow 교수는 월간 비즈니스 저널의 직원이다.
(b) Jennifer Summers는 Malchow 교수와 만날 약속이 있다.
(c) Malchow 교수가 쓴 글은 많은 편집이 필요하다.
(d) Malchow 교수가 쓴 글은 곧 저널에 실릴 것이다.

Part IV는 Part III와 동일한 형태지만 지문이 더 길고, 각 지문당 2문항이 주어져 총 10문항이 제시된다.

A Deadly Diet Disorder

Pica is a psychological disorder where a person feels compelled to eat things most people do not consider food. Such items may include dirt, sand, chalk, clay, soap and things that are food but are not normally eaten alone, like flour, starch, sugar, salt, and ice cubes. Many people with pica suffer from developmental disabilities such as autism. The disorder can be dangerous, especially for small children. If a child eats dirt or sand, he or she might consume animal parasites, which could cause serious health problems. There is also the danger of damaging the digestive tract by eating sharp objects like glass. Research suggests that an iron deficiency may be the underlying cause of pica.

치명적인 식이장애

이식증은 대부분의 사람들이 음식으로 여기지 않는 것을 먹어야 한다고 느끼는 심리적 장애이다. 그러한 물건으로는 먼지, 모래, 분필, 진흙, 비누, 또한 밀가루, 녹말, 설탕, 소금, 얼음과 같이 음식이긴 하지만 일반적으로 단독으로는 먹지 않는 것들이 포함된다. 이식증이 있는 많은 사람들은 자폐증과 같은 발달장애를 겪고 있다. 이 질환은 특히 어린 아이들에게 위험할 수 있다. 만약 어떤 아이가 먼지나 모래를 먹는다면, 동물 기생충을 섭취할 수 있으며, 이는 심각한 건강 문제를 일으킬 수 있다. 또한 유리와 같은 날카로운 물건을 먹음으로써 소화관에 손상을 입힐 위험도 있다. 연구는 철분 부족이 이식증의 근본적인 원인일 수도 있다고 제안한다.

1 Q: What is the passage mainly about?

(a) The best way to cure problems such as autism

(b) A deadly disease that affects children with mental problems

(c) The reason that some children do not have enough iron

(d) A psychological problem that causes people to eat strange things

2 Q: According to the passage, how can pica harm children?

(a) It can cause them to get parasites in their bodies.

(b) It can remove iron from their bodies.

(c) It can make them gain weight suddenly.

(d) It can make them develop disabilities such as autism.

1 Q: 지문은 주로 무엇에 관한 것인가?

(a) 자폐증과 같은 장애를 치료하는 최고의 방법

(b) 정신 장애를 가진 아이들에게 영향을 미치는 치명적인 질병

(c) 몇몇 아이들이 철분을 충분히 섭취하지 못하는 이유

(d) **사람들로 하여금 이상한 것을 먹게 하는 심리 질환**

2 Q: 지문에 의하면, 이식증이 아이들에게 어떻게 해를 입힐 수 있는가?

(a) **몸에 기생충이 생기게 할 수도 있다.**

(b) 몸에서 철분을 제거할 수도 있다.

(c) 갑작스레 체중이 증가하게 만들 수도 있다.

(d) 자폐증과 같은 장애를 갖도록 만들 수도 있다.

NEW TEPS Features & Structure

파트별 Reading Point

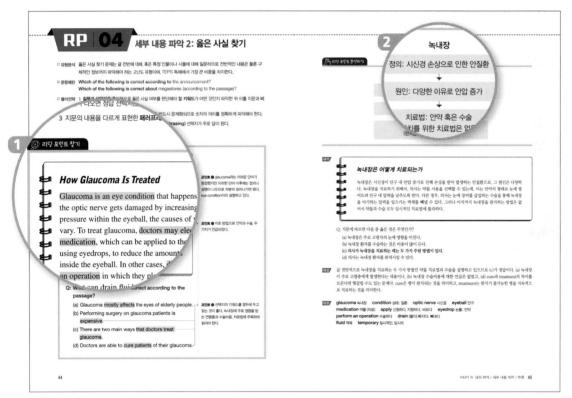

❶ 리딩 포인트 찾기

유형별로 제시되는 예제를 자세히 살펴볼 수 있다. 각 리딩 포인트의 풀이전략을 반영한 포인트가 제시된다.

❷ 리딩 포인트 분석하기

예제를 도식화하여 나타내 글의 흐름에 대한 이해를 도와준다. 해석과 해설, 어휘도 함께 살펴볼 수 있다.

독해 안목 키우기

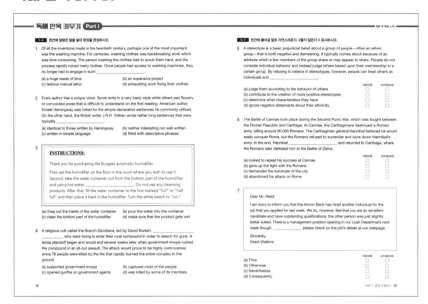

Actual Test를 풀어보기 전, 동일한 유형이지만 짧은 문단으로 구성된 문제를 통해 파트별 문제를 연습해 볼 수 있다.

Actual Test

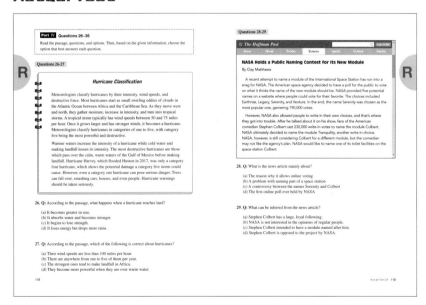

6회분의 Actual Test로 충분한 연습이 가능하다. NEW TEPS에 익숙해질 수 있도록 실제 시험 문제와 동일하게 배치하였다.

Section

1

파트별
Reading
Point

PART I

문장 완성하기

Reading Pattern

토픽 ··········· 문제 흐름 ··········· 유형

의학, 과학, 사회학,
정치, 역사, 문화,
인문학, 심리학 등의
다양한 지문

안내, 보고서,
이메일 등의
간단한 실용문

4~5문장의 지문
(70~80 단어)

⬇

빈칸에
알맞은 말을 넣어
문장 완성하기

- 빈칸이 첫 문장에 있는 경우
- 빈칸이 단락 가운데 있는 경우
- 빈칸이 마지막 문장에 있는 경우
- 연결어

Reading Point

1 1~10번, 총 10문항

2 빈칸이 마지막 문장에 있는 경우가 약 4~6문항으로 가장 많이 출제되며, 단락 가운데 있는 경우는

1~2문항 정도로 적게 출제된다. 연결어는 9~10번에 해당한다.

3 단순한 줄글 형태 이외에 이메일이나 보고서와 같은 실용문 또한 약 2문항 정도 등장한다.

4 전체적인 글의 맥락에 따라 미루어 짐작하는 능력이 필요하다.

→ 글의 흐름을 반전시키는 However, But, In contrast와 같은 역접 연결어에 유의해야 한다.

빈칸이 첫 문장에 있는 경우

□ **유형분석** 빈칸이 첫 문장에서 등장하는 유형으로 약 2~3문항 출제된다.

□ **풀이전략** 1 첫 문장에 빈칸이 있으면 **대부분 주제를 찾는 문제**가 된다. 영어의 문단은 대체로 '주제 문장 → 부연 설명 (예시) → 결론'의 형태를 취하므로 빈칸 이후의 부연 설명이나 예시로 빈칸 내용을 유추할 수 있다.

2 **마지막 문장에서** 결론을 내리며 **주제를 다시 요약**하는 경우도 많으므로 시간이 부족할 때는 마지막 문장과 비슷한 내용의 선택지를 찾는 것도 하나의 방법이다.

3 후반부에 However, But, In contrast와 같은 **역접 연결어**가 나온다면 첫 문장이 주제 문장이 아닐 수 있으므로 유의해야 한다.

🔍 리딩 포인트 찾기

The recent financial crisis has affected not only low-income families trying to stay afloat but also _____. Animal shelters in New York are inundated with the dogs, cats, parrots, and other beautiful pets of people who can no longer afford to keep their property. The Society for Pets Heal The World in Albany, New York, for instance, accepted more than 500 dogs and cats in January alone. No one can imagine how financial difficulties can have devastating effects on people's lovely furry companions.

(a) animal shelters
(b) homeless people
(c) high-income households
(d) exotic animals

→ **포인트 ❶** 첫 문장을 통해 금융 위기의 영향이 글의 주제임을 알 수 있다.

→ **포인트 ❷** 금융 위기의 여파로 사람들이 더 이상 애완동물을 키울 수 없어 동물 보호소에 맡긴다는 설명이 나와 있다.

금융 위기의 영향

> 키울 여력이 없는 주인의 증가
>
> ↓
>
> 펫츠 힐 더 월드 단체의 예시:
> 한 달간 500마리가 넘는 개와 고양이를 받아들임
>
> ↓
>
> 예측하지 못했던 애완동물에게 미치는 영향

해석 최근의 금융 위기는 생계에 허덕이는 저소득 가정뿐만 아니라 _____에도 영향을 미쳤다. 뉴욕 소재 동물 보호소는 더 이상 재산을 유지할 여력이 없는 사람들의 개, 고양이, 앵무새, 기타 아름다운 애완동물들로 넘쳐난다. 예를 들어, 뉴욕 올버니에 있는 펫츠 힐 더 월드 단체는 1월 한 달 동안에만 500마리가 넘는 개와 고양이를 받아들였다. 어느 누구도 금융 위기가 사람들의 사랑스러운 애완동물에게 막대한 영향을 미칠 것이라 생각하지 못했다.

(a) 동물 보호소
(b) 노숙자
(c) 고소득 가구
(d) 이국적인 동물

해설 첫 문장에 빈칸이 나왔으므로 다음 문장이나 마지막 문장을 통해 이를 유추할 수 있다. 빈칸 이후로 동물 보호소에 많은 애완동물이 들어오고 있다는 부연설명과 펫츠 힐 더 월드 단체의 예시를 덧붙이고, 마지막 문장에서 금융 위기가 애완동물에 영향을 미칠 것이라 생각하지 못했다는 내용이 나오므로 정답은 (a)이다.

어휘 **financial crisis** 금융 위기 **affect** 영향을 미치다 (have an effect on)
stay afloat 빚지지 않고 있다 **shelter** 피난처; 보호소 **inundate** 넘치게 하다
afford ~할 (경제적) 여유가 있다 **property** 재산; 소유물 **devastating** 파괴적인; 굉장한
furry (부드러운) 털로 덮인 **companion** 동반자; 친구

□ **유형분석** 빈칸이 단락 가운데에서 등장하는 유형으로 약 1~2문항 출제된다.

□ **풀이전략** **1** 주로 첫 문장이 주제 문장이 되므로 단락 가운데의 문장은 **주제 문장을 부연하거나 이에 대한 예시를 제시**한다.

  2 **빈칸 앞뒤 문장**에 유의해서 읽어야 하며, 빈칸이 However, But, In contrast와 같은 **역접 연결어**로 시작되는 문장에 있다면 주제 문장과는 상반되는 내용이 이어져야 한다.

리딩 포인트 찾기

Dear Gwen Reynolds,

This is David Jenkins of the Rawling Corporation. We were very pleased to receive your application for a posting as a consultant with us. After reviewing the applications of many well-qualified candidates, your name was short-listed for a face-to-face interview. Your interview is scheduled to take place on Saturday, December 12, at 11 AM in our corporate headquarters in Washington, D.C. Your travel and hotel arrangements and expenses will be taken care of by the corporation. Expect to receive _____ soon. If this day is inconvenient for you, or if you have any questions, please do not hesitate to contact us.

Sincerely,
David Jenkins

> **포인트 ❶** 빈칸 앞 문장에 본사까지 오는 데 필요한 교통편 및 호텔 경비는 회사가 처리하겠다는 내용이 나왔으므로 이에 대한 세부 사항을 요청하는 것이 자연스럽다.

(a) a bill for the airplane and hotel
(b) all of the details of your trip
(c) a request for an interview
(d) a list of hotels to stay at

> **포인트 ❷** Gwen Reynolds가 직접 비용을 지불하는 경우에 필요할 것이다.

> **포인트 ❸** 호텔 비용 지불이 회사 측에서 이루어지므로 회사가 선정할 것이다.

David Jenkins의 메일

알림

① 1대 1 면접 후보자로 선정
② 면접 일정 및 비용 처리

요청

① 이동에 관한 세부 사항
② 면접 가능 여부 및 궁금한 점

해석

> Gwen Reynolds 귀하,
>
> 롤링 사의 David Jenkins입니다. 저희는 컨설턴트 직에 대한 귀하의 입사 지원서를 받아 기쁩니다. 여러 출중한 지원자들의 이력서를 검토한 후, 귀하께서 1대 1 면접 후보자로 선정되셨습니다. 인터뷰는 12월 12일 토요일 오전 11시, 워싱턴 D.C.에 있는 저희 본사 건물에서 있을 예정입니다. 이동 및 호텔 예약과 경비는 회사에서 처리될 예정입니다. _____을 곧 받을 수 있기를 기대하고 있습니다. 면접 날짜가 불편하시거나 궁금한 점이 있으시면 주저 마시고 연락주시기 바랍니다.
>
> David Jenkins 드림

(a) 비행기 및 호텔 청구서
(b) 귀하의 이동에 관한 모든 세부 내용
(c) 인터뷰 요청
(d) 숙박할 호텔 목록

해설 빈칸 앞 문장에 회사가 비용 처리를 해줄 것이라는 내용이 나왔으므로 Gwen Reynolds는 이에 대한 세부 내용을 전달해야 할 것이다. (c) 인터뷰 요청은 현재 회사 측에서 하고 있다.

어휘 **application** 신청(서), 지원(서)　**posting** (근무지로의) 배치　**qualify** 자격을 갖추다
short-list 후보자 명단에 올리다　**be scheduled to** ~할 예정이다
take place 개최되다, 일어나다　**headquarters** (pl.) 본사, 본부
arrangement 준비, 마련　**expenses** (pl.) (특별한 일에 드는) 비용, 경비
take care of ~을 돌보다; ~을 처리하다　**detail** 세부 사항

RP | 03 빈칸이 마지막 문장에 있는 경우

□ **유형분석** 빈칸이 마지막 문장에서 등장하는 유형으로 약 4~6문항 출제되어 가장 큰 비중을 차지한다.

□ **풀이전략** 1 첫 문장에 주제 문장이 나왔다면 **마지막 문장에서 주제를 다시 언급**할 가능성이 높으므로, 주제 문장과 내용이 비슷한 선택지를 살펴보는 것이 좋다.

2 주제를 중심으로 전개되는 글이 아닌 경우, **글의 흐름**을 파악하는 것이 관건이다.

3 빈칸이 있는 문장이나 그 앞 문장에서 However, But, In contrast와 같은 **역접 연결어**가 나온다면 **글의 중심 내용과 반대되는 선택지**를 골라야 한다.

🔍 리딩 포인트 찾기

The Best Choice for a Greener Lawn

The Ace Lawn and Landscaping Company has just opened its doors for business. We are specialists in lawn care and repair, including laying sod and installing walkways and fountains. No job is too big or too small for our skilled craftsmen. Let us help make your lawn the envy of your neighbors. Do you need a new lawn? We'll help you pick the best sod and lay it for you. Are you having trouble with pests? Don't worry since we have the latest in lawn protection technology. We even provide free consultations for first-time customers. Call us at 555-9000 or consult our website at www.acelawn.com for a complete list of _____ _____.

Ace Lawn and Landscaping Company

> **포인트 ❶** 광고문은 제품이나 서비스의 특장점을 홍보한다는 점을 염두에 두며 읽어 나가야 한다.

> **포인트 ❷** 광고문이므로 주제를 파악하기보다는 흐름을 파악하는 것이 관건이다. 서비스 홍보 이후 실질적인 구매를 유도하기 위해서는 구체적인 서비스 내용과 가격 확인을 권할 것이다.

(a) some of our satisfied customers
(b) the pests we can eliminate
(c) our services and prices
(d) our buildings in the local area

> **포인트 ❸** 해충 제거는 ACE 잔디 조경 회사가 제공하는 서비스의 일부이다.

잔디 조경 회사의 개업

잔디 관리 및 보수 전문

↓

홍보 내용
① 숙련공으로 이루어진 직원들
② 최상의 잔디로 심어줌
③ 최신 잔디 보호 기술로 해충 예방
④ 첫 구매 고객에게 무료 상담

↓

전화나 홈페이지를 통해 추가 정보 확인 가능

해석

푸른 잔디를 위한 최고의 선택

Ace 잔디 조경 회사가 이제 막 문을 열었습니다. 저희는 잔디 심기, 보도나 분수대 설치를 포함하는 잔디 관리 및 보수를 전문으로 하고 있습니다. 저희 숙련공들은 크건 작건 어떤 작업이든 가능합니다. 여러분의 잔디를 이웃들이 부러워하도록 만들어 드리겠습니다. 새로운 잔디가 필요하신가요? 최상의 잔디를 골라 심어드리겠습니다. 해충이 골칫거리인가요? 걱정하지 마세요. 저희는 최신 잔디 보호 기술을 갖추고 있습니다. 첫 구매 고객들께는 무료 상담까지 제공해 드립니다. 555-9000으로 전화 주시거나 웹사이트 www.acelawn.com에서 _____을 모두 확인해 보세요.

Ace 잔디 조경 회사

(a) 일부 만족한 고객들
(b) 저희가 제거할 수 있는 해충
(c) 저희의 서비스와 가격
(d) 현지 지역의 저희 건물

해설 광고문의 마지막 문장은 흐름상 실질적인 구매를 유도하는 내용이어야 한다. 따라서 구체적인 서비스 품목과 가격을 확인해보라는 (c)가 가장 적절하다. (a) 만족한 고객을 확인하는 것만으로는 실질적인 구매를 유도할 수 없다. (d) 관련 없는 내용이다.

어휘 **lawn** 잔디　**landscaping** 조경　**sod** 잔디　**install** 설치하다
walkway 보도　**craftsman** 장인, 수공예가　**pest** 해충　**consultation** 상담
consult 상담하다; (정보를 얻기 위해) 찾아보다　**satisfy** 만족시키다　**eliminate** 제거하다

□ **유형분석** 빈칸에 연결어가 등장하는 유형으로 Part I의 마지막 문제인 9, 10번에서 출제된다.

□ **풀이전략** **빈칸 앞뒤 문장**을 특히 잘 읽고 두 문장의 **관계를 파악**해야 한다.

◎ 리딩 포인트 찾기

In temperate zones, which are regions that usually have four seasons, there are two main types of trees: deciduous and coniferous trees. The latter are easy to recognize by their needles and cones while deciduous trees have broad leaves and usually bear either fruits or nuts. Coniferous trees also do not shed their needles all at once but instead stay green all year long, so they are sometimes called evergreens. Deciduous trees, _____, usually shed their leaves when the weather becomes cooler in the fall.

(a) therefore
(b) on the other hand
(c) in order to
(d) nevertheless

포인트 ❶ deciduous와 coniferous라는 어려운 단어가 등장했지만 이러한 단어 이후에는 정의나 설명이 나오므로 차분히 읽어나가면 된다.

포인트 ❷ 빈칸 앞뒤 문장의 관계를 파악해야 한다. 빈칸 앞 문장에서 침엽수는 잎을 떨어뜨리지 않는다고 했고, 뒤 문장에서 활엽수는 떨어뜨린다고 했으므로 서로 상반되는 내용임을 알 수 있다.

온대 지역의 나무 종류

활엽수
① 넓은 잎과 과일 혹은 견과
② 가을에 잎을 떨어뜨림

침엽수
① 바늘 모양의 잎과 원뿔 모양의 열매
② 잎을 떨어뜨리지 않고 일 년 내내 푸름

해석 일반적으로 사계절이 있는 온대 지역에는 활엽수와 침엽수 두 가지 종류의 나무가 자란다. 침엽수는 바늘 모양의 잎과 원뿔 모양의 열매로 쉽게 알아볼 수 있는 반면 활엽수는 넓은 잎을 가지고 있고 일반적으로 과일이나 견과를 맺는다. 이러한 나무는 한 번에 잎을 떨어뜨리지 않고 대신 일 년 내내 푸름을 유지하는데, 그래서 상록수라 불리기도 한다. ＿＿＿＿＿＿＿＿＿ 활엽수는 보통 날씨가 쌀쌀해지는 가을에 잎을 떨어뜨린다.

(a) 그러므로
(b) 반면
(c) ~하기 위해서
(d) 그럼에도 불구하고

해설 빈칸 앞 문장에서는 잎을 떨어뜨리지 않는 상록수에 대해, 뒤 문장에서는 잎을 떨어뜨리는 활엽수에 대해 설명했다. 따라서 '반면'으로 연결하는 것이 가장 자연스럽다. 정답은 (b)이다.

어휘 **temperate** (기후, 지역이) 온화한   **deciduous** 활엽수의   **coniferous** 침엽수의
the latter 후자   **recognize** 알아보다, 인식하다   **needle** 바늘; 솔잎
cone 원뿔; 솔방울   **shed** (피, 눈물을) 흘리다; (잎을) 떨어뜨리다
all at once 갑자기; 한번에   **evergreen** 상록수

1~4 빈칸에 알맞은 말을 넣어 문장을 완성하시오.

1   Of all the inventions made in the twentieth century, perhaps one of the most important was the washing machine. For centuries, washing clothes was backbreaking work which was time consuming. The person washing the clothes had to scrub them hard, and the process rapidly ruined many clothes. Once people had access to washing machines, they no longer had to engage in such _____.

(a) a huge waste of time

(b) an expensive project

(c) tedious manual labor

(d) exhausting work fixing their clothes

2   Every author has a unique voice. Some write in a very basic style while others pen flowery or convoluted prose that is difficult to understand on the first reading. American author Ernest Hemingway was noted for the simple declarative sentences he commonly utilized. On the other hand, the British writer J.R.R. Tolkien wrote rather long sentences that were typically _____.

(a) identical to those written by Hemingway

(b) neither interesting nor well written

(c) written in simple language

(d) filled with descriptive phrases

3

INSTRUCTIONS:

Thank you for purchasing the Burgess automatic humidifier.

First, set the humidifier on the floor in the room where you wish to use it. Second, take the water container out from the bottom part of the humidifier, and using hot water, _____. Do not use any cleansing products. After that, fill the water container to the line marked "full" or "half full" and then place it back in the humidifier. Turn the white switch to "on."

(a) rinse out the inside of the water container

(b) pour the water into the container

(c) clean the bottom part of the humidifier

(d) make sure that the product gets wet

4   A religious cult called the Branch Davidians, led by David Koresh, _____ _____ who were trying to enter their rural compound in order to search for guns. A tense standoff began and would end several weeks later when government troops rushed the compound in an all-out assault. The attack would prove to be highly controversial since 76 people were killed by the fire that rapidly burned the entire complex to the ground.

(a) supported government troops

(b) captured most of the children

(c) opened gunfire on government agents

(d) was killed by some of its members

5-7 빈칸에 들어갈 말로 자연스러운지 그렇지 않은지 V 표시하시오.

5   A stereotype is a basic prejudicial belief about a group of people—often an ethnic group—that is both negative and demeaning. It typically comes about because of an attribute which a few members of the group share or may appear to share. People do not consider individual behavior and instead judge others based upon their membership in a certain group. By refusing to believe in stereotypes, however, people can treat others as individuals and _____.

	natural	unnatural
(a) judge them according to the behavior of others	☐	☐
(b) contribute to the creation of more positive stereotypes	☐	☐
(c) determine what characteristics they have	☐	☐
(d) ignore negative statements about their ethnicity	☐	☐

6   The Battle of Cannae took place during the Second Punic War, which was fought between the Roman Republic and Carthage. At Cannae, the Carthaginians destroyed a Roman army, killing around 80,000 Romans. The Carthaginian general Hannibal believed he would easily conquer Rome, but the Romans refused to surrender and wore down Hannibal's army. In the end, Hannibal _____ and returned to Carthage, where the Romans later defeated him at the Battle of Zama.

	natural	unnatural
(a) looked to repeat his success at Cannae	☐	☐
(b) gave up the fight with the Romans	☐	☐
(c) demanded the surrender of the city	☐	☐
(d) abandoned his attack on Rome	☐	☐

7

Dear Mr. Reed,

I am sorry to inform you that the Amron Bank has hired another individual for the job that you applied for last week. We do, however, feel that you are an excellent candidate and have outstanding qualifications; the other person was just slightly better suited. There is a management position opening in our Loan Department next week though. _____ please check on the job's details at our webpage.

Sincerely,
Grant Watkins

	natural	unnatural
(a) Thus	☐	☐
(b) Otherwise	☐	☐
(c) Nevertheless	☐	☐
(d) Consequently	☐	☐

PART II

흐름상 어색한 문장 찾기

토픽 문제 흐름 유형

의학, 과학, 사회학,
정치, 역사, 문화,
인문학, 심리학 등의
다양한 지문

5문장의 지문
(70~100 단어)

↓

흐름상
어색한 문장 찾기

• 흐름상 어색한 문장 찾기

1 11~12번, 총 2문항

2 11번에는 Part Ⅰ과 비슷한 70~80단어의 지문이, 12번에는 그보다 더 긴 100단어 정도의 지문이
출제된다.

3 첫 문장에는 주로 주제 문장이나 배경에 관한 내용이 나오고, 이후 주제 문장을 뒷받침하는 예시,
부연, 상술 등으로 이루어진 4개의 선택지 문장이 등장한다.

→ 선택지 내용이 첫 문장과 일맥상통하는지 살펴보는 것도 하나의 방법이다.

4 글의 논리적 흐름과 역접 연결어에 유의하며 읽어야 한다.

□ **유형분석** 글의 흐름상 어색한 문장을 찾는 유형이다.

□ **풀이전략** **1** 첫 문장에는 주로 주제 문장이나 배경에 관한 내용이 나오고, 이후 이를 뒷받침하는 **예시, 부연, 상술** 등으로 이루어진 선택지 (a)~(d)가 이어진다.

2 **선택지 내용이 첫 문장과 일맥상통하는지** 살펴보아야 한다. 첫 문장이 주제 문장인 경우가 많으므로 이와 동떨어진 내용의 선택지가 대체로 답이 된다.

3 글의 흐름을 약간씩 비틀어 함정을 놓기 쉬운 유형으로, 답인 듯한 선택지를 찾아도 **무조건 (d)까지 읽어야 한다.**

◉ 리딩 포인트 찾기

Glossy Magazine, one of the top fashion magazines in the world today, is currently searching for several new staff members. (a) *Glossy Magazine* does not discriminate in its hiring practices and will consider every valid application. (b) *Glossy Magazine* is changing from a monthly to a weekly magazine, which is why it needs more employees. (c) We are particularly interested in receiving applications from people who have been employed in the fashion industry in any capacity. (d) All those interested in applying for a position should send their résumés by email to Ms. Rollins at wrollins@glossy.org.

포인트 ❶ 새로운 직원을 뽑고 있다는 내용이 주제 문장으로 제시되었다.

포인트 ❷ 선택지 모두 주제 문장과 관련성이 높은 어려운 문제다. (a)~(d) 중 지원자가 몰라도 상관없는 정보는 인력 충원의 이유이다.

포인트 ❸ (c) 자격 조건과 (d) 지원 방법은 반드시 있어야 하는 내용이다.

글로시 매거진의 인력 충원

(a) 고용시 어떠한 차별적 요소도 배제

(b) 인력 충원의 이유

(c) 패션 업계 경력자 선호

(d) 지원 방법

해석 오늘날 세계 최고의 패션 잡지 중 하나인 글로시 매거진은 지금 신입 직원 몇 분을 찾고 있습니다. (a) 글로시 매거진은 고용 관행에 있어서 차별을 두지 않으며, 유효한 모든 지원서를 고려할 것입니다. **(b) 글로시 매거진이 월간지에서 주간지로 바뀌면서, 더 많은 직원이 필요하게 되었습니다.** (c) 저희는 어떤 직책이든, 패션 업계에서 일한 경험이 있는 지원자의 이력서에 더욱 관심을 두고 있습니다. (d) 지원에 관심 있는 모든 분들은 이력서를 Rollins 씨에게 wrollins@glossy.org로 이메일을 보내주시기 바랍니다.

해설 새로운 직원을 뽑는 안내문이다. 고용에 차별을 두지 않음을 언급하며 지원을 독려하고, 지원자의 자격 조건과 지원 방법을 설명하고 있는 나머지 문장과 달리 (b)는 공석이 나게 된 이유를 이야기하고 있으므로 흐름상 어색하다.

어휘 **currently** 현재   **staff member** 직원   **discriminate** 차별하다; 구별하다
practice 관습; 관행   **valid** 유효한, 타당한   **monthly magazine** 월간지
particularly 특히   **be interested in** ~에 관심이 있다   **industry** 산업, 업계
capacity 능력; (공식적인) 지위, 역할   **résumé** 이력서

1~3 주제 문장을 읽고 이와 관련 없는 문장을 고르시오.

1   Complaints about the environment are nothing new.

(a) They became especially prevalent during the Industrial Revolution, which had its inception during the eighteenth century.

(b) John Kay, an inventor, was one of the men who helped begin the Industrial Revolution.

(c) Because of the sudden mechanization of factories, both air and water pollution started to become problems.

(d) This, in turn, led to people decrying the fact that the air they breathed and the water they drank were dirty.

2   There are two types of planets in our solar system: terrestrial and Jovian planets.

(a) Mercury, Venus, Earth, and Mars are the terrestrial planets, and Jupiter, Saturn, Uranus, and Neptun are Jovians.

(b) Between Mars and Jupiter lies the asteroid belt, which is believed to be the fragments of a planet that once existed between those two planets.

(c) The terrestrial planets have solid surfaces while the Jovian planets are all basically gas giants.

(d) They are all considerably larger than the terrestrial planets and have very different compositions as well.

3   In order to receive one's driver's license, the following steps must be taken.

(a) The person, who should be at least sixteen years of age, must pass a written test by getting no fewer than twenty-two of the thirty questions correct.

(b) Following that, the individual must take an eye coordination test as well as a color blindness test.

(c) Around 8% of men and 1 to 2% of women are believed to be color blind.

(d) Then, the person must take a driving test with one of the test administrators at the Department of Motor Vehicles.

4~6 다음 문장을 읽고 나머지와 어울리지 않는 문장을 고르시오.

4   (a) Students who attend graduate school focus almost exclusively on one subject.

    (b) Graduate students often take a small number of classes per semester due to the intensive nature of their courses.

    (c) While many graduate students may take at least one year of classes, afterward, much of their research is conducted alone under the guidance of their advisor.

    (d) Students in their undergraduate years take classes in several different departments each semester.

5   (a) Some people have a tendency to accuse others of certain characteristics that the accuser himself actually possesses, which is referred to as projection.

    (b) In virtually all cases of projection, the characteristic another is said to have is a negative one.

    (c) This specific kind of psychological projection is referred to as Freudian projection.

    (d) In addition to Sigmund Freud, Carl Jung was another famous individual who conducted work in psychology.

6   (a) The Yom Kippur War in 1973 between Israel, Egypt, and Syria caused worldwide disruptions in the supply of Middle Eastern oil.

    (b) The OPEC nations of the Middle East, led by Saudi Arabia, placed an embargo on oil sales to America, which was supporting Israel against the Arab states of Egypt and Syria.

    (c) Israel defeated the attacks of Egypt and Syria and emerged victorious in the war.

    (d) At the same time, OPEC decided to double oil prices, which caused a worldwide energy crisis for many years.

PART Ⅲ

· 대의 파악

· 세부 내용 파악

· 추론

토픽 ············· 문제 흐름 ············· 유형

의학, 과학, 사회학,
정치, 역사, 문화, 인문학,
심리학 등의 다양한 지문

뉴스, (구인)광고,
이벤트 홍보, 안내,
메시지 대화, 보고서, 일기,
이메일 등의 다양한 실용문

4~6문장의 지문
(70~100 단어)

↓

질문과 적절한 대답

- **대의 파악**
  - 주제 찾기
  - 요지 찾기

- **세부 내용 파악**
  - 목적 찾기
  - 옳은 사실 찾기
  - 특정 정보 찾기

- **추론**
  - 추론하기
  - 필자가 가장 동의할 것
    같은 문장 찾기

1 13~25번, 총 13문항

2 대의 파악, 세부 내용 파악, 추론의 출제 비율은 4:6:3 정도이다.

3 대의 파악 유형

→ 정답을 찾는 데 중요하지 않은 문장들이 나오기 때문에 시간이 없는 경우에는 글 첫 부분과 마지

막 부분에 유의하여 빠르게 훑어 읽는다.

4 세부 내용 파악

→ 질문과 선택지의 키워드를 정확히 파악하여 이를 지문과 꼼꼼히 비교, 대조해야 한다.

→ 숫자가 나오면 정답 선택지든, 오답 선택지든 반드시 문제화되므로 정확한 의미파악이 필요하다.

5 추론

→ 논리력이 관건이다. 지문의 특정 부분뿐만 아니라 전체를 조망해 가며 풀어야 한다.

6 지문에서 설명된 내용을 동일한 의미의 다른 단어나 어구로 표현한 패러프레이징

(paraphrasing) 선택지가 주로 답이 된다.

□ **유형분석**   지문이 전반적으로 무엇에 관한 내용인지 물어보는 유형이다.

□ **문항패턴**   What is the **main topic** of the passage?
What is the news report **mainly about**?
What is **mainly being advertised**?
What is the writer **mainly writing about** in the passage?

□ **풀이전략**   1 주로 **첫 문장이나 마지막 문장**에 **주제**가 나오므로 이에 유의하며 읽어야 한다.

2 However, But, In contrast와 같은 **역접 연결어**가 나오는 경우에는 일반적으로 연결어 **이후의 내용**이 더 강조되며 주제가 뒤따라 나온다.

3 **세부 내용으로 오답**을 만드는 경우가 많다. 지문에 언급되었다고 해서 주제와 헷갈리지 않도록 한다.

🔍 리딩 포인트 찾기

When people sleep, they dream. Most of the time, they quickly forget their dreams, but some are so vivid that people clearly remember them. Some believe that dreams have special meanings, but what exactly they mean is a matter of interpretation. For example, a person who has a dream about being chased by someone or something may be suffering from anxiety. The act of running is interpreted as a desire to flee from the things that are causing the person concern.

포인트 ❶ 글의 첫 부분에 일반적인 사실에 관한 내용이 전개된 이후 주제 문장이 등장했다.

포인트 ❷ 꿈 해석의 예시가 구체적으로 이어지고 있으므로 꿈 해석에 대한 글임을 알 수 있다.

Q: What is the passage mainly about?
   (a) The reasons why people remember their dreams
   (b) Why some people believe dreams are important
   (c) What dreams about running mean
   (d) What certain kinds of dreams can mean

포인트 ❸ 글 도입 부분과 예시에 언급된 세부 내용에 그친다.

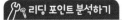

어떻게 해석되는지가 중요한 꿈

특별한 의미를 지니는 꿈: 해석의 문제

↓

꿈 해석의 예시

↓

쫓기는 꿈과 해석

해석 잠을 자면 꿈을 꾼다. 대부분의 경우에는 금세 꿈을 잊어버리지만, 몇몇은 너무도 생생해서 사람들이 분명히 기억하기도 한다. 어떤 이들은 꿈이 특별한 의미를 지니고 있다고 믿는데, 그것이 정확히 무슨 의미인지는 결국 해석의 문제다. 예를 들어 누군가에게, 혹은 무언가에 쫓기는 꿈을 꾸는 사람은 걱정을 가지고 있을 수 있다. 달리는 행위는 그 사람에게 근심을 일으키는 것으로부터 벗어나려는 욕구로 해석된다.

Q: 지문은 주로 무엇에 관한 것인가?

(a) 사람들이 꿈을 기억하는 이유
(b) 일부 사람들이 꿈을 중요하게 생각하는 이유
(c) 달리는 꿈이 의미하는 것
(d) 특정 종류의 꿈이 의미할 수 있는 것

해설 어떤 사람들에게는 꿈이 특별한 의미를 갖는데, 이는 특정 종류의 꿈이 무슨 의미인지 해석하는 데 달려 있다는 내용의 글이다. 따라서 (d)가 정답이다. (a), (c) 세부 정보에 불과하고, (b) 꿈이 특별한 의미를 지닌다는 것을 이를 중요하게 생각하는 것으로 이해할 수도 있겠지만 꿈의 중요성보다는 해석에 좀 더 초점을 맞추고 있으므로 (d)가 더 적절하다.

어휘 vivid 생생한   **a matter of** ~의 문제   interpretation 해석
chase 뒤쫓다, 추적하다   suffer from ~로 고통 받다, ~을 겪다
anxiety 불안, 걱정   flee from ~에서 달아나다   concern 걱정, 우려

□ 유형분석 요지 찾기 문제는 주제 찾기 문제와 다르다. 주제는 담화의 전반적인 내용을 묻지만, 요지는 핵심 메시지를 묻는 것이다. 화자가 진정으로 하고 싶어 하는 말을 파악해야 한다.

□ 문항패턴 What is the writer's **main point**?

What is the writer's **main point** about automobiles?

□ 풀이전략 다음은 요지를 나타낼 수 있으므로 유의하여 읽어야 한다.

① **역접 연결어** however, but 뒤에 이어지는 내용

② **must, have to, need to, should, ought to**와 같이 **의무**를 나타내는 조동사

③ mandatory, essential, crucial과 같이 **의무, 필수, 핵심**의 의미를 가진 형용사

④ '~하기 위해서'라는 뜻의 '**to+동사원형**'을 포함한 문장

⑤ **최상급으로 의미를 강조**한 문장

🔍 리딩 포인트 찾기

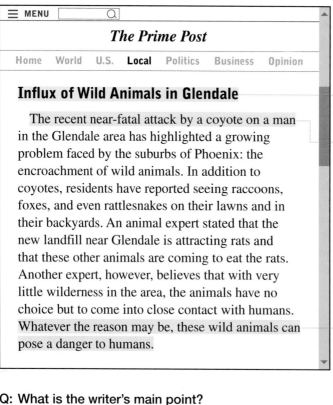

≡ MENU 🔍

The Prime Post

Home World **U.S.** **Local** Politics Business Opinion

Influx of Wild Animals in Glendale

The recent near-fatal attack by a coyote on a man in the Glendale area has highlighted a growing problem faced by the suburbs of Phoenix: the encroachment of wild animals. In addition to coyotes, residents have reported seeing raccoons, foxes, and even rattlesnakes on their lawns and in their backyards. An animal expert stated that the new landfill near Glendale is attracting rats and that these other animals are coming to eat the rats. Another expert, however, believes that with very little wilderness in the area, the animals have no choice but to come into close contact with humans. Whatever the reason may be, these wild animals can pose a danger to humans.

> **포인트 ❶** 야생 동물의 유입에 관한 기사임을 알 수 있다.

> **포인트 ❷** 기사 첫 부분부터 야생 동물의 유입으로 인한 실제 사고를 제시하고 있다.

> **포인트 ❸** 야생 동물이 인간에게 위험 요소가 될 수 있다는 언급을 통해 이를 주의하라는 화자의 요지를 파악할 수 있다.

Q: What is the writer's main point?

(a) Residents in the Glendale should be on the alert against wild animals.

(b) Landfills are places that attract wild animals.

(c) Glendale authorities need to protect people from animals.

(d) Coyotes sometimes attack and harm humans.

> **포인트 ❹** 기관이나 정부 차원에서 해결해야 한다는 언급은 없었으므로 확대 해석으로 볼 수 있다.

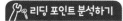
리딩 포인트 분석하기

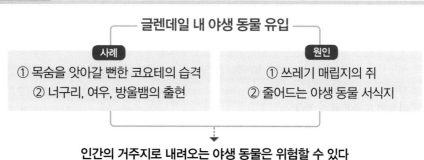

글렌데일 내 야생 동물 유입

사례
① 목숨을 앗아갈 뻔한 코요테의 습격
② 너구리, 여우, 방울뱀의 출현

원인
① 쓰레기 매립지의 쥐
② 줄어드는 야생 동물 서식지

↓

인간의 거주지로 내려오는 야생 동물은 위험할 수 있다

해석

☰ 메뉴   🔍

The Prime Post

홈   세계   미국   **지역**   정치   비즈니스   오피니언

글렌데일의 야생 동물 유입

최근 글렌데일 지역 주민에게 있었던 거의 목숨을 앗아갈 뻔한 코요테의 습격은 피닉스의 교외 지역이 직면하고 있는 큰 문제를 조명했다. 바로 야생 동물의 침략이다. 코요테와 더불어 주민들은 너구리, 여우, 심지어 방울뱀까지 집 잔디밭과 뒷마당에서 목격했다고 신고하고 있다. 한 동물 전문가는 글렌데일 인근에 새로 생긴 쓰레기 매립지에 쥐가 들끓고 있고, 이러한 야생 동물들이 이 쥐들을 잡아먹기 위해 오고 있다고 지적했다. 그러나 또 다른 전문가는 해당 지역에 야생 서식지가 얼마 남지 않아서 동물들이 인간과 밀접하게 접촉할 수밖에 없다고 주장한다. 이유야 어찌 되었든, 이러한 야생 동물들은 인간에게 위험 요소가 될 수 있다.

Q: 필자의 요지는 무엇인가?

   (a) 글렌데일의 주민들은 야생 동물을 주의해야 한다.
   (b) 매립지는 야생 동물을 끌어들이는 장소이다.
   (c) 글렌데일 당국은 동물로부터 사람들을 보호해야 한다.
   (d) 코요테는 때때로 사람들을 공격하고 해친다.

해설 기사는 글렌데일 지역에 나타난 야생 동물 유입 문제를 조명하며 실제 사례와 이유를 설명한다. 필자는 기사 마지막에서 이러한 야생 동물의 유입이 위험하다고 이야기하고 있다. 따라서 이를 주의하라는 (a)가 가장 적절하다.

어휘   **influx** 유입   **fatal** 죽음을 초래하는, 치명적인   **highlight** 강조하다
   encroachment 침략; 침해   **raccoon** 너구리   **landfill** 쓰레기 매립지   **wilderness** 황무지
   have no choice but to ~할 수밖에 없다   **come into contact with** ~와 접촉하다, ~와 만나다
   pose a danger 위험이 되다; 위협을 가하다   **be on the alert** 주의하다, 경계하다
   authorities (*pl.*) 당국, 관계자

□ **유형분석** 주로 편지, 이메일이나 안내문, 공지사항에 등장하는 비교적 쉬운 유형이다.

□ **문항패턴** What is the **main purpose** of the passage?
What is the **main purpose** of the letter?

□ **풀이전략** 1 요지 찾기 문제와 같이 'in order to+동사원형'이나 'to+동사원형'이 나오면 눈여겨봐야 한다.

2 **선택지**가 to inform ~, to invite ~, to reserve ~, to announce ~와 같은 형태로 나오기 때문에 이를 미리 보면 도움이 될 수 있다.

3 지문의 내용을 다르게 표현한 **패러프레이징(paraphrasing)** 선택지가 주로 답이 된다.

⊙ 리딩 포인트 찾기

The Civic Community Center is pleased to announce some of the classes to be offered in January. Free swimming lessons for people of all ages will be offered in our main pool. Please consult the schedule at the center and register for the time you wish to take lessons. Arts and crafts classes are held every Thursday night at 7. Finally, free ESL classes for those who wish to improve their English language skills will be held on Monday and Wednesday nights from 7 to 8 and on Saturday afternoons from 2 to 4. A total of thirty students may sign up for these classes on a first-come, first-served basis.

> **포인트 ❶** 시간이 없는 경우 첫 번째 문장만 읽고도 답을 유추할 수 있다. 1월 수업에 대해 알려주게 되어 기쁘다고 했으므로 이에 대한 설명이 이어질 것이다.

Q: What is the main purpose of the announcement?

(a) To advertise for some teachers the community center needs

(b) To ask people to sign up for classes to improve their English

> **포인트 ❷** 문화센터에서 제공하는 수업 중 하나이므로 세부 내용에 그친다.

(c) To describe some learning opportunities at the community center

> **포인트 ❸** 안내문의 some of the classes가 (c)의 some learning opportunities로 패러프레이징 되었다.

(d) To remind local citizens to support the community center

문화센터에서 제공될 수업

수영 강습
예술 공예 수업
ESL 영어 강좌

↓

등록 시 참고사항 안내

해석

시립 문화센터는 1월에 제공될 몇 가지 수업에 대해 알려드리게 되어 기쁩니다. 모든 연령층의 사람들을 대상으로 한 무료 수영 강습이 메인 수영장에서 제공될 것입니다. 센터 측에 일정을 문의하시고, 수업을 듣고자 하는 시간대에 등록하십시오. 예술 공예 수업은 매주 목요일 밤 7시에 열립니다. 마지막으로, 무료 ESL 강좌가 영어 실력 향상을 원하시는 분들을 위해 월요일, 수요일 밤 7시에서 8시 사이, 토요일 오후 2시에서 4시 사이에 열립니다. 본 수업은 선착순으로 30명 정원입니다.

Q: 안내문의 목적은 무엇인가?

(a) 문화센터가 필요로 하는 몇몇 교사 모집을 광고하기 위해
(b) 사람들에게 영어 실력 향상을 위한 수업 등록을 요청하기 위해
(c) 문화센터에서의 학습 기회 몇 가지를 설명하기 위해
(d) 지역 주민들에게 문화센터 후원을 상기시키기 위해

해설 시립 문화센터의 1월 수업에 대한 안내문으로 이를 설명하는 것이 주된 목적일 것이다. 정답은 (c)이다. (a), (d) 언급되지 않은 내용이다.

어휘 **civic** 시민의 **community center** (지역) 문화 센터, 복지관 **consult** 상담하다
register 등록하다 **take a lesson** 수업을 듣다 **craft** (수)공예 **hold** 열다, 개최하다
improve 향상시키다; 개선하다 **sign up for** ~을 신청하다; ~에 가입하다
on a first-come, first-served basis 선착순으로 **local** 지역의, 현지의

□ 유형분석   옳은 사실 찾기 문제는 글 전반에 대해, 혹은 특정 인물이나 사물에 대해 질문하므로 전반적인 내용은 물론 구체적인 정보까지 파악해야 하는 고난도 유형이며, TEPS 독해에서 가장 큰 비중을 차지한다.

□ 문항패턴   **Which of the following is correct according to** the announcement?

             Which of the following is correct about megastores (according to the passage)?

□ 풀이전략   1   **질문과 선택지**를 훑어봄으로 옳은 사실 여부를 판단해야 할 **키워드**가 어떤 것인지 파악한 뒤 이를 지문과 **비교, 대조**하며 읽어 나가야 한다.

             2   **숫자**가 나오면 정답 선택지든, 오답 선택지든 반드시 문제화되므로 숫자의 의미를 정확하게 파악해야 한다.

             3   지문의 내용을 다르게 표현한 **패러프레이징(paraphrasing)** 선택지가 주로 답이 된다.

🔍 리딩 포인트 찾기

How Glaucoma Is Treated

Glaucoma is an eye condition that happens when the optic nerve gets damaged by increasing pressure within the eyeball, the causes of which vary. To treat glaucoma, doctors may elect to use medication, which can be applied to the eye by using eyedrops, to reduce the amount of pressure inside the eyeball. In other cases, doctors perform an operation in which they place a device in the eye that can drain fluids that may be causing the pressure that results in glaucoma. However, both medication and surgery are temporary therapies since there is no cure for glaucoma.

> **포인트 ❶** glaucoma라는 어려운 단어가 등장했지만 이러한 단어 이후에는 정의나 설명이 나오므로 차분히 읽어나가면 된다. eye condition이라 설명하고 있다.

> **포인트 ❷** 치료 방법으로 안약과 수술, 두 가지가 언급되었다.

Q: Which of the following is correct according to the passage?

(a) Glaucoma mostly affects the eyes of elderly people.

(b) Performing surgery on glaucoma patients is expensive.

(c) There are two main ways that doctors treat glaucoma.

(d) Doctors are able to cure patients of their glaucoma.

> **포인트 ❸** 선택지의 키워드를 염두에 두고 읽는 것이 좋다. 녹내장에 주로 영향을 받는 연령층과 수술비용, 치료법에 주목하며 읽어야 한다.

녹내장

정의: 시신경 손상으로 인한 안질환

↓

원인: 다양한 이유로 안압 증가

↓

치료법: 안약 혹은 수술
(완치를 위한 치료법은 없음)

해석

녹내장은 어떻게 치료되는가

녹내장은 시신경이 안구 내 안압 증가로 인해 손상을 받아 발생하는 안질환으로, 그 원인은 다양하다. 녹내장을 치료하기 위해서, 의사는 약물 사용을 선택할 수 있는데, 이는 안약의 형태로 눈에 떨어뜨려 안구 내 압력을 낮추도록 한다. 다른 경우, 의사는 눈에 장비를 삽입하는 수술을 통해 녹내장을 야기하는 압력을 일으키는 액체를 빼낼 수 있다. 그러나 아직까지 녹내장을 완치하는 방법은 없어서 약물과 수술 모두 임시적인 치료법에 불과하다.

Q: 지문에 따르면 다음 중 옳은 것은 무엇인가?

　(a) 녹내장은 주로 고령자의 눈에 영향을 미친다.
　(b) 녹내장 환자를 수술하는 것은 비용이 많이 든다.
　(c) 의사가 녹내장을 치료하는 데는 두 가지 주된 방법이 있다.
　(d) 의사는 녹내장 환자를 완치시킬 수 있다.

해설 글 전반적으로 녹내장을 치료하는 두 가지 방법인 약물 치료법과 수술을 설명하고 있으므로 (c)가 정답이다. (a) 녹내장이 주로 고령층에게 발생한다는 내용이나, (b) 녹내장 수술비용에 대한 언급은 없었고, (d) cure과 treatment의 차이를 모른다면 헷갈릴 수도 있는 문제다. cure은 병이 완치되는 것을 의미하고, treatment는 완치가 불가능한 병을 지속적으로 치료하는 것을 의미한다.

어휘 **glaucoma** 녹내장　**condition** 상태; 질환　**optic nerve** 시신경　**eyeball** 안구
medication 약물 (치료)　**apply** 신청하다, 지원하다; 바르다　**eyedrop** 눈물; 안약
perform an operation 수술하다　**drain** (물이) 빠지다; 빼내다
fluid 액체　**temporary** 일시적인, 임시의

세부 내용 파악 3: 특정 정보 찾기

□ **유형분석**   의문사가 있는 구체적인 질문으로 지문의 특정 정보를 묻는 유형이다.

□ **문항패턴**   **What** is the problem that giant short-faced bears have?

Why was Nansen's feat considered remarkable?

According to the announcement, **when** may packages be rejected from the post office?

□ **풀이전략**   1 **질문에서 묻는 부분**을 찾아 정확히 독해하는 것이 관건이다.

2 시간이 없을 경우, **질문에 나와 있는 명사나 숫자**만 보고 지문에서 관련되는 부분을 읽어 답을 찾을 수도 있다.

3 지문의 내용을 다르게 표현한 **패러프레이징(paraphrasing)** 선택지가 주로 답이 된다.

🔍 리딩 포인트 찾기

Coral reefs are unique ecosystems that exist primarily in oceans and seas in the world's tropical regions. Coral is a living organism that grows in large numbers and that solidifies and forms reefs in shallow water. These reefs attract fish and other aquatic life forms, which create an ecosystem based on the coral reef. Unfortunately, coral reefs in many areas are endangered by pollution and changing water temperatures. Coral needs a delicately balanced environment to live, and if any factors change, it may die. When this occurs, the balance of the entire ecosystem that has come to depend on the reef can be upset.

포인트 ❶ 질문의 키워드인 alteration과 유사한 의미의 change가 나왔다. 이 부분을 정확히 독해하는 것이 관건이다.

Q: Why can small alterations to a coral reef be detrimental?

포인트 ❷ 시간이 없는 경우에는 변화와 관련된 내용을 중점적으로 읽어야 한다.

(a) The organisms may reproduce in abundance.

(b) The coral reef may meet its demise.

포인트 ❸ 지문의 may die가 (b)의 may meet its demise로 패러프레이징 되었다.

(c) The coral could become oversaturated.

(d) Aquatic life forms may no longer seek out the reef.

산호초

산호초의 정의

멸종 위기에 처한 산호초

산호초의 생존 조건

산호초의 죽음에 따른 결과

해석 산호초는 특이한 생태계로 주로 세계 열대 지역의 대양과 바다에 서식한다. 산호는 살아있는 유기체로 집단으로 서식하면서 암초를 얕은 물에 강화시키고 형성시킨다. 이러한 암초는 어류나 다른 수중 생명체를 끌어들여, 산호초를 기반으로 하는 생태계를 만들어낸다. 안타깝게도, 여러 지역의 산호초는 오염과 수온 변화로 멸종 위기에 처해 있다. 산호는 생존하는 데 정교할 정도로 균형이 맞추어진 환경을 필요로 하고, 만일 어떠한 요소가 변한다면 산호는 죽을 수도 있다. 이러한 일이 발생하게 되면, 그 암초에 의지하게 된 생태계 전반의 균형이 깨질 수 있다.

Q: 작은 변화가 산호초에 해로운 이유는 무엇인가?

(a) 유기체가 다량으로 번식할 수도 있다.

(b) 산호초가 죽음을 맞이할 수도 있다.

(c) 산호가 과포화 될 수 있다.

(d) 수중 생명체들이 더 이상 암초를 찾지 않을 수도 있다.

해설 지문의 마지막 부분에 보면 산호초가 예민하여 한 요소라도 변한다면 죽을 수 있다는 내용이 나온다. 따라서 작은 변화도 산호초 자체를 죽음에 이르게 할 수 있어 해롭다는 (b)가 가장 적절하다.

어휘 **coral reef** 산호초   **organism** 유기체   **solidify** 강화시키다   **shallow** 얕은
endangered 멸종 위기에 처한   **delicately** 섬세하게   **upset the balance (of)** (~의) 균형을 깨뜨리다
alteration 변경, 변화   **detrimental** 해로운   **reproduce** 번식하다
in abundance 풍부하게   **saturate** 포화시키다

□ **유형분석** 추론 문제는 논리적이고 객관적인 시각을 가지고 풀어야 한다. 글 전반의 흐름은 물론, 특정 인물이나 사물에 대한 구체적인 정보까지 파악해야 하는 고난도 유형이다.

□ **문항패턴** **What can be inferred from** the news article?
What can be inferred about satellites (from the passage)?

□ **풀이전략** 1 **질문과 선택지**를 훑어봄으로 **키워드**를 파악한 뒤 이를 지문과 **비교, 대조**하며 읽어 나가야 한다.

2 세부 내용 파악 문제와 달리 **전체를 조망**해야 판단할 수 있는 선택지도 있으므로 끝까지 읽는 것이 좋다.

3 지문의 내용을 다르게 표현한 **패러프레이징(paraphrasing)** 선택지가 주로 답이 된다.

🔍 리딩 포인트 찾기

Dear Susan,

How are things with you? I just got back from Australia, where I had a blast. The people in Australia are so friendly and full of life. First, I went to Sydney and saw all of the sights, including the Opera House and the Harbor Bridge. After that, I went on a trip to the outback with my tour group. We took a train to Alice Springs and spent two nights camping in the wilderness. It was a bit scary because Australia has lots of deadly animals, but we had experienced guides, so everything went all right. I wish that you could have come with me.
Take care.

Angela

> **포인트 ❶** (c) 여행 중 동행이 있었음을 알 수 있다.

> **포인트 ❷** (a) 캠핑은 모두 잘 풀렸음을 알 수 있다.

Q: **What can be inferred about the woman's trip?**
(a) She had a bad experience when she was camping.
(b) She did not spend every night of her trip in a hotel.
(c) She traveled by herself for most of the trip.
(d) She had never been on a trip abroad before.

> **포인트 ❸** 질문과 선택지의 키워드를 염두에 두고 읽는 것이 좋다. 여행 중 안 좋았던 경험과 숙박 장소, 동행 여부, 여행 경험에 주목하며 읽어야 한다.

```
                              ┌─────── 호주 여행 ───────┐
                    ┌──────────┐                    ┌──────────┐
                    │   도시    │                    │   오지    │
                    └──────────┘                    └──────────┘
              시드니의 관광명소                    앨리스 스프링스의 광야
         (오페라 하우스, 하버 브리지)                (2박의 광야 캠핑)
```

해석

> Susan에게,
>
> 어떻게 지내? 나는 호주에서 막 돌아왔는데, 그곳에서 정말 즐거운 시간을 보냈어. 호주 사람들은 정말 친절하고 활기가 넘치더라. 우선 나는 시드니로 가서 관광명소를 모두 둘러봤어. 오페라 하우스와 하버 브리지를 포함해서 말이야. 그러고 나서 투어 사람들과 함께 호주의 오지로 여행을 떠났어. 앨리스 스프링스로 가는 기차를 탔고, 광야에서 캠핑을 하며 2박을 보냈지. 호주에는 무서운 동물들이 많이 있어서 약간 무서웠는데, 경험 많은 가이드가 있어서 다 괜찮았어. 너도 같이 갔으면 좋았을 텐데 말이야.
> 그럼 잘 지내.
>
> Angela가

Q: 여자의 여행에 대해 추론할 수 있는 것은 무엇인가?

   (a) 캠핑 중 좋지 않은 경험을 했다.

   (b) 여행 중 매일 밤을 호텔에서 보낸 것은 아니었다.

   (c) 여행 중 대부분을 혼자 여행했다.

   (d) 이전에는 해외여행을 가본 적이 없다.

해설 광야에서 캠핑을 하며 2박을 보냈다고 했으므로 매일 밤을 호텔에서 보내지 않았을 것이라 추론하는 (b)가 가장 적절하다. (d) 언급되지 않은 내용이다.

어휘 **blast** 폭발; 재미있는 일, 신나는 경험　**full of life** 생기 있는, 활기찬
the sights 명소, 관광지　**go on a trip** 여행을 가다　**outback** (호주의) 오지
wilderness 황무지, 광야　**deadly** 생명을 앗아가는, 치명적인
experienced 경험 있는, 능숙한　**Take care.** 잘 지내.　**by oneself** 혼자, 스스로

□ **유형분석** 필자가 가장 동의할 것 같은 문장을 추론하는 문제는 결국 필자의 요지를 묻는 유형과 동일하다. 필자가 진정으로 하고 싶어 하는 말을 파악하는 것이 관건이다.

□ **문항패턴** **Which statement** would the writer **most likely agree with?**
Which statement about gold would the writer **most likely agree with?**

□ **풀이전략** 1 **역접 연결어 뒤에 이어지는 내용**이나, **의무**를 나타내는 조동사, **의무 / 필수 / 핵심**의 의미를 가진 형용사 등을 통해 필자의 핵심 주장을 파악해야 한다.
2 지문의 내용을 다르게 표현한 **패러프레이징(paraphrasing)** 선택지가 주로 답이 된다.

🔍 리딩 포인트 찾기

This week's scorching heat is not going to end anytime soon. Weather forecasters are predicting another few days of temperatures in the high nineties and low hundreds. Across the state, power blackouts can be expected as people continue to overuse electricity to run their air conditioners and fans. Most cities have placed a ban on people watering their lawns and gardens since many reservoirs are now at record-low levels. Finally, hospitals across the state are reporting an enormous number of heat exhaustion cases. At least 250 people—most of whom are elderly—have been hospitalized, but no deaths due to the heat have been reported yet.

> **포인트 ❶** 역접 연결어나 의무를 나타내는 단어를 사용하여 요지를 바로 드러내지 않은 어려운 문제다. 다음과 같은 폭염의 결과를 토대로 필자가 하고자 하는 말을 추론해야 한다.

Q: Which statement would the writer most likely agree with?

(a) Heat waves are becoming an increasingly serious issue in the state.
(b) People need to prepare for future power outages.
(c) Several deaths were caused by rising temperatures.
(d) The elderly need to be careful in hot weather.

> **포인트 ❷** 지문의 내용으로 유추할 수는 있지만 필자가 하고자 하는 말은 아니다.

무더위

- 과도한 에어컨 및 선풍기 사용으로 인한 정전
- 사상 최저 수위에 도달한 저수지
- 열사병

폭염이 심각한 문제로 대두되고 있다

해석 금주의 무더위가 곧 끝나지는 않을 것으로 보입니다. 기상 캐스터는 앞으로 며칠간 화씨 90도 후반과 100도 초반의 기온이 계속될 것이라 예보하고 있습니다. 주 전역에서, 사람들이 에어컨과 선풍기를 켜기 위해 계속 전기를 과다 사용하고 있으므로 정전이 예상됩니다. 대부분의 도시는 사람들이 잔디와 정원에 물주는 것을 금지하고 있는데, 이는 많은 저수지의 수위가 현재 사상 최저치를 기록하고 있어서입니다. 마지막으로, 주 전체의 병원은 엄청난 숫자의 열사병 사고를 보고하고 있습니다. 최소 250명이 입원했고, 그 중 다수는 노인입니다. 그러나 아직 더위로 인한 사망자는 보고되지 않았습니다.

Q: 필자가 가장 동의할 것 같은 문장은 무엇인가?

(a) 폭염이 주에서 점점 더 심각한 문제가 되어가고 있다.
(b) 사람들은 앞으로 있을 정전을 대비해야 한다.
(c) 기온 상승으로 여러 명의 사망자가 발생했다.
(d) 고령자는 무더운 날씨에 주의해야 한다.

해설 지문 전반에서 폭염으로 인한 정전과 저수지 수위 감소, 열사병 등을 보도하고 있으므로 필자는 폭염이 점점 더 심각한 문제가 되어 가고 있다는 (a)에 가장 동의할 것이다. (b) 정전이 예상된다는 말과, (d) 특히 고령자가 열사병으로 입원한다는 말이 있지만 (a)가 좀 더 필자의 요지를 포괄적으로 서술하고 있다. (c) 아직 사망자는 보고되지 않았다.

어휘 scorching 타는 듯한, 무더운   weather forecaster 기상 캐스터
predict 예측하다, 예상하다 (expect)   power blackout 정전 (power outage)
run 가동하다, 작동시키다   fan 선풍기   place a ban 금지하다   lawn 잔디
reservoir 저수지   heat exhaustion 열사병   hospitalize 입원시키다   increasingly 점점 더

1~3 다음 글을 읽고 빈칸에 알맞은 말을 넣어 문장을 완성하시오.

1 The Crusades were a series of wars that began in the late eleventh century and went on
for several centuries. They began as a response to Islamic invaders who were attacking
Western Europe. Upset that traditionally Christian lands were being invaded and
conquered by Muslims, the pope at the time, Innocent III, asked the nobles of Western
Europe to send armies east to fight them, and armies from all over the continent traveled
east.

➡ The passage is about _____.

(a) the reason the Crusades occurred
(b) the main individuals involved in the Crusades
(c) the location of the fighting during the Crusades
(d) the pope who started the Crusades

2 Until recently, people could only eat the food that was present at their location. For
instance, those who lived near oceans or seas had an abundant supply of seafood. The
environment in which people lived had a great effect on them as well. People living in
areas with long winters had to prepare food to last them for several months. This led to
people in many cultures pickling their foods. People in northern lands also ate many dried
foods and salted meats.

➡ According to the passage, _____ mainly affected the food they
ate.

(a) warmer climates
(b) the closeness to the sea
(c) the climate in which people lived
(d) the preference for certain food

3 Horses were once the main beasts of burden for people. Prior to the twentieth century,
they dominated the world of transportation, much like cars do today. They pulled carriages
in cities, they brought food from farms to markets, and they carried warriors into battle.
With the coming of the car, however, the importance of the horse began to dwindle. Now
that they are mainly used for races and shows, the number of horses has declined so
much that they are often objects of fascination on the rare occasions people see them in
parks or on farms.

➡ Nowadays, people consider horses to be _____.

(a) alternatives to cars
(b) powerful weapons to help them win wars
(c) the primary means of transportation
(d) unfamiliar animals to see in their daily lives

4~5 질문에 대한 답으로 가능한지 그렇지 않은지 V 표시하시오.

4   Scientists who study volcanoes examine photographs, videos, and satellite images to look for bulges caused by magma pressing on the insides of the volcanoes. In addition, gas detectors can identify the presence of toxic fumes such as sulfur dioxide, which is associated with volcanic activity. Finally, they use sound monitors to check for any changes deep underground. Magma quickly breaking up rocks below ground has a high-pitched sound while magma slowly rising has a low-pitched sound. If scientists hear a deep, bass rumbling, it means the magma is very near the surface and an eruption may happen soon.

Q: Which of the following is correct according to the passage?

	possible	impossible
(a) Slow-rising underground magma makes a low sound.	☐	☐
(b) There are many methods used to detect volcanic eruptions.	☐	☐
(c) Scientists are able to accurately predict the strength of volcanic eruptions.	☐	☐
(d) Satellite images help scientists detect the presence of sulfur dioxide.	☐	☐

5

> At Denver's Fine Furniture, you will find every kind of furniture that you could possibly imagine. If you want something, you can be sure that we have it. And on those big purchases you make, we will work out an ideal payment plan so that a new waterbed or an antique table won't bust your budget. We'll even let you pay over a two-year period if that's what you want to do. We have experienced salespeople who know all about the furniture industry and interior design. So feel free to visit us, and let our experts help you choose your next sofa or wardrobe.
>
> **Denver's Fine Furniture**

Q: What can be inferred from the advertisement?

	possible	impossible
(a) The store specializes in antique furniture.	☐	☐
(b) The salespeople at the store have a career in the same field.	☐	☐
(c) The store will order any furniture that is not in stock there.	☐	☐
(d) Some furniture items can cost a lot of money.	☐	☐

PART Ⅳ

- 대의 파악
- 세부 내용 파악
- 추론

토픽 ········· 문제
흐름 ········· 유형

의학, 과학, 사회학,
정치, 역사, 문화, 인문학,
심리학 등의 다양한 지문

8~12문장의 지문
(150~180 단어)

뉴스, (구인)광고,
이벤트 홍보, 안내,
메시지 대화, 보고서, 일기,
이메일 등의 다양한 실용문

2개의 질문과
적절한 대답

- **대의 파악**
  - 주제 찾기
  - 요지 찾기

- **세부 내용 파악**
  - 목적 찾기
  - 옳은 사실 찾기
  - 특정 정보 찾기

- **추론**
  - 추론하기
  - 필자가 가장 동의할 것
    같은 문장 찾기

1 26~35번, 총 5지문, 10문항

2 대의 파악, 세부 내용 파악, 추론의 출제 비율은 2:5:3 정도이다.

3 대의 파악

→ 함께 출제된 다른 유형을 풀다 보면 쉽게 파악할 수 있다. 문제 정도만 체크해 두면 된다.

4 세부 내용 파악

→ 질문과 선택지의 키워드를 정확히 파악하여 이를 지문과 꼼꼼히 비교, 대조해야 한다.

→ 숫자가 나오면 정답 선택지든, 오답 선택지든 반드시 문제화되므로 정확한 의미파악이 필요하다.

5 추론

→ 지문의 특정 부분뿐만 아니라 전체를 조망해 가며 풀어야 한다.

6 지문에서 설명된 내용을 동일한 의미의 다른 단어나 어구로 표현한 패러프레이징

(paraphrasing) 선택지가 주로 답이 된다.

□ **유형분석** 담화의 전반적인 내용과 세부 내용을 동시에 물어보는 유형이다.

□ **문항패턴**

| main topic / mainly about / mainly being said / mainly writing about ~? main point ~? | + | Which of the following is correct ~? / 의문사 의문문 |

□ **풀이전략**
1 대의 파악 유형은 함께 출제된 다른 유형의 문제를 풀다 보면 쉽게 파악할 수 있으므로 **세부 내용 파악 문제를 중심으로** 푸는 것이 좋다.

2 **질문과 선택지를** 훑어봄으로 **키워드를** 파악한 뒤 이를 지문과 **비교, 대조**하며 읽어 나가야 한다.

3 **숫자**가 나오면 정답 선택지든, 오답 선택지든 반드시 문제화되므로 숫자의 의미를 정확하게 파악해야 한다.

4 지문의 내용을 다르게 표현한 **패러프레이징(paraphrasing)** 선택지가 주로 답이 된다.

🔍 리딩 포인트 찾기

Healthy Breakfasts from Battle Creek, Michigan

One of the world's most popular breakfast cereals was originally created for medicinal purposes. Kellogg's cornflakes cereal was invented by Dr. John Henry Kellogg in 1894 at his sanitarium in Battle Creek, Michigan. Kellogg developed toasted cornflakes to treat patients for digestive disorders and used the cereal as part of their daily food regimen. His brother, Will, saw the potential to mass-market it and persuaded his brother to form a company to sell the cornflakes to the public.

They founded the Battle Creek Toasted Corn Flake Company in 1906. The cereal soon became a staple of breakfast tables across the U.S. The name eventually became the Kellogg Company, but most people simply call it Kellogg's. The brothers soon had a falling out, so Will ran the company while John Henry concentrated on his medical practice. Kellogg's eventually became famous for its cornflakes as well as for many other types of cereal and food products. Though cornflakes are not as popular as they once were, the Kellogg's Company remains one of the largest food-processing companies in the United States.

포인트 ❶ 이후 의료 목적으로 개발된 이 시리얼이 어떻게 사업으로 성장하여 전국적으로 인기를 얻게 되었는지 서술하고 있으므로 지문의 주제를 내포하고 있는 문장으로 볼 수 있다.

1 Q: **What is the passage mainly about?**

    (a) The use of breakfast cereals to treat medical conditions

    (b) The origins of a famous company and its main product

    (c) The ingredients that made cornflakes a nutritious meal

    (d) The current financial situation of the Kellogg Company

2 Q: **Why did Dr. Kellogg develop cornflakes?**

    (a) To create a product to sell to the public

    (b) To help his brother start a successful business

    (c) To assist patients suffering from intestinal issues

    (d) To promote healthy eating among Americans

포인트 ❷ Kellogg 박사의 콘플레이크 개발 이유에 초점을 맞춰 읽어야 한다.

포인트 ❸ 지문의 to treat patients for digestive disorders가 (c)의 To assist patients suffering from intestinal issues로 패러프레이징 되었다.

해석

미시간 배틀 크리크에서 온 건강한 아침 식사

세계에서 가장 인기 있는 아침 식사용 시리얼 중 하나는 본래 의료 목적으로 만들어졌다. 켈로그의 콘플레이크 시리얼은 1894년 미시건 주 배틀 크리크에 위치한 요양원에서 John Henry Kellogg 박사에 의해 발명되었다. Kellogg는 소화기 질환 환자들을 치료하기 위해 구운 콘플레이크를 개발했으며 이 시리얼을 그들의 일일 식이 요법의 일부로 사용했다. 그의 형제인 Will은 이것을 대량 판매할 수 있는 가능성을 보고 콘플레이크를 대중에게 팔 수 있는 회사를 설립하자고 그의 형을 설득했다.

이들은 1906년 배틀 크리크 토스티스 콘플레이크 사를 설립했고, 시리얼은 곧 미국 전역에서 아침 식사 상에 올라오는 전형적인 음식이 되었다. 그 이름은 이후 켈로그 사가 되었지만, 대부분의 사람들은 이를 그저 켈로그라고 부른다. 두 형제는 얼마 지나지 않아 사이가 틀어지게 되었고, Will은 회사를 운영하고 John Henry는 자신의 의료 활동에 집중하게 되었다. 켈로그는 결국 수많은 다른 종류의 시리얼 및 식품과 콘플레이크로 유명해지게 되었다. 비록 지금 콘플레이크가 한때 그랬던 것만큼 인기 있지는 않지만, 켈로그 사는 여전히 미국 최대의 식품 가공 회사 중 하나로 남아 있다.

1 Q: 지문은 주로 무엇에 관한 것인가?

(a) 질병을 치료하기 위한 아침 식사용 시리얼의 사용
(b) 유명한 회사의 기원과 그 회사의 주요 제품
(c) 콘플레이크를 영양가 있는 식사로 만든 성분
(d) 켈로그 사의 현 재정 상황

2 Q: 왜 Kellogg 박사는 콘플레이크를 개발했는가?

(a) 대중에게 팔 제품을 만들어내기 위해
(b) 그의 동생이 성공적인 사업을 시작하도록 도와주기 위해
(c) 장 질환을 앓고 있는 환자들을 돕기 위해
(d) 미국인에게 건강한 식사를 홍보하기 위해

해설

1 콘플레이크의 탄생 배경과 이를 제조하는 켈로그 사의 초기 역사에 대해 설명하고 있다. 따라서 정답은 (b)이다. (a) 콘플레이크가 본래는 질병 치료의 목적이기는 했지만, 이를 어떻게 사용했는지를 구체적으로 설명하는 글은 아니다.

2 지문 앞부분에 보면 Kellogg가 소화기 질환 환자들을 치료하기 위해 구운 콘플레이크를 개발했다고 했으므로 장 질환을 앓고 있는 환자들을 위해 개발했다는 (c)가 가장 적절하다. (a), (b) 처음부터 사업적인 용도로 개발된 것은 아니고, (d) 미국인 전체를 타깃으로 개발된 것도 아니다.

어휘

medicinal 약의; 약효가 있는   **sanitarium** 요양원   **treat** 치료하다

digestive disorder 소화기 질환   **regimen** 식이 요법   **mass-market** 대량 판매하다

persuade 설득하다   **found** 설립하다   **staple** 주요 산물   **falling out** 사이가 틀어지는 일, 불화

concentrate on ~에 집중하다   **food-processing** 식품 가공   **ingredient** 재료

nutritious 영양분이 많은   **suffer from** ~을 앓다, 겪다   **intestinal** 창자의, 장의

□ **유형분석** 담화의 전반적인 내용 파악과 추론을 동시에 요구하는 유형이다.

□ **문항패턴**

main topic / mainly about / mainly being said /
mainly writing about ~?
main point ~?

+

What can be inferred ~?
~ most likely agree with?

□ **풀이전략** 1 대의 파악 유형은 함께 출제된 다른 유형의 문제를 풀다 보면 쉽게 파악할 수 있으므로 **추론 문제를 중심으로** 푸는 것이 좋다.

2 **키워드**를 중심으로 **지문과 선택지를 비교, 대조**하며 읽어 나가야 함은 물론 **전체를 조망해야** 판단할 수 있는 선택지도 있으므로 끝까지 읽는 것이 좋다.

3 지문의 내용을 다르게 표현한 **패러프레이징(paraphrasing)** 선택지가 주로 답이 된다.

🔍 리딩 포인트 찾기

In the event of a small fire, it is advisable to use a fire extinguisher to put out the flames. Fortunately, this is a simple process.

1. First, check to make sure the extinguisher is properly charged. You can do this by looking at the gauge.

2. Next, remove the pin from the handle.

3. After you do this, grab the hose with one hand and aim it at the fire.

4. To shoot the liquid, you must squeeze the operating lever. This will resemble a handle on larger extinguishers or a gun trigger on smaller ones.

To put out a fire, be sure to aim the hose at the base of the fire. You need to put out the fire at its source. As you are spraying the liquid, you should use a sweeping motion back and forth across the area in flames. This ensures that all the fire's fuel gets doused by the extinguisher's liquid. As the fire begins to die down, you can move closer to the fire and apply more fluid until it is completely extinguished.

포인트 ❶ 2번 (c) 불의 크기에 관한 내용이다.

포인트 ❷ 2번 (a) 조작 난이도에 관한 내용이다.

포인트 ❸ 번호로 나열된 것으로 보아 방법이나 절차에 관한 내용임을 짐작할 수 있다.

1 Q: **What is the writer mainly doing in the instructions?**

    (a) Explaining how to put out a fire

    (b) Describing how to use a fire extinguisher

    (c) Providing advice on fire prevention tactics

    (d) Comparing the process of using a fire extinguisher to firing a gun

2 Q: **What can be inferred about fire extinguishers?**

    (a) They are difficult to operate in an emergency.

    (b) They work best along with other fire prevention tools.

    (c) They cannot be used against larger fires.

    (d) They should be checked regularly to make sure they work.

포인트 ❹ 선택지의 키워드인 조작 난이도, 다른 화재 예방 도구, 불의 크기, 정기 점검을 염두에 두며 지문을 읽어야 한다.

불을 끄기 위한 소화기 사용법

사용법

게이지 확인 → 핀 제거
→ 호스 조준 → 액체 분사

주의사항

① 불의 아랫부분을 조준할 것
② 쓸어내는 듯한 동작을 취할 것
③ 불이 꺼지기 시작하면
가까이 다가갈 것

해석

작은 불이 날 경우, 불을 끄기 위해 소화기를 사용하는 것이 바람직하다. 다행히, 절차는 간단하다.

1. 우선, 소화기가 제대로 채워져 있는지 반드시 확인해야 한다. 당신은 게이지를 보면서 이를 확인할 수 있다.
2. 다음으로, 손잡이에 있는 핀을 제거해야 한다.
3. 이렇게 한 다음, 한 손으로 호스를 잡고, 이를 불을 향해 조준해야 한다.
4. 액체를 분사하기 위해, 당신은 반드시 조작 레버를 꽉 쥐어야 한다. 이는 큰 소화기의 경우 핸들과 같이 생겼고, 작은 소화기의 경우 총의 방아쇠를 닮아 있을 것이다.

불을 끄기 위해서는, 불의 아랫부분에 호스를 조준해야 한다. 발화 지점에 있는 불을 꺼야 하는 것이다. 액체를 분사할 때는 불이 있는 곳 앞뒤로 오가며 쓸어내는 듯한 동작을 이용해야 한다. 이는 모든 불의 연료가 소화기의 액체에 의해 흠뻑 적셔지도록 한다. 불이 꺼지기 시작하면, 당신은 불에 더 가까이 가 그것이 완전히 꺼질 때까지 더 많은 액체를 뿌릴 수 있다.

1 Q: 설명서에서 필자가 주로 하고 있는 것은 무엇인가?

(a) 불을 끄는 방법을 설명하기
(b) 소화기 사용법 설명하기
(c) 화재 예방법에 관한 조언 제공하기
(d) 소화기 사용 과정과 총 쏘는 과정 비교하기

2 Q: 소화기에 대해 추론할 수 있는 것은 무엇인가?

(a) 비상시 작동하기 어렵다.
(b) 다른 화재 예방 기구와 함께 쓸 때 가장 효과가 좋다.
(c) 큰 불에는 사용될 수 없다.
(d) 작동하는지 확실히 하려면 정기적으로 점검되어야 한다.

해설   1   소화기를 사용하는 방법 및 참고 사항을 자세하게 설명하고 있으므로 (b)가 정답이다. (a) 소화기로 불을 끄는 방법을 설명한 것이므로 (b)가 더 적절하다.

       2   글의 첫 문장에 작은 불이 날 경우를 가정하고 있으므로 큰 불에는 사용될 수 없을 것이라 추론할 수 있다. 따라서 정답은 (c)이다. (b), (d) 언급되지 않은 내용이다.

어휘   **advisable** 권할 만한, 바람직한   **fire extinguisher** 소화기   **put out** (불을) 끄다 (extinguish)
       make sure ~을 확실히 하다 (ensure)   **charge** 채우다, 충전하다   **grab** 집다, 쥐다
       aim 조준하다, 겨냥하다   **shoot** 쏘다   **squeeze** 꽉 잡다   **operating lever** 조작 레버
       resemble ~을 닮다, ~와 비슷하다   **trigger** (총의) 방아쇠   **sweep** 쓸다
       back and forth 앞뒤로   **douse** ~에 (액체를 흠뻑) 붓다; 적시다   **tactics** (*pl.*) 전략

RP 03 세부 내용 파악 & 추론

□ **유형분석** 담화의 세부적인 내용 파악과 추론을 동시에 요구하는 유형이다. 전체 내용은 물론 세세한 내용까지 꼼꼼하게 파악해야 풀 수 있는 어려운 유형에 속한다.

□ **문항패턴**

> Which of the following is correct ~? /
> 의문사 의문문

+

> What can be inferred ~?
> ~ most likely agree with?

□ **풀이전략**
1 **질문과 선택지**를 훑어봄으로 **키워드**를 파악한 뒤 이를 지문과 **비교, 대조**하며 읽어 나가야 한다.
2 추론 유형이 함께 있어 **전체를 조망해야** 판단할 수 있는 선택지도 있으므로 끝까지 읽는 것이 좋다.
3 지문의 내용을 다르게 표현한 **패러프레이징(paraphrasing)** 선택지가 주로 답이 된다.

◎ 리딩 포인트 찾기

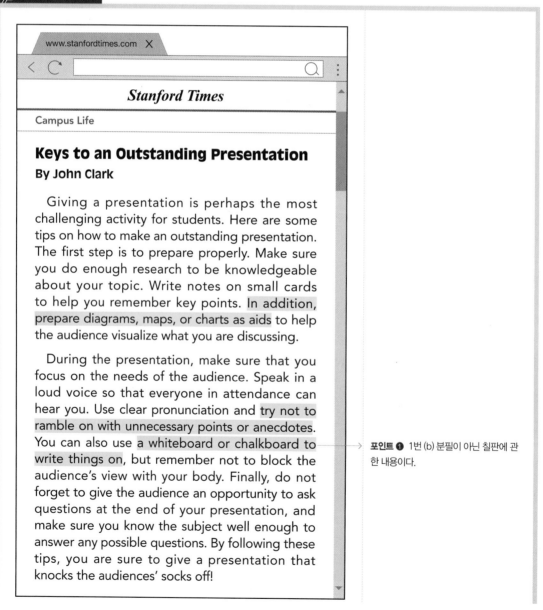

Stanford Times

Campus Life

Keys to an Outstanding Presentation
By John Clark

Giving a presentation is perhaps the most challenging activity for students. Here are some tips on how to make an outstanding presentation. The first step is to prepare properly. Make sure you do enough research to be knowledgeable about your topic. Write notes on small cards to help you remember key points. In addition, prepare diagrams, maps, or charts as aids to help the audience visualize what you are discussing.

During the presentation, make sure that you focus on the needs of the audience. Speak in a loud voice so that everyone in attendance can hear you. Use clear pronunciation and try not to ramble on with unnecessary points or anecdotes. You can also use a whiteboard or chalkboard to write things on, but remember not to block the audience's view with your body. Finally, do not forget to give the audience an opportunity to ask questions at the end of your presentation, and make sure you know the subject well enough to answer any possible questions. By following these tips, you are sure to give a presentation that knocks the audiences' socks off!

포인트 ❶ 1번 (b) 분필이 아닌 칠판에 관한 내용이다.

1 Q: Which of the following is correct according to the news article?

   (a) Using a microphone in order to be heard is acceptable.

   (b) The presenter should bring chalk to write with while speaking.

   (c) Showing is as important as telling in a presentation.

   (d) A good presenter does not get nervous when talking.

2 Q: What can be inferred about giving presentations?

   (a) Speakers should not overwhelm listeners with irrelevant information.

   (b) Some audience members will not understand your speech without visual aids.

   (c) Using the computer to display information is more effective than using a whiteboard.

   (d) It takes many hours of preparation to make a persuasive presentation.

포인트 ❷ (b) 도표나 지도, 표와 같은 보조 자료를 showing이라는 한 단어로 바꾸어 표현했다.

포인트 ❸ 질문에서는 별다른 키워드가 제시되지 않았으므로 선택지의 키워드인 정보의 관련성, 시각 자료의 활용, 컴퓨터의 사용, 준비 시간을 염두에 두며 지문을 읽어야 한다.

포인트 ❹ 지문의 try not to ramble on with unnecessary points or anecdote가 (b)의 should not overwhelm listeners with irrelevant information으로 패러프레이징 되었다.

뛰어난 발표를 위한 비결

제대로 준비하기
① 충분히 조사하기
② 카드에 핵심 포인트 적기
③ 도표나 지도, 표와 같은
보조 자료 사용하기

청중에게 초점 맞추기
① 분명한 발음으로 말하기
② 불필요한 정보 제공하지 않기
③ 화이트보드나 칠판 사용하기
④ 질문의 기회를 주고 적절히 답하기

해석

www.stanfordtimes.com ✕

Stanford Times

대학 생활

뛰어난 발표를 위한 비결
John Clark

발표를 하는 것은 아마도 학생들에게 가장 어려운 과제일 수 있다. 여기 뛰어난 발표를 하기 위한 몇 가지 팁이 있다. 첫 번째는 제대로 준비하는 것이다. 당신의 주제에 대해 아주 잘 알 정도로 충분히 조사를 하도록 하라. 핵심 포인트를 기억하는 데 도움이 될 작은 카드에 적어두어라. 더불어 도표나 지도, 표를 보조 자료로 준비하여 청중이 당신이 말하는 것을 시각화할 수 있도록 도와라.

발표를 할 때는 청중의 필요에 초점을 맞춰야 한다. 모든 참석자가 들을 수 있도록 큰 소리로 말하라. 분명하게 발음하고 불필요한 의견이나 일화로 장황하게 이야기하지 말도록 하라. 또한 화이트보드나 칠판을 사용하여 적되, 당신의 몸으로 청중의 시야를 가리지 말아야 한다는 점을 명심하라. 마지막으로, 발표 마지막에 청중에게 질문할 기회를 주는 것을 잊지 말아야 하며, 당신은 어떤 질문에 대해서도 대답할 수 있을 정도로 주제에 대해 잘 알고 있어야 함을 명심하라. 이러한 조언을 따름으로써, 당신은 청중을 놀라게 할 발표를 할 수 있을 것이다.

1 Q: 뉴스 기사에 따르면 다음 중 옳은 것은 무엇인가?

(a) 잘 들리도록 마이크를 사용하는 것이 허용된다.
(b) 발표자는 말하면서 쓸 수 있게 분필을 가져와야 한다.
(c) 발표에서는 보여주는 것이 말하는 것만큼 중요하다.
(d) 훌륭한 발표자는 말할 때 긴장하지 않는다.

2 Q: 발표하는 것에 대해 추론할 수 있는 것은 무엇인가?

(a) 발표자는 관련 없는 정보로 청중을 압도해서는 안 된다.
(b) 몇몇 청중은 시각 보조 자료 없이는 당신의 말을 이해하지 못할 것이다.

(c) 정보를 보여주기 위해 컴퓨터를 사용하는 것은 화이트보드를 사용하는 것보다 더욱 효과적이다.

(d) 설득력 있는 발표를 만들기 위해서는 더 많은 준비 시간이 소요된다.

해설 1 옳은 사실을 찾는 문제는 지문과 선택지를 비교, 대조하며 읽어 나가는 것이 좋다. (a) 마이크나 (b) 분필에 관한 언급은 없었고, (c) 지문에서 도표나 지도 등의 시각 자료를 활용하여 청중의 이해를 돕도록 하라는 내용이 있으므로 (c)가 정답이다. (d) 언급되지 않은 내용이다.

2 두 번째 문단 처음 부분에 청중의 필요에 관한 내용이 전개된다. 불필요한 의견이나 일화를 길게 이야기하지 말라고 했으므로 관련 없는 정보로 청중을 압도하면 안 될 것이라 추론하는 (a)가 가장 적절하다. (b) 시각 보조 자료는 청중의 이해를 돕는 보조 자료일 뿐이고, (c) 컴퓨터나 (d) 준비 시간에 관한 언급은 없었다.

어휘 **outstanding** 뛰어난　**presentation** 발표　**challenging** 도전적인, 힘든　**do research** 조사하다
knowledgeable 아는 것이 많은, 정통한　**diagram** 도표, 도형　**aid** 도움; 보조 자료
visualize 시각화하다　**in attendance** 참석한　**pronunciation** 발음　**ramble on** 장황하게 이야기하다
anecdote 일화　**chalkboard** 칠판　**knock one's socks off** ~에게 큰 영향을 미치다, ~을 놀라게 하다
overwhelm 압도하다　**irrelevant** 관련 없는　**persuasive** 설득력 있는

1~2 다음 글을 읽고 빈칸에 알맞은 말을 넣어 문장을 완성하시오.

Journal of Public Health

No Milk, Please!

By Helen Stephens

A person who is lactose intolerant cannot properly digest dairy products. Lactose is a sugar common in milk, cheese, butter, cream, and other dairy products. Lactose intolerance is due to a missing enzyme in the digestive system of some people. Without the enzyme, lactose cannot be easily digested. It is not a serious health problem, but it can cause bloating and excessive gas in the digestive tract.

The problem is rare in individuals of European descent, but it is more common in Africans and Asians, and 100 percent of Native Americans are lactose intolerant. The condition is not severe for people living in societies where dairy products are uncommon. This includes many Asian countries. However, for a European or North American, avoiding dairy products is more difficult due to their prevalence in many products, recipes, and restaurant dishes.

1 The article is about _____.

(a) excessive gas
(b) a rare disease
(c) a digestive problem
(d) poisonous dairy products

2 According to the article, it is correct that _____.

(a) lactose intolerance is caused by a virus
(b) only Native Americans suffer from lactose intolerance
(c) lactose intolerance is a fairly uncommon disease
(d) Europeans are less likely to be lactose intolerant

3~4 질문에 대한 답으로 가능한지 그렇지 않은지 V 표시하시오.

The Sunshine Cleaning Company is now available for all your business and home cleaning needs. We provide 24-hour-a-day, 7-day-a-week service in the greater metropolitan area. No job is too big or too small. We have the latest in carpet-cleaning machinery and steam cleaners to use on your carpets, furniture, and curtains. Waxing floors and polishing wood, chrome, and glass furniture and fixtures are also our specialties.

All employees are experienced and have undergone criminal background checks to ensure the security of your building and its belongings. We offer both one-time service and continuous service. Please contact Ms. Russell at (203) 555-1247 or check our website at www.sunshinecleaning.com. We will dispatch a specialist to your premises to determine the size of the area to be cleaned and the cost of cleaning.

Sunshine Cleaning Company

3 Q: What is the main purpose of the advertisement?

	possible	impossible
(a) To argue an opinion	☐	☐
(b) To promote a service	☐	☐
(c) To educate readers about an issue	☐	☐
(d) To provide information about a business	☐	☐

4 Q: What can be inferred from the advertisement?

	possible	impossible
(a) The company hires people with a lot of experience.	☐	☐
(b) The company charges all customers the same price.	☐	☐
(c) Crime is something that customers must worry about.	☐	☐
(d) Criminals are cheaper to hire than other people.	☐	☐

Section

2

Actual
Test 01~06
Reading Comprehension

Part I **Questions 1~10**

Read the passage and choose the option that best completes the passage.

R

1. The Red River in North Dakota is at its highest level in more than 100 years and is threatening to flood the city of Fargo. The massive amount of water is the result of excessive snow during the winter and a recent warm spell that melted the snow and also brought heavy rains. If the river barriers break, there is nothing that can be done to stop the flood. The damage could be _____, and the city will never be the same.

   (a) worse than the storm predicted in winter
   (b) something that will be easily repaired
   (c) relatively minor in scope
   (d) measured in the tens of millions of dollars

2. The marathon is the final event _____. The race derives from a true event that occurred in ancient Greece. A battle between the Greeks and Persians took place at the town of Marathon. The Greeks won the battle, so a runner was sent to Athens with the news of the victory. The first modern Olympics in Greece in 1896 introduced the marathon as the ultimate long-distance race. While there are many sporting events held at the Olympics, the marathon still remains one of the most prestigious of them all.

   (a) at the Summer Olympics
   (b) in ancient Greece
   (c) at the 1896 Olympics
   (d) in all races held in Athens

3. Jane Austin was a British novelist famous for being the writer of the novels *Pride and Prejudice*, *Emma*, and *Mansfield Park*. Scholars today recognize her as one of the first authors to use the literary style known as "free indirect speech" as a way to convey the thoughts of her characters. Free indirect speech differs from normal indirect speech because there is no introduction like "he said" or "she thought." At times, the style may confuse readers who are not used to it since the thoughts of the characters in the books are often _____ of the story's narrator.

   (a) written in the style
   (b) voiced in the exact words
   (c) confused as being the opinions
   (d) the complete opposite

4. There are three basic steps to any good workout program. First, stretching the muscles warms them up and can help prevent injuries during strenuous exercise. Second, aerobic exercise lasting from fifteen to thirty minutes exercises the heart and helps increase endurance. Finally, lifting free weights builds muscle mass, increases strength, and improves the body's appearance. A person should exercise the thigh muscles, chest, shoulders, and biceps first since these are the largest muscles and take the most energy to exercise. If, at any time, an individual feels tired or experiences pain while exercising, _____. Continuing will merely aggravate the problem. Any extreme pain is a sign of serious injury.

(a) a different exercise should be done
(b) the person should stop immediately
(c) he or she should try lifting less weight
(d) fewer repetitions should be attempted

R

5.

> Dear Fellow Alumni,
>
> It's already been ten years since we graduated from college, so it's about time to catch up with all of your old classmates and professors at the Dearborn College Class of 2010 Ten-Year Reunion. It's going to be held from July 10-12 on the Dearborn campus. We've got a lot of great activities planned. You can check them out on the school's website. Family and friends are also welcome to attend as your guests. We look forward to _____ at the reunion in a couple of months' time.
>
> Sincerely,
> Carla Waters

(a) hearing about your future plans
(b) seeing as many of you as possible
(c) receiving your application form
(d) getting an answer from you

6.

> Now that tax season is rapidly approaching, it's time to start thinking about paying your taxes for the year. Unfortunately, figuring out how much you owe can be rather complicated and time consuming. If you're tired of trying to figure out your taxes, then you should give Elite CPAs a call. Let us prepare your taxes for you. We charge affordable rates, and we are up to date on all of the latest tax laws. We'll find deductions for you that will save you hundreds or even thousands of dollars on your taxes. So stop giving yourself headaches by trying to do your taxes by yourself. Leave it to the experts. Call Elite CPAs right away, and we'll _____.

(a) get to work figuring out your taxes for you
(b) ask you about your recent taxpaying history
(c) contact your employer right away
(d) give you all the necessary tax forms

7. A parliamentary system of government _____. In a republic, like the United States, the president is the head of state, and the president is typically directly chosen by the people, who vote for him or her in an election. In a parliamentary system, like Great Britain, the head of state is not the prime minister but a king, queen, or another figure. The prime minister, as well as his or her cabinet of advisors, runs the government. In a parliamentary election, people vote for a representative of a political party. The political party that gets a majority of the seats in parliament is subsequently asked to form a government. The leader of that party then becomes prime minister.

(a) is superior to other forms of government
(b) reminds people of a republican system
(c) differs from a republican system
(d) is identical to a republican government

8. _____ is a frequent staple of science fiction stories, television shows, and movies. How this is accomplished varies. In some scenarios, the crew and passengers of a ship enter a deep sleep—a kind of hibernation—and wake up upon arriving at their destination. Another method is to use stationary gates or portals, which serve as a time and distance bridge between two points in the universe. A person or ship simply enters one of these gates and is instantly transported to another location. Finally, there is the generation ship. A ship starts a journey that will take hundreds of years, so the great-grandchildren or great-great-grandchildren of the original travelers are alive when they reach their final destination.

(a) Encountering alien civilizations
(b) Moving faster than the speed of light
(c) Journeying to other planets in the solar system
(d) Long-distance space travel

9. Hong Kong was a British colony for over one hundred years. In a treaty that they signed with the Chinese, the British promised to return Hong Kong to China on July 1, 1997. Many citizens feared that day _____ they believed China, with its communist system of government, would interfere with the capitalist economic system of Hong Kong. In reality, however, nothing of the sort happened. Hong Kong has its own flag and its own Olympic team, and the city still attracts tourists and businesses from around the world.

(a) therefore
(b) on the other hand
(c) consequently
(d) because

10. Magnetic resonance imagining (MRI) machines have revolutionized medicine over the last thirty years. These massive machines enable doctors to look at three-dimensional images of the interior of patients' bodies. An MRI is especially useful for studying the brain, muscular tissue, and heart. It is often used to search for cancerous tumors since it can pinpoint their location before surgery. _____, the machines are very expensive, and there are not nearly enough of them or trained MRI technicians as are needed.

(a) Unfortunately
(b) Respectably
(c) Regardless
(d) Auspiciously

Part II Questions 11~12

Read the passage and identify the option that does NOT belong.

11. Held virtually everywhere in the world, these festivals celebrate a certain aspect of a country's, city's, or region's culture. (a) Many festivals charge visitors admission, but not all of them do that. (b) Some festivals pay their respects to the history of a specific region. (c) Others may honor an animal or plant that is native to a particular region. (d) And other festivals might celebrate an invention, a way of doing something, or even a special dance or song unique to a region.

12. In the first months of the American Revolution, the colonial forces were in dire need of a victory against the British. (a) Morale was lagging, troops were deserting, and there was even talk of abandoning the quest for independence. (b) To improve the situation, George Washington, the commander in chief of the Continental Army, planned a surprise raid against German mercenaries fighting for Britain. (c) Emanuel Leutze would later create *Washington Crossing the Delaware*, a very famous painting, which immortalized the event. (d) On Christmas Day, under the cover of darkness, Washington and his army sailed across the Delaware River and surprised the soldiers.

Read the passage, question, and options. Then, based on the given information, choose the option that best answers each question.

R

13. Mount Rushmore is one of the United States' most recognizable monuments. It features the faces of four American presidents—George Washington, Thomas Jefferson, Theodore Roosevelt, and Abraham Lincoln—and is sculpted from the granite of a mountain in South Dakota. Sculptor Gutzon Borglum and more than 400 workers spent almost fourteen years on the project, which they finished in 1941. The U.S. government commissioned the work and consulted with its creators as to which presidents' faces to place on the mountainside. After much debate, they finally agreed that each president must either represent the United States or have played a role in its preservation or expansion. The four chosen fit the bill perfectly since they each made important contributions to American history.

Q: What is the passage mainly about?

(a) Why George Washington is on Mount Rushmore
(b) The background history of Mount Rushmore
(c) The geography of Mount Rushmore
(d) The difficulties involved in making Mount Rushmore

14.

Dear Member,

The International Astronomical Association will be hosting a meeting regarding the classification of planets and dwarf planets, with particular emphasis on the status of Pluto. We invite you to attend and to apply either to speak or to deliver a paper at the conference. The conference will be held from March 16 to 18 at the Grand Alexander Hotel in Atlanta, Georgia. All attendees must make reservations for the conference no later than March 10. We hope to see you at the conference.

Sincerely,
Dr. Jeremy Levine
President, International Astronomical Association

Q: What is the main purpose of the letter?

(a) To invite people to a conference
(b) To describe the contents of a brochure
(c) To reserve a place at a conference
(d) To describe the purpose of an upcoming meeting

15. People all around the world have constructed canals in order to facilitate travel by water. Of all the world's canals, the Suez Canal and the Panama Canal have been of tremendous importance. The former connects the Mediterranean Sea to the Indian Ocean. And the latter connects the Atlantic Ocean with the Pacific Ocean. The British constructed the Suez Canal while the Americans were responsible for the Panama Canal. The two countries mostly used the canals to engage in trade and to move their military forces around the world more swiftly.

Q: What is the main topic of the passage?

(a) Why people build the Suez and Panama canals
(b) The differences between an American and a British canal
(c) Where canals are used the most in the world
(d) The importance of two different canals

16.

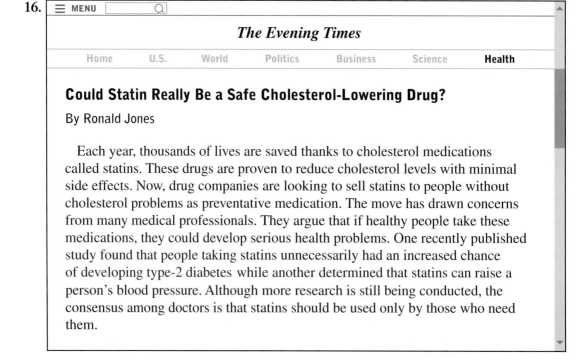

> ≡ MENU 　　 🔍
>
> ### *The Evening Times*
>
> Home　　U.S.　　World　　Politics　　Business　　Science　　**Health**
>
> ## Could Statin Really Be a Safe Cholesterol-Lowering Drug?
>
> By Ronald Jones
>
> 　　Each year, thousands of lives are saved thanks to cholesterol medications called statins. These drugs are proven to reduce cholesterol levels with minimal side effects. Now, drug companies are looking to sell statins to people without cholesterol problems as preventative medication. The move has drawn concerns from many medical professionals. They argue that if healthy people take these medications, they could develop serious health problems. One recently published study found that people taking statins unnecessarily had an increased chance of developing type-2 diabetes while another determined that statins can raise a person's blood pressure. Although more research is still being conducted, the consensus among doctors is that statins should be used only by those who need them.

Q: What is the writer's main point about statins?

(a) They have more side effects than other cholesterol medications.
(b) They are an effective way to lower cholesterol levels.
(c) They can cause health problems in otherwise healthy people.
(d) They are best at preventing high cholesterol and type-2 diabetes.

17.

POOL RULES

Due to improper behavior at the swimming pool, the following rules are being imposed immediately.

1. Due to several instances of vandalism, minors under the age of 14 must be accompanied by an adult at all times while at the pool.
2. The diving boards have been removed because many individuals were engaging in dangerous activities on them.
3. A security device has been added to the emergency alarm. If someone presses the alarm, red paint will spray out from it. Please use the alarm only in case of a real emergency.

If the rules continue to be ignored, the pool will be closed.

Q: Which of the following is correct according to the announcement?

(a) Several people have pressed the emergency alarm lately.
(b) The swimming pool is going to be closing soon.
(c) No minors are allowed in the pool at any time.
(d) People have been causing damage to the pool.

18. To make beef stew, you need two pounds of beef cut into chunks, potatoes, carrots, onions, turnips, and salt and pepper. First, chop and then fry the onions in a pan with some oil. Add the beef and cook it until all the sides are brown. Then, peel and chop the potatoes, carrots, and turnips into large pieces. Next, put the beef and onions in a large pot along with the vegetables. Fill the pot with enough water so that it completely covers the ingredients. Cook the stew at a lower heat for at least an hour until the meat and vegetables are finished.

Q: Which of the following is correct according to the passage?

(a) It takes at least sixty minutes in order to cook the stew.
(b) Vegetables other than the ones named can be added to the stew.
(c) The vegetables should be peeled before the beef is browned.
(d) There should be more meat than vegetables in the stew.

19. The city's adult basketball league is starting next week. Anyone interested in playing should sign up either by team registration or draft registration. Team registration lets friends assemble their own teams and submit the rosters to the league administrator. The draft is open to anyone who is not registered on a team. Tryouts will be held next Sunday at the gym at 3 PM. All registered team captains are encouraged to attend the tryouts. The draft selection process will take place at 6 PM once the tryouts have been completed. All players must submit a waiver form and a copy of their current health insurance in order to be eligible to play. Also, players are expected to wear the appropriate shoes while in the gym.

Q: Which of the following is correct about the basketball league?

(a) All of the players must participate in the tryouts.
(b) All players are expected to choose their own teams.
(c) Those without health insurance cannot play.
(d) The team captains have to attend the tryouts.

20. The moray eel is a unique animal. It lives in tropical waters near coral reefs and feeds on fish. It has one set of jaws in its mouth, and it uses its powerful jaws and razor-sharp teeth to capture and kill its prey. As it tries to swallow the fish, the eel's second set of jaws, which is farther back in its throat, gets used. Experts speculate that the moray eel depends on its second set of jaws because it does not have a reflex that allows it to swallow food properly.

Q: What is the main role of a moray eel's second set of jaws?

(a) It lets the eel capture and kill fish.
(b) It helps the eel swallow food.
(c) It enables the eel to chew food.
(d) It assists the eel in digesting its food.

21.

> ## Library Closing
>
> The city library is closing for renovations during a three-week period in August. Once they are complete, the library will have a new section that will have more than 2,000 books on natural science. The library will also update its technology center during this time, which should enable members of the community to conduct more original research. The number of computers will double from fifteen to thirty. While renovations are ongoing, all overdue fees will be waived. Those who wish to check out any books during this period may file a request on the library's website. They will then receive instructions by email as to when and where they may pick up their books.

Q: Which of the following is correct about the city library according to the announcement?

(a) It has just installed a number of new computers.
(b) It will permit people to check out books by email.
(c) It has recently undergone some renovations.
(d) It intends to expand its physical science book collection.

22. Epic poems are long tales that often come from ancient civilizations. Perhaps two of the most well-known epics in Western civilization are Homer's *Iliad* and *Odyssey*. There are several characteristics a poem must have in order to be considered an epic poem. One of them concerns the hero. In epics, the heroes typically embody the cultural values of the society in which they take place. In Homer's poems, Achilles was a great warrior while Odysseus was extremely resourceful. Both fighting and using one's brain were valued by the ancient Greeks. Furthermore, epic poems typically concern either wars or great adventures. The characters in the poems often encounter monsters, demons, and gods and goddesses and may use magic to fight and defeat them.

Q: What can be inferred about epic poems according to the passage?

(a) They were first written in Greece.
(b) They are often about one man.
(c) They describe typical events.
(d) They are often about bellicose stories.

23. One of the greatest artists of the Renaissance was Michelangelo. So great were his skills as an artist that many consider him to be the best painter and sculptor from this time. After all, Michelangelo was responsible for two of the most celebrated pieces of art in Western history. *David*, his best sculpture, was produced before he had even turned thirty years of age. Michelangelo's real masterpiece, however, was *The Last Judgment*. It is the fresco which covers the ceiling of the Sistine Chapel in the Vatican. It is a depiction of the apocalypse as it is told in the Bible.

Q: What can be inferred about Michelangelo?

(a) His artistic influence reached far beyond Europe.
(b) He painted a picture called *David*.
(c) Some of his art is very famous.
(d) He started an art movement in the Renaissance.

24. In the United States, the prison population has been surging like never before in the past couple of decades. There are two opposing arguments which suggest the reason for this. The first is that law enforcement is doing a much better job of apprehending people. People who subscribe to this theory claim that better crime scene methods enable cases that were once considered unsolvable to be resolved more easily nowadays. They cite DNA testing as one main reason why prosecutors are getting more convictions and, therefore, sending more people to prison. The other theory is that many people are being imprisoned for petty crimes. They state that prosecutors are demanding jail sentences for people when fines or other minor forms of punishment would be more appropriate.

Q: What can be inferred from the passage?

(a) Too many people are in prison for crimes they did not commit.
(b) There are not enough jails in the U.S. to support the prison population.
(c) The police need to change their crime prevention methods.
(d) American prisons are overcrowded more than ever.

25.

| Home | World | Politics | Business | Lifestyle | Science | Health |

Changing Views on Marriage

By Daniel Green

Just a few short generations ago, the institution of marriage was held in unparalleled esteem. Husbands and wives would go to great lengths to maintain a happy union or at least to uphold the façade of wedded bliss. However, during the counter-culture era of the 1960s and 1970s, views on marriage began to change. No longer was it considered a holy union but rather an artificial social bond between two people. Today, with divorce rates skyrocketing and problems of infidelity becoming increasingly common, many are rightfully concerned with what the future holds for marriage in our society.

R

Q: Which statement about marriage would the writer most likely agree with?

(a) With divorce rates increasing, it is in danger of disappearing.
(b) As times change, it is not as well regarded as it once was.
(c) It should be adjusted to meet the changing needs of society.
(d) Because of problems of infidelity, it is not as popular as it used to be.

Read the passage, questions, and options. Then, based on the given information, choose the option that best answers each question.

Questions 26-27

Rotorcraft in Combat

Various inventors worked on helicopter design in the early twentieth century, and the Germans produced the first practical design in the 1930s. Helicopters were briefly used in World War II, but it was not until the Korean War that they saw extensive military use. Then, the American army used them to evacuate wounded soldiers from the battlefield. In the 1960s, the Americans started using helicopters in large units, which enabled them to surprise their enemies by swiftly moving great numbers of troops to battlefields.

During the Vietnam War, helicopters were the mainstay of the American war effort and even became a symbol of the war itself. However, they proved to be vulnerable to enemy ground fire, and thousands were shot down. In the years after the war, the American army designed and built more sophisticated helicopters with greater firepower and more protection for their crews. These new designs proved their worth during the First and Second Persian Gulf wars.

26. **Q:** What is the main topic of the passage?

   (a) Military helicopters used in the war throughout history
   (b) Helicopter designs the Germans created in 1930s
   (c) The most devastating helicopter crashes in history
   (d) The Vietnam War and the use of war helicopters

27. **Q:** What was the problem with using helicopters in battle?

   (a) They were badly designed and broke down frequently.
   (b) They did not have enough firepower to attack enemies.
   (c) They were easily spotted and shot down by the enemy.
   (d) They were too slow to shoot enemies on the ground.

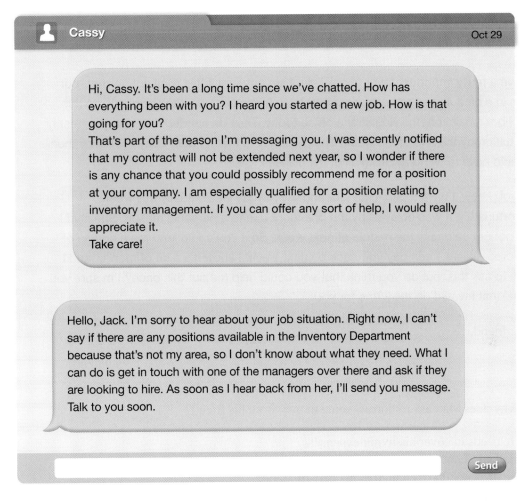

| Cassy | Oct 29 |

Hi, Cassy. It's been a long time since we've chatted. How has everything been with you? I heard you started a new job. How is that going for you?

That's part of the reason I'm messaging you. I was recently notified that my contract will not be extended next year, so I wonder if there is any chance that you could possibly recommend me for a position at your company. I am especially qualified for a position relating to inventory management. If you can offer any sort of help, I would really appreciate it.

Take care!

Hello, Jack. I'm sorry to hear about your job situation. Right now, I can't say if there are any positions available in the Inventory Department because that's not my area, so I don't know about what they need. What I can do is get in touch with one of the managers over there and ask if they are looking to hire. As soon as I hear back from her, I'll send you message. Talk to you soon.

Send

28. Q: What are the speakers mainly discussing in the chat messages?

(a) Possible openings at Cassy's company
(b) Jack's job application status
(c) Cassy's satisfaction at her new job
(d) Changes in the Inventory Department

29. Q: Which of the following is correct according to the chat messages?

(a) Cassy is friends with a manager in the Inventory Department.
(b) Jack is currently unemployed.
(c) Jack's most recent position was inventory manager.
(d) Cassy will inquire about Jack's request.

R

Tim,

I have a really important favor to ask you. I am not sure if this is all right or not, but I am in a bind. I need to borrow some money from you. I wouldn't normally do this, but I got a call from the Registrar's office today. They demanded that I pay the rest of my tuition by the end of the week. The person said that if I didn't pay my bill by then, I would have to withdraw from all of my classes.

As you know, I have a part-time job, and my payday was actually this week. Unfortunately, it was delayed by the president due to a personal reason. She said I will not get paid until the middle of next week. So if you could lend me a couple of hundred dollars, I can pay you back by next week. I know it's a lot of money, and I hate to ask this, but do you think that you could help me out this once? I'm sure you know that I would do the same for you.

Your friend,
Matt

30. Q: Why does Matt ask to borrow some money from his friend?

(a) He needs to cover his living expenses.
(b) He lacks enough money to pay for school.
(c) He does not make enough at his part-time job.
(d) He wants to pay for a class he just signed up for.

31. Q: What can be inferred from the letter?

(a) Matt is trying to steal some money from Tim.
(b) Matt has done a poor job of managing his money.
(c) Matt would lend Tim money if he was in financial trouble.
(d) Matt's university is well known for its high tuition and quality education.

The Daily Times

Health

Want to get fit? Get moving!

By John Spencer

There are countless ways to get healthy. Many experts recommend doing aerobic exercises. These include walking, jogging, hiking, and any sports which involve a lot of movement, like soccer and basketball. Aerobic exercise strengthens the heart muscles and causes the body to use energy and to burn fat. However, because aerobic exercise is active and often fast-paced, it can cause knee, hip, and ankle injuries if a person overextends him or herself. This is especially true for overweight people and those who are out of shape.

The best way to start doing aerobic exercise is to go walking. This can be done almost anywhere and requires no special equipment other than a comfortable pair of shoes. Walking at least twenty minutes a day will increase the body's energy levels and help a person lose weight without having to worry about suffering any injuries by doing more vigorous activities. Not only will it lower the risk of joint injuries, but it will also ease joint pain. It also boosts the body's immune functions. So get out and walk!

32. **Q:** What is the main purpose of the news article?

   (a) To entertain and amuse people who exercise
   (b) To advertise a new walking program developed by the writer
   (c) To inform people that walking is an easy and good aerobic exercise
   (d) To warn about the dangers of aerobic exercise

33. **Q:** What can be inferred from the news article?

   (a) Walking should only be done by obese people.
   (b) Walking is the most comfortable and effective exercise of all.
   (c) People these days do not spend enough time walking.
   (d) There are other forms of aerobic exercise besides walking.

R

Where to Eat in New York

Sal's Deli is a friendly family restaurant located in the heart of Little Italy in New York City. Established in 1946, Sal's Deli is a landmark of fine cuisine. It was founded by Salvatore D'Angelo ("Sal" for short), an immigrant who had been a doctor in his home country. Fortunately, he brought his mother's recipes to America with him. This small, cozy little corner of good food is located at 234 Corleone Street near the Italian-American Social Club and is open from 8 AM to 11 PM every day except on Sunday and national holidays.

Famous for its wide range of sandwiches, Sal's prices and great tastes can't be beat. Sal's smoked turkey on rye sandwich has been the winner of the Best Sandwich in America Award for three of the last seven years. Only the finest meats, breads, cheeses, and vegetables are used at Sal's. And don't forget to look at the takeout menu. So remember that for the best sandwiches in the world, drop by Sal's Deli. You won't regret it.

---

34. Q: Which of the following is correct about Sal's Deli according to the advertisement?

(a) It has prices that are higher than those at other delis in the city.
(b) It is located right next to the Italian-American Social Club.
(c) It wins the Best Sandwich in America Award every year.
(d) It uses ingredients that are considered superior.

35. Q: What can be inferred about Sal?

(a) He was born in Italy and moved to America.
(b) He was not able to be a doctor when he came to America.
(c) He became a doctor because his mother had suffered from a serious disease.
(d) He opened a restaurant in his home country but was unsuccessful.

You have reached the end of the Reading Comprehension section. Please remain seated until you are dismissed by the proctor. You are NOT allowed to turn to any other section of the test.

1. True unionism did not begin until the early nineteenth century as the Industrial Revolution continued to spread. In Britain, the United States, and many European nations, workers were exploited by factory owners, who wanted them to work long hours for low wages. The unions used the power of the strike to negotiate better conditions for their members. Currently, labor laws protect workers' rights in many nations, but unions still exist to _____ and to air grievances.

   (a) exploit factory owners
   (b) negotiate working conditions
   (c) work alongside owners
   (d) hire and fire workers

2. Alligators and crocodiles have more muscles around their lungs than most other reptiles. A recent survey showed they use these muscles to help them shift their bodies while swimming. The muscles move their lungs, and the air inside shifts the angle of their bodies in the water. To dive, they pull their lungs backward, which shifts their buoyancy, making them heavier in the front. While surfacing, the muscles which pulled the lungs back _____, causing greater buoyancy in the front of the body and helping the creature rise.

   (a) now push them forward
   (b) turn the animal on its side
   (c) strive to get more oxygen
   (d) then let the animal submerge

3. Changing a tire on the side of the road is _____.
   If the tire to be changed is on the side closest to traffic, you may get hit and be injured or even killed by a passing vehicle. This happens more often than people think, especially along highways, where speeds are excessive. If you get a flat tire, obviously, you have to stop to change the tire. Where you do so may save your life. A place with a wide, open area that is away from the road would be best. This could be at a gas station, a dining area, or any kind of rest stop.

   (a) something many have to do at least once in their lives
   (b) an activity that can be done relatively swiftly
   (c) one of the most dangerous activities for anyone
   (d) the most difficult aspect of driving for most people

4. The Doppler Effect is a phenomenon of physics which can best be described by using a simple explanation and example. When a sound source approaches an individual, the sound's pitch appears to be higher as the sound source approaches the person while the pitch appears to be lower when the sound source moves away from the person. For example, when an ambulance with its siren blaring comes down a road toward a person who is standing still, the siren sounds very loud. In fact, it sounds louder than it would be if neither the sound source nor the observer were moving. Yet, as soon as the ambulance passes the person, _____ than it would be if both were still.

(a) the sound source remains still
(b) the pitch increases in intensity
(c) the sound becomes even louder
(d) the sound reduces to a lower pitch

5.

The Lowell Town Players are pleased to announce _____.
The main highlight for December will be Charles Dickens's *A Christmas Carol* with Joseph Fields in the role of Ebenezer Scrooge. Opening night is Saturday, December 2, and the show will play for three consecutive Saturdays. In January, the classic tale of murdering old spinsters, *Arsenic and Old Lace*, will take center stage for three nights. All shows start at 8 PM. Buy your tickets beforehand or at the door.

Lowell Town Players

(a) our winter theater schedule
(b) some possibilities for future plays
(c) ticket prices will remain the same this year
(d) the website has been completely revamped

6. Protecting the American president is a full-time and expensive job. The Secret Service is responsible for this task, so its agents follow the president wherever he goes, even to other countries. In the days or weeks before a trip, Secret Service agents visit the nation the president will visit and coordinate security measures with the police and military there. While the president flies in Air Force One, several other airplanes follow him. They carry his special limousine and the people who will protect him on the ground. Assassins have killed four presidents in American history and have made attempts on the lives of several others, so the threat is _____.

(a) more dangerous in foreign lands
(b) something that can be ignored
(c) very real and taken seriously
(d) on most people's minds

7.

Hi, Linda.

I want to know if _____ on Saturday night. Dave's company is having its annual banquet on Saturday, and we simply have to attend it. My mother was supposed to watch the kids, but she's not feeling well, so she won't be able to make it. I know that this is short notice since today is Friday, but I could really use your help. I'll double what I paid you the last time. We just got a new smart TV, so when the kids go to sleep, you can watch whatever you want. I'd really appreciate it if you could do this for us. Please write me back or call me as soon as you can. If you can't do this, I'll have to find someone else right away. Thanks.

Stella

(a) you're still coming over
(b) you can baby-sit for us
(c) your mother is busy
(d) you remember our plans

8. On the weekend, there will be sunshine in most areas of the country, with the west coast not expecting any clouds at all until Monday. The continued dry weather in California is worrying officials there since this is the height of forest fire season. There could be some rain on Sunday on the east coast and in the north when a weather front moves down from Canada. The southern states can expect some high winds and heavy rain on Monday as tropical storm Becky makes its way up from the Caribbean. The Midwest will have thunderstorms on Monday, so residents should expect _____.

   (a) the weather to be clear during the week
   (b) a large amount of both thunder and lightning
   (c) more snow than they are used to getting
   (d) foggy weather to go along with cloudy skies

9. A popular saying is "Never judge a book by its cover." In reality, many people do judge others according to their appearances. This is why clothes are so important. Social etiquette has created a set of rules for which clothing is appropriate for certain situations. For example, going to a movie is considered neither serious nor professional, so most types of clothing are acceptable. _____, a job interview is considered quite serious and professional. Therefore, a suit or other formal clothes are expected to be worn.

   (a) On the other hand
   (b) Consequently
   (c) On account of this
   (d) By all means

10. In March 1977, the world's worst airline disaster occurred in the Canary Islands, which are found in the Atlantic Ocean near Spain. Two 747 jumbo jets filled with passengers, one a KLM Dutch Royal Airlines carrier and the other from the American company Pan Am, collided on a fog-shrouded runway at a small, local airport. More than 500 people died _____ only 70 people, all from the Pan Am flight, managed to survive. The crash was blamed on a number of factors, including human error and the weather.

   (a) that
   (b) so
   (c) while
   (d) still

Part II **Questions 11~12**

Read the passage and identify the option that does NOT belong.

11. John Milton's masterpiece *Paradise Lost* is widely acknowledged as being a great epic poem in the English language. (a) Milton borrowed heavily from the Bible and other sources in order to write that poem. (b) Yet most people are completely unaware that Milton was deeply involved in the political battles of his time. (c) Living in the seventeenth century, Milton had the misfortune to be alive during the time of England's civil war. (d) In addition to his literary pieces, Milton penned many political works as well.

12. Officials at the FRT Corporation today announced plans to hire 220 new workers next month and according to an FRT spokesperson, the company is expanding its workforce because of some new orders for engine parts it received this past week. (a) FRT supplies parts for all kinds of engines, including automobiles, trucks, airplanes, and helicopters. (b) As the economy is showing signs of recovering, many manufacturers have begun increasing production, which has necessitated them ordering more parts. (c) FRT, as the nation's leading engine parts supplier, has been a direct beneficiary of this. (d) The company reported profits of ten million dollars last year and should make more this year.

Read the passage, question, and options. Then, based on the given information, choose the option that best answers each question.

R

13.

Dear Paul,

Like I told you I was planning to do, a friend and I went to the museum yesterday. The art collection there really stood out. There were a number of local and newly acquired pieces on display. There was one sculpture in particular that caught my eye. It was a statue of a wolf. I don't know what it was about the wolf, but I just couldn't take my eyes off of it. If you get a chance, I highly recommend that you check it out before the exhibition ends next week.

Regards,
Lewis

Q: What is the email mainly about?

(a) A comment about a statue
(b) An invitation to a museum
(c) A description of an exhibit
(d) A complaint about some art

14. At most convenience stores, there is a small machine by the front counter which recharges bus cards. To do so, simply place the card in the slot at the bottom. Make sure the magnetic strip is facing down and is to the right. Then, press the amount of money to be added to the card. Next, place the appropriate amount of money in the slot. To use a debit or credit card, swipe your card in the slot on the right-hand side, enter your PIN, and press the "Okay" button. Once the money is accepted, the machine will display the amount of money now on the bus card. The card may then be removed from the slot.

Q: What is the main purpose of the announcement?

(a) To mention where bus cards may be purchased
(b) To explain how to recharge a bus card
(c) To show how to use a bus card
(d) To demonstrate why bus cards are important

15. Altruism is the act of sacrificing to help another. This goes against the Darwinian principles of evolutionary theory, where the strongest survives to pass on his or her genes to the next generation. Fighting in a war is the ultimate altruistic act. The altruistic instinct tells people to sacrifice themselves, yet this removes them from the gene pool. However, a countertheory may explain why they do this. In some primitive tribes, a man who goes to war, survives, and returns as a hero has a greater chance to pass on his genes because he can select healthier and more desirable mates.

Q: What is the writer's main point?

(a) There is a plausible reason for a distinct human behavior.
(b) Altruism has been ineffective throughout human history.
(c) Darwinian principles are erroneous and biased.
(d) Altruism is of extreme importance for survival.

R

16.

Everyone knows what the worst part about buying a used car is. You want to know if you paid too much for your car or if it's going to fall apart on you in a couple of days. At Jerry's Car Lot, you don't have to worry about getting ripped off at all. The reason is that we will pay for you to get the car you are looking at checked out by an independent mechanic. You can bring your own mechanic, and we'll pay him to check out the car.

Jerry's Car Lot

Q: What is mainly being advertised?

(a) A rental car agency
(b) Free mechanic services
(c) A used car seller
(d) An independent garage

17. Seismic stations in Australia were frequently recording extremely powerful earthquakes in Antarctica, which is over 3,000 miles away. Until recently, the cause of the quakes was a mystery. What was especially curious about them was their regularity. In fact, they were not real earthquakes. Researchers discovered that the "quakes" were the result of the movement of the Williams Ice Stream, a massive glacier in Antarctica. As gravity slides the glacier toward the ocean, the pressure builds up and causes the seismic activity that was being recorded as earthquakes in Australia.

Q: What made monitors in Australia think earthquakes were occurring in Antarctica?

(a) The actions of the ocean tides
(b) The fact that little is known about events in Antarctica
(c) The frequency of earthquakes there
(d) The unusual movements of a glacier

18. Experts in genetics consider Iceland a gold mine for their research. Iceland has one of the most genetically similar groups of people on the planet. Descended from Scandinavian settlers, the Icelandic people were isolated for most of their history, and few outsiders ever became part of their culture. In addition, Iceland has detailed medical records of all its citizens starting from 1915. As a result, genetic experts can use the Icelandic people to search for common gene mutations that cause diseases like breast cancer. They can quickly find all women who have had breast cancer or are descendants of woman who had it in the past.

Q: Which of the following is correct according to the passage?

(a) A large number of Icelanders have breast cancer.
(b) Few Icelanders were born in other countries.
(c) Gold mining is one of Iceland's main industries.
(d) The people of Iceland have several mutated genes.

19.

ART EXHIBITION: Sheila Ryerson

Sheila Ryerson is an up-and-coming local artist who is holding her first exhibition. It will be at the Grayson Art Gallery on Saturday, September 10, and it will run from 1 PM to 7 PM. Sheila is mostly known for her landscapes, which often depict scenes of everyday life. In fact, she is something of a local celebrity, and it is not uncommon for people to spot her at places all around the community painting various scenes in town. Many of the paintings to be exhibited are also for sale. Interested buyers may contact Ms. Ryerson or speak with Dean Verma, the curator of the gallery. Private showings of Ms. Ryerson's artwork are also possible. Contact Mr. Verma for more information.

Grayson Art Gallery

Q: Which of the following is correct about the exhibition?

(a) It is going to take place over the entire weekend.
(b) The works being shown have already been sold.
(c) It is possible to view the works before it begins.
(d) The works being displayed show local scenery.

20. Many people fear that their governments may start becoming too powerful. This is personified by the name Big Brother. This is the term used to refer to a government when it is collecting too much information about its citizens without their permission. Nowadays, in the Internet Age, information is much easier to process and store, so fears of Big Brother have been on the rise. For instance, some governments are considering putting GPS systems in cars. These would measure how many miles the cars go for the purposes of taxing their owners. However, they would also be able to show exactly where the car has been.

Q: According to the passage, what are some people concerned about?

(a) Paying too many taxes
(b) Government regulations on cars
(c) The need for more civil rights
(d) The collecting of personal information

21. The level of trust people give to one another—particularly when it comes to strangers—differs from one society to another. The amount of trust given to others is often determined by the closeness of families as well as the amount of involvement in the community by people. In cultures where family bonds are very strong, people are typically not very trusting of strangers. While people are willing to do almost anything for their family members—both immediate and distant—this is not true for strangers. It However, when people are more involved in their communities, they tend to trust strangers more readily. The reason is that they are more likely to have strong bonds with people who are not family members.

Q: Which of the following is correct according to the passage?

(a) People in many cultures trust relatives less easily than they do strangers.
(b) People who are close to their families may be hesitant to trust strangers.
(c) The level of involvement in one's community determines the closeness to one's family.
(d) The amount of trust people give strangers is similar in most cultures.

22. The rhinoceros is one of the world's largest land animals. It lives in Africa, India, Java, and Sumatra. In the late nineteenth century, settlers and big game hunters practically wiped out the white African rhino through their indiscriminate hunting. In 1895, only forty white African rhinos were thought to be alive. South African officials put them in a game preserve to ensure their safety. Today, there are over 17,000 white African rhinos, and experts believe they have reached a self-sustaining number. However, other rhino species, like the black African rhino, are in danger of extinction. One thing that makes protecting the black African rhino problematic is that it is more aggressive than its white cousin.

Q: Which of the following is correct according to the passage?

(a) Rhinos are found in several countries.
(b) There are about forty rhinos in captivity today.
(c) Rhinos in South Africa are endangered.
(d) White rhinos are highly aggressive.

23. The Victorian Era in nineteenth century England saw a new style of literature develop. Charles Dickens, Oscar Wilde, and other writers helped develop English literature during this time. Perhaps their most significant contribution was helping to make novels the main writing form among noted authors. Novels replaced short stories and poems as the most popular form of literature. Victorian authors also frequently used similar storylines: They told tales of good versus evil. They often wrote about a common person who led a life of difficulty yet resisted temptation and managed to remain a good person. This person would battle evil in some form, be it monsters, other people, or even animals. In the end, as Dickens preferred, the good, hardworking, dedicated common man typically triumphed over evil.

R

Q: What can be inferred about the Victorian Era?

(a) Its writers often focused on works of science fiction.
(b) Many authors during it wrote horror stories.
(c) Novels frequently outsold works of poetry.
(d) Some authors wrote works where evil defeated good.

24. A pepper's hotness is derived from the substance capsaicin. Peppers are rated for hotness on the Scoville scale, named after an American chemist. Scoville heat units (SHU) measure a pepper's intensity. For example, the sweet green bell pepper, commonly used in pizza and salads, has an SHU of zero. The jalapeno, which many people enjoy with nachos, rates 5,500 SHU on the Scoville scale. Tabasco peppers, used to make the famous sauce, rate a scorching 190,000 SHU. Despite their hotness, peppers are used to treat some medical problems. Many creams used for arthritis contain warming capsaicin. Hot peppers are also well known for clearing nasal passages when someone has a cold and can act as a dieting aid by increasing the body's metabolism.

Q: What can be inferred from the passage?

(a) Eating bell peppers can make a person lose weight.
(b) Arthritis can be prevented by eating peppers.
(c) The chemist Scoville worked with peppers.
(d) SHUs become hotter on an exponential scale.

25.

The Journal Inside

Environment

Wildlife Preserves Are in Danger of Shrinking

By Conan Stevens

President Theodore Roosevelt established the United States Forest Service in 1901 and enacted the 1906 American Antiquities Act for the purpose of preserving 230 million acres of American wildlife areas. Every president since then has added more areas under the protection of the act. But today the president proposed reducing the sizes of 10 wildlife preserves across the country for the purpose of opening them to business. These areas are home to sizable oil, gas, and mineral reserves and could add billions of dollars of revenue to the economy. However, the president's proposal has come under fire from conservationist groups, who say the lands are meant to be protected indefinitely by the national government.

Q: Which of the following statements is supported by the passage?

(a) The current president has adopted a similar stance toward preservation as past presidents.
(b) Theodore Roosevelt was the first national leader to preserve wildlife areas nationwide.
(c) The president's proposal has gained widespread support from people in business circles.
(d) The present administration favors economic advancement over natural preservation.

Read the passage, questions, and options. Then, based on the given information, choose the option that best answers each question.

Questions 26-27

I'm looking for a roommate for my two-bedroom apartment near the university on Caruthers Avenue. The apartment is located on the fourth floor of a six-story building. There are elevators and a laundry room in the building as well as a small gym with workout machines. The apartment has two bedrooms, one bathroom, a small kitchen, and a living room. The available bedroom already has a bed and a desk. The kitchen has a gas stove, a refrigerator, and a microwave oven. The rent is $500 per month split two ways. The electricity, water, and gas bills come to about $80 per month.

- I am a female, so I prefer a female roommate.
- I want a roommate who is clean and tidy.
- My new roommate should like animals because I have two cats.
- My new roommate should not party too much. I have to work early most mornings.
- Only nonsmokers, please!

Please call Jenny at 555-5305, and we can arrange a time for you to see the apartment and to meet my cats, Stinky and Wrinkles.

26. Q: What is the writer mainly writing about in the advertisement?

(a) Why she needs to talk with her landlord about rent
(b) How apartment hunting is done
(c) What kind of roommate she is searching for
(d) What problems her roommate has

27. Q: Which of the following is correct according to the advertisement?

(a) Her new roommate will owe $250 a month in rent.
(b) The woman does not allow pets.
(c) The woman is willing to live with a smoker.
(d) The apartment is located on the sixth floor of the building.

R

Acid Rain: Causes and Effects

One of the primary negative effects of industrialization is the pollution it creates. One problem is acid rain. Factories release enormous amounts of sulfur, nitrogen, and various other pollutants into the air. These particles combine with airborne drops of water, which then fall to the ground as acid rain. The rain can wreak havoc wherever it falls. It can kill or damage trees and plants. It can also increase the acidity level of both soil and water. Thus, the result is that farmers have more problems growing crops on their land.

In addition, when acid rain falls in relatively stagnant bodies of water, it can eventually kill all life in these lakes or ponds. There are scattered bodies of water around the world that have no life in them because of acid rain. It even affects manmade structures, especially buildings made of limestone. While the incidence of it today is less thanks to stricter laws against air pollution, it is still a cause for concern in many places, particularly in the developing world.

28. **Q:** According to the passage, why is there less acid rain today than in the past?

(a) Factories have limits on the levels of emissions for pollutants.
(b) Legislation restricting air pollution has started being enforced.
(c) A recent study revealed a method for factories no longer to cause pollution.
(d) People do not use limestone when making buildings anymore.

29. **Q:** Which of the following is correct about acid rain according to the passage?

(a) It is caused by nitrogen and oxygen mingling with airborne water.
(b) It is a problem faced only by countries in the developing world.
(c) Its effects will be lessened after a period of several years.
(d) It makes agriculture more difficult in the places that it falls.

New Duty-Free Shop Opens Downtown!

Foreign travelers now have the chance to purchase high-end goods from inside the hotel—all tax free! The reason is that the Luxury Hotel on Westlake Boulevard has just opened a duty-free shop for international travelers. The store carries the latest selections of fine alcoholic beverages, cigarettes, cigars, perfumes, cosmetics, jewelry, chocolates, children's toys, watches, and other luxury items. It also carries selected artisanal products, all crafted in the local area.

Customers must have a plane ticket that shows they will depart for another country within three days of making a purchase. Customers must also show a passport as proof of ID. All liquids that are in containers larger than 100ml will be sent to the airport for pickup at your departure gate. We are sorry for this inconvenience, but this is an airline safety regulation. The duty-free shop is located on the second level of the hotel and is open twenty-four hours a day, seven days a week, so feel free to drop by anytime.

Luxury Hotel

30. Q: What is the main purpose of the announcement?

(a) To promote a luxury hotel that carries quality goods
(b) To persuade people to follow an airline's safety regulations
(c) To apologize to customers for a manager's mistake
(d) To inform people about a new store that does not impose taxes

31. Q: Which of the following is correct about the duty-free shop?

(a) Only people going abroad may purchase items at the store.
(b) It is open only to customers who are guests at the hotel.
(c) All items purchased will be taken to the customer's departure gate.
(d) It does not have liquids in containers larger than 100ml for sale.

R

I've been feeling quite listless lately. I don't feel any excitement when I head to work. I don't get any satisfaction from what I do anymore. I think I'm suffering from burnout. Because of technology, we are always connected to our work, and this isn't a good thing. We humans need time to disconnect from our work to take psychological breaks from our jobs and related responsibilities. One article I read said that people who spend more time at work—like 10 hours a day or more—and who always think about work have lower productivity and are less likely to be successful.

So what I have decided to do is adopt a no-phone policy for the late evening and early morning. I won't look at my phone for two hours before I go to bed and after I wake up each day. I want to use the time to read, relax, and just unwind. Alex started doing something similar a month ago, and he says he's never felt better. Hopefully, I can feel better, too.

32. Q: How will the writer use the no-phone time?

(a) She will spend more time sleeping.
(b) She will do activities that help her relax.
(c) She will get her extra work done.
(d) She will look for some jobs to apply for.

33. Q: Which statement about technology would the writer most likely agree with?

(a) Technology has made it easier for people to work efficiently.
(b) People who use the least amount of technology are the happiest.
(c) Being constantly connected to work makes people less happy.
(d) Employees who spend long hours at work are the most successful.

Western Press

WORLD > ENVIRONMENT

R

Escaped Lion Captured and Returned to Cage

By Sherilyn Wolter

There was some excitement downtown yesterday afternoon as a lion managed to escape from the local zoo. Fortunately, zookeepers were sure no other animals got away. The lion was spotted about a block away from the zoo by a local resident, who immediately called the police. Animal control officers and zookeepers were on the scene quickly, and, after a tense fifteen-minute chase, they cornered the lion in Golden Park. A zookeeper managed to hit the lion with a tranquilizer dart, and, a few moments later, the drama was over.

Despite rattling a few nerves, no one was hurt. Several stray cats were reported missing. The city asked the zoo for a full inquiry into the incident and to ensure that its safety measures are adequate for the types of animals it has. A zoo spokesperson says she is already interviewing employees and reviewing its procedures for entering and exiting animal enclosures. She says it is suspected that a forgetful employee left the cage door unlocked before going out to lunch.

34. Q: According to the news article, how was the lion captured?

(a) It was cornered and killed by some officers and zookeepers.
(b) It was shot by dart and then knocked out.
(c) It was chased back to the zoo.
(d) An officer hit it with a tranquilizer dart.

35. Q: What can be inferred from the news article?

(a) A zoo spokesperson may know how the lion escaped.
(b) Several animals have escaped from the zoo in the past.
(c) Several people felt their lives were in danger from the lion.
(d) The lion had been mistreated before it escaped.

You have reached the end of the Reading Comprehension section. Please remain seated until you are dismissed by the proctor. You are NOT allowed to turn to any other section of the test.

Part I Questions 1~10

Read the passage and choose the option that best completes the passage.

---

1. Prior to the development of text messages for cell phones, people had to send an email or write a letter with a pen and paper _____. One way this is changing society is that it allows people secretly to send messages while they are in class or at work. A text message can be sent and received without the noise a ringing phone makes. This can be a distraction since some students and employees spend more time texting friends and family members than actually doing their work.

   (a) to send a message
   (b) in order to meet others
   (c) to communicate orally
   (d) in order to make appointments

2.

   Mr. Watkins,

   Due to your failure to pay your mortgage for several months, you must depart
   from the house along with all of your belongings within 30 days of receipt of this
   letter. After that time, if the residence is not vacant, you and your belongings will
   be forcibly removed by the authorities, and you will be charged with trespassing.
   You have the option to appeal your eviction. In order to appeal, written notice
   must be received by the local courthouse within a month of receipt of this letter.
   Should we not hear from you within this period of time, we will assume that you
   and the residents of your house _____.

   Sincerely,
   Jane Kennedy
   First National Bank

   (a) do not live there anymore
   (b) will protest this in a court of law
   (c) are willing to pay your mortgage
   (d) have accepted this decision

3. Astronomers searching for extraterrestrial life have discovered some planets orbiting distant stars. With few exceptions, they have not actually seen these planets. They have merely hypothesized their existence due to the unusual movement of the stars they orbit. Astronomers find it easier to discover changes in a star's orbit caused by planets close to the star. However, this does not mean they are the only planet orbiting a star. There may very well be planets orbiting _____, but astronomers do not yet have a method to detect them.

(a) stars like our very own sun
(b) some of the moons of larger planets
(c) at farther distances around such stars
(d) their stars in orbits that take weeks to complete

4. Andrew's Health Club is a new gym and spa that has all the equipment you need to get yourself into shape. We have over fifty free weights and more than 100 cardiovascular machines, including stationary bikes and treadmills, so you'll never have to wait around for someone else to finish before you get a chance to work out. Since people nowadays have varied schedules, we stay open 24 hours a day, seven days a week, so feel free to come in and exercise whenever you have the time. Our trainers are willing to help you by creating a tailor-made workout program that fits your needs. _____ that will have you improve your condition in no time. So come down to Andrew's Health Club and become a member.

(a) You can apply for membership
(b) We'll get you started on a program
(c) We're located right next to city hall
(d) Get on some of our exercise machines

5. On long airline flights, passengers run the risk of deep vein thrombosis. Sitting for long periods of time may cause a blood clot to form in a person's upper leg. When the flight is over and the passenger _____, the clot can travel to the heart or brain. Several people have actually died from this. All airlines recommend that passengers stand up and move around on long flights in order to prevent this from happening.

(a) stands up
(b) collects his bags
(c) falls asleep
(d) checks in

6. Until the late nineteenth century, time was kept in many ways, which created confusion as the world became more globalized. For example, in England, the local time in various cities could vary by an hour or two. This was also common in European countries as well as in other places. In 1884, American President Chester Arthur called a conference in Washington, D.C. to decide on an international standard of timekeeping. The delegates opted to use lines of longitude to divide the world into twenty-four time zones, which would correspond to the twenty-four hours in a day. This eventually became known as universal time. The majority of the attending nations adopted it, and, over time, most of the world _____.

(a) clamored for more changes
(b) refused to accept modern notions of time
(c) came to accept it as standard
(d) requested the holding of another conference

7. Alchemy is a pseudoscience practiced in ancient and medieval times but which is regarded as bunk by modern scientists. Most alchemists went to great lengths in their attempts to achieve one or all of the three main goals associated with alchemy. The first, and most widely known, was transmutation, the changing of a substance into a precious metal like gold. The second was to create the elixir of life, a substance that would prolong life indefinitely. The third was the creation of a universal solvent, a substance that could erode any other substance. Some alchemists took their work seriously, but many people regarded them as fools and even cheats and tricksters. There is little evidence that alchemists _____.

(a) recorded their discoveries in books and journals
(b) contributed much knowledge to the world
(c) failed to accomplish all three of their objectives
(d) lost the secret for turning objects into precious metals

8. British naval Captain James Cook was perhaps the greatest navigator the world has ever known. Unfortunately, his landing on Hawaii led to his death on February 14, 1779. Some native Hawaiians stole one of the small boats Cook's men used to land there. This led to a confrontation, and, during the ensuing struggle to retrieve the boat, a native struck Cook on the head, and he collapsed into the water. Cook's crew continued their voyage of discovery though, and England was shocked by the news of Cook's death when his shipmates finally _____.

(a) sailed back to Hawaii
(b) told people about their travels
(c) managed to defeat the Hawaiian natives
(d) returned there many months later

9. Across the Pacific Ocean are several graveyards for sunken ships, most of which were lost during naval battles during World War II. It is estimated that almost 4,000 ships, the majority of them Japanese merchant vessels, were sunk during the war. _____, there are battleships, aircraft carriers, cruisers, destroyers, and other smaller vessels in these graveyards. Nowadays, there are concerns that the oil and gas in these ships may leak and harm the environment. Unexploded ammunition in some vessels also poses a danger to divers and passing ships.

(a) However
(b) In addition
(c) But
(d) On the contrary

R

10. The dragon is a mythical creature that can fly and breathe fire. Depending on the story, dragons may be good or evil. For example, in J.R.R. Tolkien's work *The Hobbit*, the dragon Smaug is very evil. All he does is kill, steal gold and gems from others, and sleep on his pile of treasure deep inside a mountain. _____, in other stories, dragons have been known to be the heroes. Indeed, sometimes they might actually help save people from an evil king or a powerful wizard.

(a) Similarly
(b) On account of this
(c) On the other hand
(d) Unfortunately

Part II **Questions 11~12**

Read the passage and identify the option that does NOT belong.

11. For years, paleontologists have argued amongst themselves about whether dinosaurs lived in social or family groupings. (a) Some say that dinosaurs simply bore their offspring and then left them to survive on their own. (b) People cannot do that since human babies could never survive on their own. (c) Others claim that dinosaurs lived in social groups and maybe even were organized as families. (d) Evidence for this theory comes from the fossilized bones of some herbivorous dinosaurs that had been consumed by a few carnivorous dinosaurs.

12. People today have the ability to use cell phones or to connect to the Internet without the need for any physical wires; however, society has actually been making use of wireless technology for decades. (a) Radio transmissions rely upon wireless communications. (b) Thus people who listen to AM or FM radios in their cars are making use of wireless technology. (c) FM radio frequently attracts more listeners than does AM radio. (d) And since radio waves can travel millions of miles, scientists in the space program have used wireless technology for decades to be able to communicate with astronauts in outer space.

Read the passage, question, and options. Then, based on the given information, choose the option that best answers each question.

13.

Weekly Voice

NEWS > OPINION

Driving While Black

By Nicole Meline

Many Americans like to think that racial profiling has ended. This is far from the case. Black people are up to 85 percent more likely than whites to be pulled over by the police. They have come up with the phrase "Driving While Black," suggesting that being black is considered a crime itself. This is backed up by statistics. Black motorists are far more likely to be searched, ticketed, and even arrested after being pulled over than white people are. Racial profiling is wrong and needs to stop.

Q: What is the news article mainly about?

(a) The way certain groups are singled out by authority figures
(b) A form of discrimination that has ceased to be a major issue
(c) The factors that lead black people to be arrested more than other races
(d) The reasons that racial profiling continues against people of certain races

14. Because a large number of students as well as their parents have requested that the school provide career and life counseling, the administration is currently advertising for two new student counselors. Once hired, these counselors will be available for students to speak with during regular school hours. Students may feel free to discuss their career goals and options with the counselors, who will be expected to provide advice and to answer questions from the students. In addition, since the counselors to be hired will have advanced degrees in psychology, students may feel free to discuss more private or personal matters with them as well. All discussions will be kept confidential, and at no times will the counselors break trust with the students.

Q: What is the main purpose of the announcement?

(a) To advertise for two new positions at a school
(b) To describe the duties of some future employees
(c) To announce that the school has started offering career counseling
(d) To explain the qualifications for some open jobs

15. Cubism is a style of art that was developed in the early twentieth century. Most art historians consider Pablo Picasso to be the father of Cubism. Prior to Picasso, most painters focused on realism. That is, they painted objects exactly as they appeared. Picasso, however, abandoned this style and painted representations of various objects. One reason for this is that he had studied African art, which represented objects in different ways. Picasso used his knowledge of African art to reinvent the way he made his own art. He broke objects down into geometrical figures, typically squares or rectangles. Then, he painted objects as if they were made up of those figures. So humans in his paintings were often a collection of squares or cubes, hence the name Cubism.

Q: What is the writer mainly writing about in the passage?

(a) The influence of Cubism on modern art
(b) Why Picasso became so famous
(c) How Picasso developed Cubism
(d) The difference between realism and abstract art

16. Skiing is one of the most popular sports in countries with snowy winters. In recent years, traditional skiing has been challenged by snowboarding. At first, many ski slopes banned snowboards as being too dangerous. Snowboarding attracted avid skateboarders. They were young people who loved performing dangerous stunts and maneuvers that could cause harm to others. Gradually, snowboarders and ski slope owners reached a compromise. Many slopes set aside special runs for snowboards only and created areas where snowboarders could perform their stunts without interfering with other skiers or snowboarders. Now, after almost two decades of use, snowboards are as common on ski slopes as regular skis. Snowboarding has even become an Olympic sport, a sign that the sporting world has accepted this once maverick style of skiing.

Q: What is the main purpose of the passage?

(a) To show how snowboarding became more mainstream
(b) To prove that snowboarding and skiing are similar
(c) To argue that snowboarders need their own slopes
(d) To explain why people prefer skiing to snowboarding

17.

Service Change: Bus numbers 35, 54, and 67

The following changes will be made to the local bus schedule. Starting in May, the Sunday bus times on routes 35, 54, and 67 will be reduced from every thirty minutes to once an hour. The weekly and Saturday times for these routes will remain unchanged. The main reason for this change is the limited usage these routes receive on Sundays. The fares collected do not meet the expenses necessary to maintain a more frequent schedule. A three-month study showed that fewer than twenty passengers per hour use these bus routes on Sunday, which makes them unprofitable to run so frequently. Any complaints or comments concerning these changes may be directed to the City Transportation Office at 555-3201.

City Transportation Office

R

Q: Which of the following is correct according to the announcement?

(a) There are some changes in the Saturday bus schedule.
(b) Changes in the bus schedule are already being implemented.
(c) The bus schedule changes are being done for economic reasons.
(d) Any questions regarding the changes may be directed to a bus service center.

18. Hardness is defined as the ability of a substance to resist abrasion or deformation on the surface. Simply put, soft materials are more easily scratched than hard ones. In geology, the hardness of a substance is determined by the Mohs Scale of Hardness. The scale goes from 1 to 10. The diamond, the hardest substance known to man, gets a rating of ten. Talc, an extremely soft rock, has a rating of one. A human fingernail is rated 2.5 while gold is rated around 3 on the scale.

Q: Which of the following is correct according to the passage?

(a) Talc gets a rating of one because of its softness.
(b) In geography, the hardness of a substance is determined by the Mohs Scale of Hardness.
(c) The diamond gets a rating of ten because of its softness.
(d) A human fingernail is harder than gold.

19. The Epstein-Barr virus is the main cause of the disease that is known as mononucleosis, or mono for short. The virus is present in approximately 95% of all people, but only under certain conditions does it actually manifest into the disease. Mono is contagious and can be transferred through the saliva of the mouth when the disease is present, which is why it is often called the "kissing" disease. People who come down with mono have swollen lymph nodes in the throat area and may have difficulty speaking and swallowing until treated.

Q: Why don't more people get mono since so many have the Epstein-Barr virus?

(a) It is not particularly contagious.
(b) The virus is not always active.
(c) They do not come into contact with others.
(d) Doctors treat it quickly in most patients.

20. Being famous has its drawbacks, one of which is the constant presence of paparazzi. These photographers haunt—some would say "stalk"—famous people night and day in the hopes of snapping photos of them in candid or embarrassing situations. Some stars are surrounded by the paparazzi so much that they can't even leave their homes without drawing a crowd. In one famous incident—the death of Princess Diana of England—people blamed the presence of paparazzi for the car crash that killed her, yet this was later proven untrue. On the other hand, without the paparazzi, perhaps these people wouldn't be famous at all.

Q: Which of the following is correct according to the passage?

(a) Paparazzi take pictures of celebrities in their homes.
(b) Paparazzi cause celebrities to do embarrassing acts.
(c) Celebrities are only famous because of paparazzi.
(d) Paparazzi did not cause the death of Princess Diana.

21.

Dear Kevin,

I hate to ask, but do you remember that you borrowed $50 from me a couple of weeks ago? My payday isn't for another week, so I could really use my money back since I am running short on cash myself. If it's not too much of an inconvenience, would you mind paying me back sometime by the end of the day? I'll be in my office until five, so you can drop by anytime up to then. Thanks a lot. I'm sorry to ask for my money back, but I'm in kind of a bind right now.

Peter

R

Q: Why does Peter want his money back?

(a) He is starting to run out of money.
(b) Kevin has waited too long to pay him back.
(c) He needs the money to pay for dinner tonight.
(d) He has to pay some of his bills soon.

22. The colonization of space and the establishing of permanent settlements of people outside Earth offer several potential benefits. Economically, space colonization could be worth an astronomic amount of money. The raw materials that are found on other planets, moons, asteroids, and even comets could be utilized on Earth. People living on colonies could be able to obtain these materials and then send them back to Earth. The rewards would be enormous. Likewise, colonizing other celestial bodies would surely improve the scientific knowledge that people possess. People would be living in new environments and be undergoing totally new experiences. What they could potentially learn would be phenomenal.

Q: Which of the following is correct according to the passage?

(a) There are currently colonies in outer space.
(b) Colonists could exploit materials on other moons.
(c) Some people have learned much from space colonies.
(d) People are making plans to colonize asteroids.

23. In extremely cold regions, the ground can be permanently frozen. Scientists call this permafrost, and it can be in a layer up to thousands of feet thick. On top, there are only a few feet of soil, which thaw and freeze with the changing season. This layer is called the active zone. Plants can grow in the active zone, but they are small and short. Most of the world's permafrost regions lie in Alaska, northern Canada, and Russia as well as in regions with high mountains like the Tibetan Plateau, where the Himalaya Mountains lie.

Q: What can be inferred from the passage?

(a) A permafrost region has no soil on its ground.
(b) Plants grow to be very high in permafrost regions.
(c) Most permafrost regions are in the Northern Hemisphere.
(d) In extremely cold regions, the ground gets easily frozen.

24.

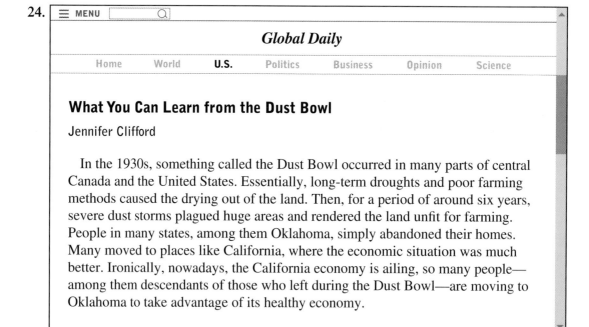

≡ MENU   🔍

Global Daily

Home   World   **U.S.**   Politics   Business   Opinion   Science

What You Can Learn from the Dust Bowl

Jennifer Clifford

   In the 1930s, something called the Dust Bowl occurred in many parts of central Canada and the United States. Essentially, long-term droughts and poor farming methods caused the drying out of the land. Then, for a period of around six years, severe dust storms plagued huge areas and rendered the land unfit for farming. People in many states, among them Oklahoma, simply abandoned their homes. Many moved to places like California, where the economic situation was much better. Ironically, nowadays, the California economy is ailing, so many people— among them descendants of those who left during the Dust Bowl—are moving to Oklahoma to take advantage of its healthy economy.

Q: What can be inferred from the news article?

(a) California traditionally has the best economy in the United States.
(b) The Dust Bowl could never happen again because of improved farming methods.
(c) Oklahoma does not often have a stronger economy than places in Canada.
(d) The economic health of different regions can rise or fall over time.

25.

Start Your Career with the Bend It Corporation!

The Bend It Corporation is seeking bright, ambitious candidates for our new plant in Kenosha.

- The positions that we need to fill at this time are primarily on our plant assembly line, and there are some openings in our Engineering Department and for office staff as well.
- All candidates interested in applying should submit a detailed résumé online at our website. The deadline for submitting an application for all of the available jobs is the end of this month.
- Those whom we wish to interview will be contacted by phone or email.

Bend It Corporation

Q: Which statement would the writer most likely agree with?

(a) The company opened a new facility.
(b) The new positions are mainly concerned with managerial jobs.
(c) Applicants can send their résumés by mail.
(d) People should submit their application forms by the end of the next month.

Read the passage, questions, and options. Then, based on the given information, choose the option that best answers each question.

Questions 26-27

Hurricane Classification

Meteorologists classify hurricanes by their intensity, wind speeds, and destructive force. Most hurricanes start as small swirling eddies of clouds in the Atlantic Ocean between Africa and the Caribbean Sea. As they move west and north, they gather moisture, increase in intensity, and turn into tropical storms. A tropical storm typically has wind speeds between 50 and 75 miles per hour. Once it grows larger and has stronger winds, it becomes a hurricane. Meteorologists classify hurricanes in categories of one to five, with category five being the most powerful and destructive.

Warmer waters increase the intensity of a hurricane while cold water and making landfall lessen its intensity. The most destructive hurricanes are those which pass over the calm, warm waters of the Gulf of Mexico before making landfall. Hurricane Harvey, which flooded Huston in 2017, was only a category four hurricane, which shows the potential damage a category five storm could cause. However, even a category one hurricane can pose serious danger. Trees can fall over, smashing cars, houses, and even people. Hurricane warnings should be taken seriously.

26. **Q:** According to the passage, what happens when a hurricane reaches land?

(a) It becomes greater in size.
(b) It absorbs water and becomes stronger.
(c) It begins to lose strength.
(d) It loses energy but drops more rains.

27. **Q:** According to the passage, which of the following is correct about hurricanes?

(a) Their wind speeds are less than 100 miles per hour.
(b) There are anywhere from one to five of them per year.
(c) The strongest ones tend to make landfall in Africa.
(d) They become more powerful when they are over warm water.

Questions 28-29

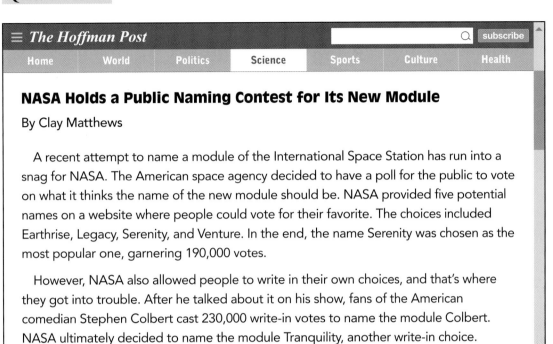

≡ *The Hoffman Post*

| Home | World | Politics | Science | Sports | Culture | Health |

NASA Holds a Public Naming Contest for Its New Module

By Clay Matthews

A recent attempt to name a module of the International Space Station has run into a snag for NASA. The American space agency decided to have a poll for the public to vote on what it thinks the name of the new module should be. NASA provided five potential names on a website where people could vote for their favorite. The choices included Earthrise, Legacy, Serenity, and Venture. In the end, the name Serenity was chosen as the most popular one, garnering 190,000 votes.

However, NASA also allowed people to write in their own choices, and that's where they got into trouble. After he talked about it on his show, fans of the American comedian Stephen Colbert cast 230,000 write-in votes to name the module Colbert. NASA ultimately decided to name the module Tranquility, another write-in choice. NASA, however, is still considering Colbert for a different module, but the comedian may not like the agency's plan. NASA would like to name one of its toilet facilities on the space station Colbert.

28. **Q:** What is the news article mainly about?

(a) The reason why it allows online voting
(b) A problem with naming part of a space station
(c) A controversy between the names Serenity and Colbert
(d) The first online poll ever held by NASA

29. **Q:** What can be inferred from the news article?

(a) Stephen Colbert has a large, loyal following.
(b) NASA is not interested in the opinions of regular people.
(c) Stephen Colbert intended to have a module named after him.
(d) Stephen Colbert is opposed to the project by NASA.

R

Bring Your Bellies!

Nowadays, it seems like people have two choices when they go out to eat. They can either have lots of bad food or a small portion of really good food. Either way, however, they often end up spending much more money on dinner than they had originally planned. That doesn't sound very appetizing! Fortunately, you don't have to be like those people.

Instead, try visiting Brick's Buffet. You'll find yourself in a place where there is lots of good food. Here at Brick's, we serve the best homemade food. You'll be treated to high-quality beef, chicken, and pork barbecue served with the freshest fruits and vegetables. And you'll be amazed by our pies and cakes made from scratch just like at grandma's house. The best part? All of our ingredients come from local farmers! You'll come into Brick's with a big appetite and leave full and satisfied. Our prices won't put a dent in your wallet either. So you can have both quantity and quality at Brick's Buffet. Come and see for yourself.

Brick's Buffet

30. Q: What is the main purpose of the advertisement?

(a) To encourage people to go to an all-you-can-eat restaurant
(b) To warn against eating too much and being overweight
(c) To apologize to customers for having unsanitary facilities
(d) To remind people about an upcoming event

31. Q: According to the advertisement, which of the following is correct about Brick's Buffet?

(a) Its prices as the same as those at most other restaurants.
(b) It serves food of the best quality with fine ingredients.
(c) Customers will feel like they are eating at their homes.
(d) The customers there do not have to tip the wait staff.

Dear Ms. Kennedy,

Last month on October 19, you had your wisdom teeth removed at Dr. Norby's Dental Clinic. The total cost of the operation was $1,200. At the time of the operation, you agreed to remit ten percent of the total balance at the beginning of every month until your debt was completely paid off. However, you failed to send a payment by November 15, which is two weeks past the agreed due date.

At Dr. Norby's, we understand that sometimes patients might forget about making payments or might have reasons to delay making a payment. If this is so, we are happy to work with you. We would like to hear from you and find a way to settle this debt. If your personal circumstances require us to come up with some new payment conditions, we would be happy to oblige you. Please contact our office at 431-8256 at your earliest convenience so that we can work out a solution to this problem.

Warmest regards,
Shirley Randolph
Office Coordinator

32. Q: According to the email, what does Dr. Norby's clinic want?

(a) To promote its well-known services related to wisdom teeth
(b) To help Ms. Kennedy settle her financial problems
(c) To warn Ms. Kennedy that it may file a complaint against her
(d) To ask Ms. Kennedy how she wants to deal with a payment

33. Q: What can be inferred from the email?

(a) Ms. Kennedy partially paid for her recent surgery.
(b) Ms. Kennedy is suffering from financial difficulties.
(c) Shirley Randolph prefers communicating by phone rather than by email.
(d) Dr. Norby's office will demand payment in the next email it sends.

R

Bonnar's Garage at 23 Penny Lane is looking for a certified auto mechanic to start immediately. Bonnar's Garage is a family-owned business that has been operating in the city for 25 years. A local resident is preferred for the position. All applicants should drop off a résumé at the garage. Your résumé should include the following:

- A list of where you have trained and worked
- At least two professional references
- Certification of at least three years of experience working with cars, trucks, or other similar machinery

Wages and benefits are competitive and can be finalized when the hiring process is completed. Working hours are in 8-hour shifts between 8 AM to 8 PM from Monday to Friday. However, we always put at least one mechanic on call on weekends to provide emergency services. Mechanics are expected to provide their own tools with the exception of the heavy equipment that we have at the garage. All applicants must complete a criminal record check before they can be considered for the position.

Bonnar's Garage

34. **Q:** What is the passage mainly about?

(a) A new delivery service that a garage offers
(b) A new auto shop and its grand opening sale
(c) A job opening for a person who knows automotive techniques
(d) The success story of a family-owned business

35. **Q:** Which of the following is correct about the job being offered?

(a) It requires mechanics to work from 8 in the morning to 8 at night.
(b) It pays more than the jobs at other garages in the city.
(c) It could be given to someone who has previously been arrested.
(d) It provides some of the equipment the mechanic needs to work.

You have reached the end of the Reading Comprehension section. Please remain seated until you are dismissed by the proctor. You are NOT allowed to turn to any other section of the test.

Part I **Questions 1~10**

Read the passage and choose the option that best completes the passage.

R

---

1. Some parents push their children too far with regard to their studies. In fact, a large number of educators argue that children who do nothing but study are more likely to develop behavioral and other psychological issues. While children who study nonstop may initially accomplish more than their peers, ultimately, the reverse often happens: The children suffer from overwork and eventually burn out. They are then _____ other students who have engaged in a more reasonable combination of studying and playing.

    (a) teased and taunted by
    (b) overtaken in academic matters by
    (c) forced to get assistance from
    (d) removed from their classes with

2. The twentieth century was a time that saw more people than ever start living in democracies. This move to freedom, however, came with a heavy price. There were two world wars, which took millions of lives, and there were countless other wars—some major and others minor—that took place on virtually every continent on Earth. Nevertheless, the end result of these wars was that, in their aftermaths, people began to aspire to live _____ and, accordingly, took action to ensure that their desires were fulfilled.

    (a) lives without warfare
    (b) in many different countries
    (c) their lives in various ways
    (d) in free and open societies

3. Those individuals who study multiple languages often notice something interesting: Learning a second or third foreign language is much simpler than learning their first one. There are many reasons why this typically happens. First, the person now knows how to study a language, so learning another is not as hard. After all, doing something the first time is usually the most difficult. Additionally, having already learned one language, the person is comfortable speaking another. And the person also has confidence in his or her ability to learn another language, which makes doing so much easier. For these reasons, students of languages often find that _____.

    (a) their studies are easier than before
    (b) they enjoy learning languages
    (c) they are interested in teaching languages as well
    (d) their pronunciation also improves

4. Robert Louis Stevenson was one of the masters of _____.
Born into a family of Scottish lighthouse engineers in 1850, he shunned the family profession and set out to become a writer. He sought an active life and traveled widely, mainly in America and the South Pacific Ocean. Stevenson's first works were short stories and collections of poems for journals. *Treasure Island*, perhaps his most famous novel, was published in 1883 and dealt with a boy's adventures on the high seas in the company of pirates. It marked the beginning of his most prolific period of writing. Stevenson wrote several more action novels, including *Kidnapped* and *Dr. Jekyll and Mr. Hyde*, during this period until his death in 1894.

(a) the adventure story
(b) short stories
(c) writing epic poems
(d) recording tales about various journeys

5.

Journal of Financial Economics

President Delivers Speech on the Economy

By Johnny Carson

In a televised address to the country this evening, the president acknowledged the difficult economic times that the country was facing. However, he mentioned that people should not be discouraged _____ face these times with an optimistic outlook. The president noted that the country had encountered tough times in the past and had managed to survive. He stated that the country would do so again. He then announced he would be presenting his economic plan to assist in getting the country out of the recession later in the week.

(a) yet cannot
(b) and will have to
(c) but should instead
(d) because they will not

6.

Dear Greg,

I am so excited about going back to Cebu in the Philippines. I had more fun than I had ever expected was possible. I had thought I would just relax on the beach and eat some good food while I was there, but I was completely wrong. The absence of sandy beaches in Cebu prompted me to learn how to scuba dive. I went on a total of ten dives and even got to swim around an old ship that sank there a long time ago. Since I'm going back there with my wife in a month, I am going to make sure that _____ so that we'll be able to do that together each day we're there.

Sincerely,
Lewis

R

(a) we just hang out on the beach a lot
(b) she has a lot of books with her
(c) she learns how to scuba dive as well
(d) we don't do anything too dangerous

7. The leader of the Catholic Church is the pope, who lives in Rome. When a pope dies, the College of Cardinals selects a new one from a list of potential candidates. The winning candidate must receive a two-thirds majority in order to be selected pope. After each vote, the members of the college burn the ballots in a special stove. If the vote is unsuccessful, they add a special chemical to the stove. This makes the smoke, which rises through a chimney to the outside, turn black. If the vote is successful, they do not add the chemical, so the rising smoke is white. By this method, the cardinals can announce to the people watching outside when _____.

(a) they have selected a new pope
(b) they are going to take another vote
(c) the election process is about to begin
(d) they are discussing potential candidates

8. Stock markets are places where stocks, bonds, and other commodities _____ _____. The idea behind a stock market is that people invest in a corporation and share in its profits or lose money if it fails. Stocks are a representation of ownership in a company and have a value which can go up or down based on the company's performance and the economic conditions. In the beginning, traders had to be physically present at the stock market, but, as time went on, technology changed this. Through the use first of telegraphs and stock tickertapes and, later, telephones and computers, people worldwide could buy and sell stock without traders or trade representatives actually being present at the stock market.

    (a) are founded
    (b) are frequently bartered
    (c) get imported
    (d) can be traded

9. Gigantism is a rare condition in which a person's body grows at an uncontrolled rate long after he or she should have stopped growing. Gigantism is frequently the result of a tumor in the pituitary gland. When a tumor is present, the gland secretes an abnormal amount of growth hormone and continues doing so after it should have ceased. People often go undiagnosed for some time because society considers being tall attractive. _____, once a person grows well beyond average height, gigantism may be suspected as being the reason.

    (a) Consequently
    (b) However
    (c) Therefore
    (d) Hence

10. Are you tired of following a diet that sounds great but doesn't result in you losing any weight? Do you want to take off some extra pounds and keep them off? Jackson's Reflex shakes are different from other dietary supplements _____ they attack fat cells, boost the body's energy, and provide sufficient nutrition. Other dietary supplements might do one or two of these, but only reflex shakes do all three. Sign up now, and we will send you a free weight tracker to check your weight loss over time.

    (a) although
    (b) in that
    (c) whereas
    (d) nevertheless

Part II Questions 11~12

Read the passage and identify the option that does NOT belong.

11. All teas come from the same plant species, but they are processed differently in order to produce distinctive types of tea. (a) First, the leaves are picked and carried to the processing buildings. (b) To make green tea, the leaves are processed the least through a method involving some drying and pressing of the leaves. (c) Black tea takes the longest time to process, and it involves a longer drying time where the leaves are oxidized with heat. (d) Green tea is popular in eastern Asia while black tea is more popular in Europe and North America.

12. Most dentists recommend that people get regular checkups at least every six months, and in even that short period of time, a large amount of plaque can build up on people's teeth. (a) This can cause people to get not only cavities but also gum disease. (b) Dentists claim that by visiting a clinic regularly, a person can have the majority of the plaque removed through a simple cleaning process. (c) People can have up to thirty-two teeth, but many get their four wisdom teeth removed at some point in their lives. (d) Dentists can also check for cavities or other irregularities in a patient's teeth and ensure that the person has a full set of healthy teeth.

Read the passage, question, and options. Then, based on the given information, choose the option that best answers each question.

R

13.

Daily News Clip

Environment

Save the Salt River Bridge

By Sherina Jenkins

Reconstruction of the Salt River Bridge begins tomorrow after several cracks in the bridge were discovered by city engineers last week. It is estimated that the repairs will take three to four months, depending upon what damage further tests turn up. "We're just glad we caught this problem before a real catastrophe occurred. It's an old bridge, so it's no surprise that it needs to be fixed a little," Mayor Sam Gavin said. The repairs will cost around two or three million to fix the bridge.

Q: What is the main topic of the news article?

(a) A bridge that recently collapsed
(b) Some repairs needed on a bridge
(c) The mayor's thoughts on a bridge
(d) The cost of fixing a faulty bridge

14. Purchasing a home or car with a single payment is beyond the financial means of most people, so they must borrow money from a bank to pay for it. To secure a loan, some form of collateral that will be forfeited in case the bank loan cannot be repaid must be provided. Most of the time, banks are willing to let the items to be purchased serve as collateral for loans. They are willing to seize these possessions if people default on their loans.

Q: What is the writer's main point?

(a) Banks are unwilling to make loans to people who lack sufficient collateral.
(b) Loans are necessary for the majority of individuals to make large purchases.
(c) It is common for banks to gain ownership of homes when owners default on their payments.
(d) People must agree to forfeit ownership of their property when they get a loan.

15. Concrete is the most common manmade construction material used on the Earth. Nevertheless, many people are unaware of the relationship between concrete and cement. Cement is a compound which, when mixed with water, can solidify and permanently attach itself to other objects that it touches. In this regard, it is similar to glue, yet it must be activated by water first. Cement's form is usually that of a fine powder. Concrete, on the other hand, is cement mixed with other materials like sand and gravel. Without cement, concrete would essentially be useless since cement is what allows it to bind to other objects. So while concrete is more frequently used, it is cement that is the key ingredient.

Q: What is the passage mainly about?

(a) Why people prefer concrete to cement
(b) The uses of cement and concrete
(c) The components of cement and concrete
(d) The difference between cement and concrete

16. In a democracy, a vast majority of adults have the right to vote. Typically, only those citizens of a country who are in prison or who have committed felonies are ineligible to vote. Strangely, a large number of people give up this right simply by not voting. While voting should not be compulsory in any democracy, people should still exercise their right to do so. Voting guarantees they will have a stake in the government and that their voices will be heard. In addition, due to the closeness of many elections, every vote literally counts. Some recent elections have actually been decided by ten or fewer votes.

Q: Which of the following is correct about democracies?

(a) They require eligible voters to cast ballots in elections.
(b) They permit those convicted of crimes to vote.
(c) They allow most adults to participate in elections.
(d) They fail to count every person's vote.

17.

It's Pizza Time!

Mario's Pizzeria is renowned all across the city for having the highest-quality pizza. We use fresh dough made early every morning, and we combine it with the best Italian tomato sauce. We only use locally acquired meats and cheeses to top our pizzas with as well. Finally, we cook all of our pizzas until the cheese is golden brown in our handmade wood brick oven.

- Mario's Pizzeria is located on the second floor of the Summerside Shopping Mall right next to Bronwin's Department Store.
- Reservations are not required but are recommended in the evening and on the weekend.
- We are open from eleven to ten every day of the week.

Mario's Pizzeria

Q: Which of the following is correct about Mario's Pizzeria according to the advertisement?

(a) Patrons do not need to reserve tables to dine there.
(b) It is located inside a department store at a shopping mall.
(c) It provides both takeout and delivery services.
(d) The meats and cheeses used are imported from Italy.

18. An inheritance can be both positive and negative for the person who receives it. Depending on the country, the heir may have to pay substantial taxes on any money or property inherited from a dead relative. If there is property, such as a house, involved, the house is valued at its current market price. The tax then must be paid for the value of the house. As a result, people who inherit houses often find that they have to sell them just to pay the inheritance tax that is levied.

Q: Why would someone sell a house that was inherited according to the passage?

(a) The individual is not interested in actually living in the house.
(b) The government requires that the person sell the house.
(c) The individual cannot afford to pay the mortgage on the house.
(d) The person does not have enough cash to pay the taxes.

19. The Knights Bridge Shopping Mall management would like to announce the closing of the west elevator banks on Saturday, July 10, due to the need to conduct an annual inspection. The main foyer escalators will still be in operation, so customers will be able easily to move between the first and third floors of the shopping mall. For disabled and elderly customers, the service elevator at the mall's rear entrance will be available for use. A mall employee will be standing by to assist patrons with the operation of this elevator. At this time, we expect the elevator inspection will take no more than twenty-four hours to complete. Should the inspection take any longer, we will notify our shoppers as soon as possible.

Q: Which of the following is correct according to the announcement?

(a) None of the elevators in the mall will be operating on Saturday, July 10.
(b) Special measures will be taken to compensate for the closed elevators.
(c) The elevators have been closed for repairs until further notice.
(d) The escalators and elevators are both going to be inspected soon.

R

20. The cost of space exploration is staggering. Some countries, like the U.S. and Russia, spend billions of dollars on their space programs each year. However, some people lately have been urging their governments to stop spending so much money on space exploration. Despite the myriad benefits that space programs offer, these individuals are more concerned with spending money here on Earth. They claim that the benefits of the space program are intangible and not particularly helpful to people. They further insist that the money used on space programs could be better used to help the poor, elderly, or disabled on Earth. Many of them also believe that exploring space is too dangerous and simply not worth the risk.

Q: Which of the following is correct according to the news report?

(a) Some people feel that too much money is spent on space exploration.
(b) Some governments are considering abandoning their space programs.
(c) The space programs of most countries provide no benefits.
(d) Space exploration has provided help for the poor, elderly, and disabled.

21.

The Global Herald

| Home | orld | U.S. | **Local** | Politics | Business | Opinion |

Tragedy Strikes House on Richardson Avenue

By Miranda Clark

Late Monday morning, three fire engines responded to a 911 call and made their way to a house on Richardson Avenue. They finally managed to extinguish the fire, but the house burned almost completely to the ground. The owner of the home, Charles Powers, was taken to the hospital to be treated for smoke inhalation. His wife and two daughters were said to be fine and only received minor medical care at the scene of the incident. Fire marshals are currently investigating the cause of the fire, but arson is suspected. An official stated that a neighbor had seen a suspicious person in the Powers' backyard minutes before the fire broke out.

Q: According to the news article, which of the following is correct about the fire?

(a) It resulted in the hospitalization of the entire Powers family.
(b) It was put out before the house was totally destroyed.
(c) It may have been intentionally set by a person.
(d) It will take a week to determine exactly why it started.

22. Humans are limited in what they can do both physically and mentally. Some people, however, overwork their minds and bodies. This can cause them to suffer mental and physical pain. Mentally, their emotions may become less controllable. A person may become irritable and unpleasant to be around. This, naturally, will negatively affect a person's social life. Meanwhile, physically, the body can become weak. Many bodily issues that are usually associated with old age can be brought about by overwork. People can also suffer bodily problems like various skin conditions as well as fatigue. The best way to overcome mental and physical weariness is to rest. This will help the individual recharge his or her batteries and overcome bodily problems as well.

Q: Which statement would the writer most likely agree with?

(a) The problems of old age can be overcome by rest.
(b) Rest will make people's emotions more positive.
(c) Most employees suffer from stress.
(d) Working too much will result in a person's body breaking down.

23. Do you want a new computer, but the price seems just a bit too high? Then come to Max's Used Computer Store. We have exactly what you need. Here at Max's, you will find all kinds of used computers for sale. Some of our computers are just a couple of months old, so you won't be disappointed at all. Even though new computers are constantly coming out on the market, that doesn't mean that the old ones are no good. In fact, most of our computers are high-quality models. But the prices that we charge are up to seventy percent less than what you'd pay for a new computer. Visit Max's Used Computer Store at 14 Highland Avenue, and get the quality, inexpensive computer you've been looking for.

R

Q: What can be inferred about Max's Used Computer Store?

(a) It purchases used computers at high prices.
(b) It specializes in brand-new computers.
(c) It is a new store which sells previously owned computers.
(d) People can get their computers there at affordable prices.

24.

Dear Fred,

Have you heard about the meeting that is going to be taking place tomorrow morning at ten? I hope that you have, but I'm not sure about that. The reason why you need to know about it is that Mr. Smithers said everyone in the department absolutely must be in attendance tomorrow, or else they're going to be in serious trouble. Since you haven't been in the office for the past two days, I want to make sure that you know about the meeting. I'd hate to see you get in any trouble. I'll see you bright and early tomorrow morning.

Regards,
Steve

Q: What can be inferred from the email?

(a) Steve is confident that Fred heard about the meeting.
(b) Attending the meeting is voluntary.
(c) Fred has been ill for the past few days.
(d) Mr. Smithers is supervising the department.

25.

R

Pleasant Water from an Underground Spring

An oasis is an area in a desert where sufficient water reaches the surface to support vegetation. Typically, pressure from underground forces the water to bubble from an underground spring to the surface. Birds passing by stop to drink water and leave droppings there. The seeds in their droppings germinate and become trees and plants. Some oases are very small while others are extensive and can support large human and animal populations. Oases are important since they are essentially islands of life in otherwise barren lands. They are key points on travel and trade routes and are well known to many desert travelers.

Q: What can be inferred from the passage?

(a) Some oases have large amounts of surface water.
(b) Oases occur with great frequency in some deserts.
(c) People often engage in trade at oases.
(d) Most oases have forests surrounding them.

Read the passage, questions, and options. Then, based on the given information, choose the option that best answers each question.

Questions 26-27

There's a new name in child daycare service. It's the Happy Hands Daycare Center. We will take care of your children for you while you commute to work, run errands, or just enjoy a relaxing day trip. At the Happy Hands Daycare Center, your children will be in safe hands. We have four teachers, all of whom have advanced degrees in child studies and experience working with young ones.

We provide all of our children with a safe, welcoming place for both education and playtime. And we understand that not everyone can afford the high prices at most daycare centers. That's why at the Happy Hands Daycare Center, our rates are about twenty percent below the average cost of other daycare centers in the city. We cut back on expenses but not on the quality of care. We start at six in the morning and stay open until ten at night so that we may better serve parents' needs. Let us mind your children in order that you can mind your life.

Happy Hands Daycare Center

26. **Q:** What is the advertisement mainly about?

    (a) Birth control and family planning
    (b) A childcare facility for working couples
    (c) An educational facility for families in need
    (d) The opening of a state-of-the-art childcare center

27. **Q:** Which of the following is correct about the Happy Hands Daycare Center?

    (a) It has twenty percent more students than other daycare centers.
    (b) It does not sacrifice quality for lower prices.
    (c) It helps children learn advanced subjects.
    (d) It takes care of children until six in the evening.

The Fourth of July is just around the corner this Thursday, so make sure you and the family come down to Langley Park not to miss all the fun. This year's event promises to be the biggest yet with games and activities for everyone to enjoy. Highlights include:

- The annual parade at 10 a.m. – Kick off the weekend by watching our parade. More than 100 floats will participate this year with renowned marching bands, dancers, and even cartoon characters making appearances.
- Live musical performances – Get down and boogie to some of your favorite songs by great local and national performers.
- Barbecue pit cookout – Sink your teeth into our famous barbecued meats with pork, beef, chicken, and even lamb on offer.
- Plenty of events for the kids – We will have face painting, a petting zoo, and games for children of all ages.

The festivities will be capped off by our spectacular fireworks display. Bring the whole family down to Langley Park this Saturday for a Fourth of July celebration you won't soon forget.

28. **Q:** How will the Fourth of July event conclude?

(a) People will be able to enjoy a barbecue cookout.
(b) People will watch a parade with many floats.
(c) There will be a live large-scale musical performance.
(d) There will be a show with amazing fireworks.

29. **Q:** What can be inferred from the announcement?

(a) The celebration will start with a parade.
(b) Most of the events are geared toward adults.
(c) The festival has never offered barbecued lamb before.
(d) The celebration will take place before July 4.

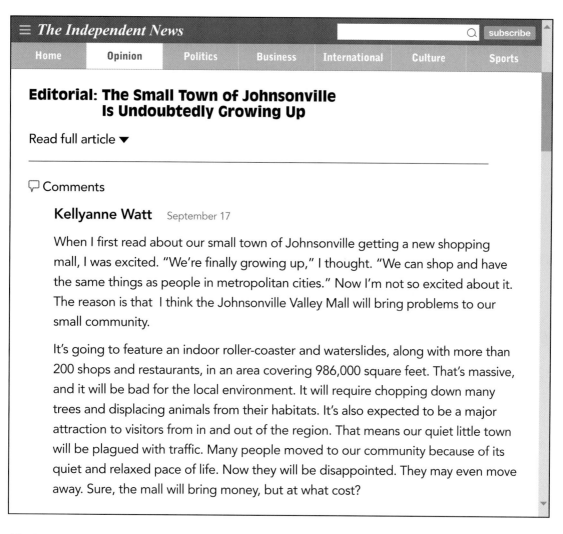

The Independent News

Home | Opinion | Politics | Business | International | Culture | Sports

R

Editorial: The Small Town of Johnsonville Is Undoubtedly Growing Up

Read full article ▼

💬 Comments

Kellyanne Watt   September 17

When I first read about our small town of Johnsonville getting a new shopping mall, I was excited. "We're finally growing up," I thought. "We can shop and have the same things as people in metropolitan cities." Now I'm not so excited about it. The reason is that I think the Johnsonville Valley Mall will bring problems to our small community.

It's going to feature an indoor roller-coaster and waterslides, along with more than 200 shops and restaurants, in an area covering 986,000 square feet. That's massive, and it will be bad for the local environment. It will require chopping down many trees and displacing animals from their habitats. It's also expected to be a major attraction to visitors from in and out of the region. That means our quiet little town will be plagued with traffic. Many people moved to our community because of its quiet and relaxed pace of life. Now they will be disappointed. They may even move away. Sure, the mall will bring money, but at what cost?

30. Q: What is the writer's main point about the Johnsonville Valley Mall?

(a) It will revitalize local business in the town.
(b) It will attract a lot more tourists and make money.
(c) The economic growth it brings will do nothing for the residents.
(d) It will have some fascinating rides for visitors to entertain themselves.

31. Q: What can be inferred about the Johnsonville Valley Mall from the comment?

(a) It will have more stores and restaurants than any other mall in the country.
(b) It will replace natural areas where a variety of animals live.
(c) It is scheduled to open about two years from now.
(d) It will feature a large amusement park inside the mall.

R

The contrast between the U.S.-Canada border and the U.S.-Mexico border is stark. The Canadian border is forested while the Mexican border is almost entirely desert. However, the biggest difference is security. The U.S. and Canada share the world's longest undefended and unfenced border. While customs officials are located on both sides at key crossing points, there are no fences, no observation posts, and, for the most part, no human presence along the border.

The opposite is true of the U.S.-Mexico border, one of the world's most frequently crossed borders. The U.S. has built a series of fences and barriers along the border, yet they do not cover the entire area, and there are many gaps in them. U.S. Border Patrol units search the area for illegal aliens and drug smugglers who attempt to enter American territory. Despite the patrolmen's efforts, many succeed in entering the country. Perhaps these fences and patrols may soon exist along the Canadian border, too, since foreign nationals are starting to use Canada's lax immigration and tourism laws to enter Canada first and then to enter America illegally.

32. Q: What is the main topic of the passage?

(a) How the American and Canadian Border Patrols are different
(b) Some governments that have hardline policies regarding their borders
(c) The national borders between the United States, Canada, and Mexico
(d) Why national security has a huge significance

33. Q: Which of the following is correct according to the passage?

(a) Not all of America's illegal aliens come across the Mexican border.
(b) The U.S.-Canada border is the world's most frequently crossed border.
(c) A fence runs the entire length of the U.S.-Mexico border.
(d) There are customs officials all along the U.S.-Canada border.

Questions 34-35

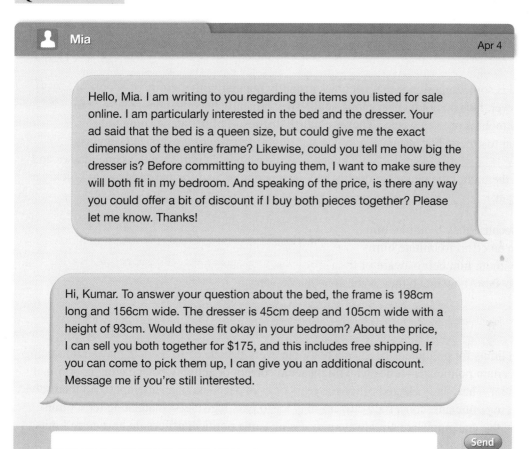

Mia — Apr 4

Hello, Mia. I am writing to you regarding the items you listed for sale online. I am particularly interested in the bed and the dresser. Your ad said that the bed is a queen size, but could give me the exact dimensions of the entire frame? Likewise, could you tell me how big the dresser is? Before committing to buying them, I want to make sure they will both fit in my bedroom. And speaking of the price, is there any way you could offer a bit of discount if I buy both pieces together? Please let me know. Thanks!

Hi, Kumar. To answer your question about the bed, the frame is 198cm long and 156cm wide. The dresser is 45cm deep and 105cm wide with a height of 93cm. Would these fit okay in your bedroom? About the price, I can sell you both together for $175, and this includes free shipping. If you can come to pick them up, I can give you an additional discount. Message me if you're still interested.

Send

34. Q: Why did Kumar ask for the exact dimensions of the furniture?

(a) To determine how to transport the items
(b) To ascertain whether the items will fit into his house
(c) To find out if the items will be too large for his room
(d) To make sure that the items are the correct size

35. Q: What can be inferred from the chat messages?

(a) Kumar cannot afford to pay full price for the furniture.
(b) Mia is unable to deliver the furniture herself.
(c) Kumar is willing to pick up the furniture to get an additional discount.
(d) Mia is including the cost of shipping in her price.

You have reached the end of the Reading Comprehension section. Please remain seated until you are dismissed by the proctor. You are NOT allowed to turn to any other section of the test.

Part I **Questions 1~10**

Read the passage and choose the option that best completes the passage.

R

1. A fad is something minor that becomes instantly popular with a group of people.
    However, fads do not last very long at all. They typically become unpopular within
    a few months or even weeks. They are mostly the result of people wishing to be
    similar to others. For instance, a movie star might start wearing oversized sunglasses.
    _____, a bunch of ordinary people purchase the same glasses and
    wear them until the glasses suddenly become unpopular, and the fad ends just as quickly as
    it began.

    (a) Because they look like him
    (b) In an effort to imitate him
    (c) Without him being aware of it
    (d) To show how much they want to be movie stars

2. Term limits for politicians become a hot topic every decade or so. People may start noticing
    that certain politicians—ones who might seem corrupt or actually be engaging in criminal
    behavior—have held elected office for years or even decades. In an attempt to rid themselves
    of these politicians, concerned citizens may try to pass legislation mandating term limits.
    While these attempts are not always successful, some political offices do have term limits
    and thus prevent politicians from _____.

    (a) having to face reelection
    (b) getting sent to prison
    (c) being lifelong officeholders
    (d) suffering defeat at the polls

3. The Tasmanian Circus is coming to town next week. Be sure to visit the circus to see a fascinating show under the big top. You'll see wild animals like lions, elephants, and monkeys. And there are plenty of acts to watch, including the flying trapeze and the high-wire act. Outside the tent, you can check out some of our exciting and mysterious shows. We've got the bearded lady, the world's strongest man, Cha-Cha, the little boy who can eat anything, and the Chou sisters, the world's most flexible siblings. Bring your family down to the circus and enjoy a day that _____.

   (a) will arrive very soon
   (b) will not cost a lot of money
   (c) you will never forget
   (d) will last forever

R

4. A proverb is a short saying used to _____. It is often an easy, short, and efficient way for people to remember an important piece of advice. One well-known proverb is "People who live in glass houses shouldn't throw stones." It simply means that people should avoid criticizing others when they too are open to criticism. The important images in the proverb are the glass house and the stones. Since glass is easily breakable, particularly by something like a brick, it means that a person should be wary of attacking—that is, criticizing—others when that same individual is himself vulnerable. People heeding this advice will, by not criticizing others, hopefully avoid receiving criticism as well.

   (a) convey a real-life lesson
   (b) create a descriptive image
   (c) teach people about morality
   (d) instruct people in the art of criticism

5. Nowadays, it is no longer shocking news to hear about a painting selling for several million dollars at an auction house. Artists in the past, though, did not have this luxury, so they often had to find other ways to support themselves. In order to continue creating their works, they frequently found patrons who, essentially, sponsored them. _____ providing them with money and supplies, the artists created various works of art for these rich individuals.

   (a) To make up for
   (b) As a promise for
   (c) With the goal of
   (d) In return for

6.

To all employees:

I am writing this letter to announce my resignation as chief executive officer of the Wisconsin Dairy Farms. I know this announcement may come as a surprise to most of you, but this is something which I feel that I must do at this time. I believe our company has excellent upper-level managers, many of whom should be able to take over the top spot in my absence. I am willing to work with a search committee to find the right person for the job, and I will stay at my current position until my replacement has been named. I feel confident that the new CEO will be an in-house candidate, so it should be someone whom we

_____.

Sincerely,
John Sanders

(a) have yet to meet
(b) have already decided upon
(c) wish to remain anonymous
(d) already know and trust

7.

Join Our Annual Wonga Wonga Camp!

It is time for the annual trip to Camp Wonga Wonga. The entire school body and most of the teachers will be attending the trip, which lasts for three days and two nights. Before your child can go, he or she must submit a signed permission slip from one parent. There are no exceptions. All permission slips must be handed in by next Wednesday. Second, all students need to take the following items: sleeping bag, small pillow, backpack, change of underclothes and extra socks, bathing suit, cap, sunscreen, pair of shorts, extra T-shirt, soap, towel, toothbrush, and toothpaste. _____, please contact my office, and I will be glad to inform you about anything you would like to know.

(a) After the trip is finished
(b) If you have any questions
(c) At the end of the day
(d) When you have the chance

8. The bandwagon effect is a phenomenon _____. It can occur in sports, business, politics, entertainment, or almost any other field. However, it frequently takes place in politics. For instance, a politician might be in favor of a specific policy. At first, he might be the only one talking about it. However, it slowly starts to gain favor with others, who begin speaking positively about it. Soon, more and more people are "jumping on the bandwagon" because they do not want to be left out in their praise of the policy. This creates the bandwagon effect, which many politicians effectively use to ensure passage of certain legislation or even to get themselves reelected.

(a) connected only to the realm of politics
(b) that does not happen very often
(c) associated with something successful
(d) that results in a person winning an election

9. A job interview is often a nerve-wracking experience for most people. Strangers examine your education and work experience and question whether you are qualified to join their company or not. Many people find they cannot sleep the night before an interview, which results in them having trouble concentrating during the interview itself. Others display signs of nervousness, such as sweating and uncontrolled body movements. _____, all of these things can result in a person appearing to be a less-than-ideal.

(a) Unfortunately
(b) Extraordinarily
(c) Reasonably
(d) Personably

10. The origins of the crossbow are obscure, but its significance in medieval Europe is not. The crossbow replaced the traditional missile weapon, the longbow, around the start of the fifteenth century. The crossbow was simpler to fire, and a soldier could learn to use it after only a week of training. _____, crossbow bolts had more kinetic energy and were able to penetrate the plate mail armor knights wore more easily than arrows could.

(a) Nevertheless
(b) Moreover
(c) Consequently
(d) Frequently

Part II Questions 11~12

Read the passage and identify the option that does NOT belong.

11. Trader Bob's General Store is having a sale on a wide variety of products this weekend. (a) Trader Bob's is offering men's, women's, and children's clothing at discounts of up to seventy percent. (b) The clothing sections are located right in the front of the store. (c) In addition, various name-brand electronics items are going to be available for half off. (d) Trader Bob's is also offering discounts ranging from twenty to forty percent on books, magazines, toys, and cooking ware.

12. Governor Wilson, who was elected in a landslide three years ago, claimed to be tired of dealing with the state legislature, so he would therefore serve the remainder of his term and then return to the medical practice he left when he became governor. (a) Governor Wilson graduated from the top medical school in the state over twenty years ago. (b) The governor, who is extremely popular with the people, claimed that the legislature was trying to stop him from implementing some important programs. (c) He further stated that the legislature wanted to raise taxes while he wished to lower them. (d) Also, he noted that there was too much corruption in government and said he did not wish to be a part of it anymore.

Read the passage, question, and options. Then, based on the given information, choose the option that best answers each question.

13. The toucan is a bird native to Central and South America. It is distinguished by its large, colorful beak, which can be up to one third of its body length. A toucan's beak is made of keratin, the same material found in fingernails and hair, and it consists of many overlapping layers of tiny hexagonal plates. The beak may be compared to a hard sponge, having some hollow parts and other parts made of beams and membranes. Remarkably lightweight, the beak is astoundingly strong and can withstand tremendous pressure.

    Q: What is the main topic of the passage?

    (a) How the toucan uses its beak
    (b) The characteristics of the toucan's body
    (c) The composition of a toucan's beak
    (d) Where the toucan primarily lives

14.
> Dear Sir/Madam,
>
> It's time once again for the Center for the Protection of Animals' annual fundraising event. This year more than ever, we require support in order to help us keep our doors open. In the past six months, we have accepted a record number of animals, many of which are household pets abandoned by their owners. This has caused us to spend 25% more on food than we had planned. We're hoping to raise more than $15,000 in our current fundraising drive. Won't you be so kind as to contribute whatever you can spare so that we can take care of as many abandoned dogs, cats, rabbits, and other animals as we can?
>
> Sincerely
> David Chun
> President, Center for the Protection of Animals

    Q: What is the main purpose of the letter?

    (a) To ask people to adopt rescued animals
    (b) To encourage people to donate money
    (c) To explain why the center needs animal food
    (d) To promote some volunteer work at the center

15. People often emigrate from one country to another. There are many reasons why they do this. Foremost among them is the opportunity to improve their current situations. Most often, people abandon their home countries due to bad economic situations or political oppression. They determine that their current situation either cannot or will not improve, so they simply move to another place where they feel they will have a better opportunity to make their lives better.

Q: What is the writer's main point?

(a) People become immigrants for various reasons.
(b) It is important to choose a country to emigrate to.
(c) There are some unacceptable reasons for immigrating.
(d) Only a few immigrants can improve their lives.

16. A daring daylight robbery attempt at the Bank of North America went wrong yesterday— wrong, that is, for the robber. A young male in his late twenties pulled a gun on the bank employees and customers. He made off with approximately $30,000. Police arrived on the scene within minutes and captured the robber on foot about two blocks away from the bank. He exchanged shots with the police, but no one was injured. The man is being charged with robbery, resisting arrest, and assault with a deadly weapon. Police recovered all of the stolen cash at the scene.

Q: What is mainly being reported in the article?

(a) Why the thief shot at police after robbing bank
(b) How much money the thief stole from the bank
(c) How the bank robber was apprehended by police
(d) How a brave customer helped capture the bank robber

R

17.

ATTENTION

The Willowdale Shopping Center would like to advise its patrons of some changes being implemented over the next few weeks.

- The main concourse on the first floor will be undergoing remodeling. So its escalators will be shut down for approximately three to four days.
- The main doors will be blocked by equipment, so all patrons should use the Davis Street entrance.
- Several shops in the main concourse area have decided to close during the remodeling. These include the pet shop, the gift card shop, the drugstore, and the bookstore.

We apologize for any inconveniences this may cause our valued customers.

Willowdale Shopping Center

Q: Which of the following is correct according to the announcement?

(a) The main concourse will be located on the second floor during the remodeling.
(b) The announcement is for customers of the Willowdale Shopping Center.
(c) The Willowdale Shopping Center has just finished remodeling.
(d) Despite the remodeling, all of the shops will remain open.

18. In the eighteenth and nineteenth centuries, feelings of nationalism began to develop within people throughout the world. In nationalism, a group of people comes to see themselves as citizens of a certain country. This is often based upon ethnicity, so it is not as inclusive as a religion may be, nor is it as exclusive as feelings of regionalism. While nationalism can serve to unite people, it has frequently had negative consequences. All too often, it creates feelings of "us against them," and it has led directly to war in some cases. World War I was caused because nationalist feelings were incited all throughout Europe. In addition, in Southeastern Europe, the area that was once Yugoslavia has been engulfed in several ongoing conflicts because of nationalist feelings.

Q: Which of the following is correct according to the passage?

(a) Forces other than nationalism can unite people.
(b) World War I resulted in a rise of nationalism.
(c) Southeastern Europe will never be united because of nationalism.
(d) Most of the world's wars start due to nationalism.

19.

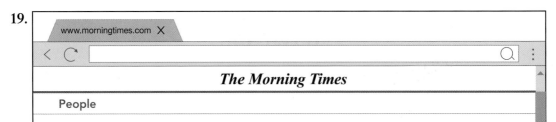

www.morningtimes.com ✕

The Morning Times

People

Doctor Christopher Reid, Humanitarian Award Nominee

By Michelle Collins

One of the most famous physicians in Orange county, Doctor Christopher Reid, has been nominated for the state's humanitarian of the year award. Dr. Reid works full time at Mercy Hospital, but he also finds time to do plenty of volunteer work. He spends his weekends at a homeless shelter in the capital and often visits retirement homes to check up on the elderly and shut-ins. Dr. Reid frequently stops by a free clinic, where he administers medical care to those less-fortunate souls who cannot pay for health care. The state will announce the winner of the humanitarian award on July 22.

Q: Which of the following is correct about Doctor Reid according to the news article?

(a) He recently won an award for his charity care.
(b) He is the owner of the largest hospital in Orange county.
(c) He helps his patients pay for their health care.
(d) He volunteers at a clinic whenever he has time.

20. There is a new kind of food store in town. McKinley's is the supermarket of the future. We sell organic, chemical-free food that does not come with a huge price tag attached to it. McKinley's gives you the choices that you have been waiting for. Absolutely nothing in our store has been treated with additives, preservatives, or other kinds of chemicals. And when you visit us, you won't believe your eyes when you see our prices. The prices at our store are comparable with those at every other supermarket in the city. But our products are healthier for you. Shop at McKinley's, and pretty soon, you and your whole family will be eating better and feeling healthier.

Q: According to the advertisement, why should shoppers go to McKinley's?

(a) The store preserves its food better than its competitors.
(b) The prices at the store are better than those at other supermarkets.
(c) The store's location is ideal for shoppers going home from work.
(d) The products sold there are healthier than those at other stores.

21. The School of Medicine at Western University is pleased to announce an upcoming seminar that will be held on heart disease and its effects. The guest speaker at the seminar will be Dr. Philip Peters, who is the head of cardiology at St. Jude's Hospital. Dr. Peters is an expert in this field, and he will be discussing the latest research and discoveries on heart disease, including his own findings. Attendance at the seminar is not mandatory, but all medical students are encouraged to attend if they have the time.

R

Q: Which of the following is correct according to the announcement?

(a) Dr. Philip Peters teaches at Western University.
(b) Students have the option of attending the seminar or not.
(c) Dr. Peters is going to conduct some research at the seminar.
(d) The medical school has offered Dr. Peters a job as a professor.

22.

Skyscrapers Change City Life

Skyscrapers are symbols of modern technology and often representatives of the cities in which they stand. They have also dramatically changed the ways in which residents in urban areas live. Skyscrapers enable enormous numbers of people to live on relatively small pieces of land. While this increases an area's population density, it can still result in many benefits. First, people can live closer to their workplaces since most skyscrapers are downtown, which is where most jobs are. Skyscrapers' centralized heating, cooling, plumbing, and mail systems are also quite efficient and much cheaper than those in smaller, independent structures. Finally, skyscrapers take up a fairly small amount of space, so little land needs to be used to support a large number of people.

Q: Which of the following statements about skyscrapers is supported by the passage?

(a) They are expensive to build.
(b) People often associate them with certain cities.
(c) They are places where people work, not live.
(d) They offer free services for the people living in them.

23. During the Middle Ages, knights followed a code of conduct known as chivalry. It was popular not just in England but also in France and Italy. A knight was expected to honor and to serve three institutions: God and the Church, his fellow Christians, and women. Most important of all was the knight's service to God. He was expected to let Christianity rule his life. Furthermore, by protecting fellow Christians and helping those in need, a knight was expected to obey the Lord. Finally, as a general rule, chivalrous knights fought in honor of one lady, yet they were also expected to defend all women from wrongdoing.

R

Q: What can be inferred about knights?

(a) They believed in Christianity.
(b) They were not allowed to marry.
(c) They could serve as priests in the church.
(d) They traveled to various countries.

24. Many people would love to change various aspects of their physical appearance. What they typically fail to realize is that this is actually possible. A person's clothes style or sense of fashion can help affect a person's physical appearance as well. For instance, short people often wish to appear taller than they really are. By wearing shirts with vertical stripes—stripes that go up and down—their bodies will look taller than reality. Vertical stripes are also effective for an overweight person who desires to look thinner. The vertical stripes seem to stretch the body vertically, giving the overweight person a slimmer look. Naturally, horizontal stripes can have the opposite effect. They may make tall people appear shorter and thin people look bigger than they actually are.

Q: What can be inferred from the passage?

(a) Most people intentionally wear clothes that make them look taller or shorter.
(b) Clothing makers make striped outfits to alter people's appearances.
(c) Not all people know how clothes can change the way their bodies look.
(d) Most overweight people prefer to purchase horizontally-striped clothes.

25.

U.S. > DISASTER

One Person Hospitalized by Crash on Monday

By Lilian Harvey

    On Monday, September 23, there was a traffic accident at the intersection of Wilshire Boulevard and Sunset Lane. According to police reports, three cars were involved in the accident. It happened when one car slammed into another from behind. Apparently, the driver of the car in the rear was trying to make it through a yellow light before it turned red while the driver of the car in front of him was stopping for the light. The impact from the collision was so great that the car that was struck from behind was pushed into the intersection, where it ran into another one. The driver of the car that was hit from behind has been hospitalized, but that is the only injury that has required medical care.

Q: What can be inferred from the news article?

(a) There have been several accidents recently where the one in the article occurred.
(b) The driver of the car that was hit was engaged in reckless driving.
(c) Several ambulances arrived at the scene of the accident.
(d) The driver of the car that caused the accident was not severely hurt.

Part IV Questions 26~35

Read the passage, questions, and options. Then, based on the given information, choose the option that best answers each question.

Questions 26-27

Dear Sir/Madam,

I recently purchased several books from your online catalog. I specifically requested the express shipping option, which cost an extra $10 but guaranteed next-day arrival. However, my books did not arrive for five days. I purchased them in order to study for my finals I had in three days. However, they were useless by the time they arrived at my address. In addition, two of the books arrived with torn front covers. Since they were hardbacks, they cost more than typical books, so I expected them to come in pristine condition.

Although your company has a no-returns policy, I insist that you take back these five books as well as reimburse me for the extra shipping charge I paid. I am a dedicated longtime customer of your bookstore. If you browse my profile, you'll see that I've bought hundreds of titles over the past decade. I hope this does not happen again in the future. Otherwise, I will be forced to take my business elsewhere. I look forward to hearing from you soon.

Regards,
Mark Bonanca

26. Q: What is the writer mainly writing about in the email?

(a) His recommendation for an online bookstore
(b) His complaint about poor service and a return request
(c) A customer review he wrote on a website
(d) A customer survey he did a few days ago

27. Q: What can be inferred about Mark Bonanca from the email?

(a) He does not often buy hardbacks.
(b) He will no longer buy books from that company.
(c) He frequently purchases books online.
(d) He is currently enrolled as a student.

Questions 28-29

www.r-international.com ✕

Richter International

In the past century, human beings have gone from walking on the Earth to exploring the depths of space. Our company, Richter International, has played a major role in the advancement of human exploration. We are looking for a highly skilled propulsion engineer to join our team of scientists, engineers, and innovators at our Redmond, Washington headquarters.

The Propulsion Systems Department provides propulsion solutions for Richter commercial aircraft. As a propulsion engineer, you will be responsible for:
- Development of integrated engine, nacelle, strut, and fuel systems
- Product integrity and functional analysis
- Technical support for propulsion safety, certification, and ETOPS

The basic qualifications for the position are:
- A bachelor's, master's, or doctor of science degree from an accredited university in mechanical, electrical, civil, or aerospace engineering

The preferred requirements for the position include:
- At least 5 years of experience in the aerospace engineering field
- A track record of completing large-scale engineering projects
- Being able to collect, organize, and synthesize data to provide innovative solutions to engineering problems

Qualified applicants should click on the link below to begin the application process.

28. Q: What is the main purpose of the advertisement?

(a) To inform applicants of a job application process
(b) To notify job seekers of an available position
(c) To highlight the achievements of a company
(d) To explain how to become an engineer

29. Q: Which of the following is correct according to the advertisement?

(a) People with no job experience will be considered for the position.
(b) Engineers will be responsible for developing structures for spacecraft.
(c) Applicants with more advanced degrees will be given preferential treatment.
(d) Engineers will have to collect data from several sources.

Questions 30-31

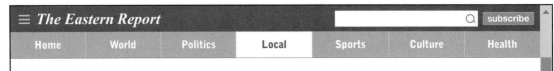

| Home | World | Politics | Local | Sports | Culture | Health |

Florida Devastated by Hurricane Michael
Alex Corner

Hurricane Michael is gone but will never be forgotten by the people of Florida. From Jacksonville to the Florida Keys, the eastern coast of Florida was devastated by this category-three hurricane that first made landfall twenty-four hours ago. In Miami, buildings have no roofs, trees have been uprooted, and power lines are down everywhere. Meanwhile, in Jacksonville, the entire downtown area is underwater. Traffic is a mess up and down the state, and some of the rail systems have also been shut down.

The latest reports put the number of people without power at about one million. The death toll so far is 23 while 167 people have been injured, and at least 10 are reported missing. One of those includes a young man who attempted to go surfing at the height of the hurricane. People last saw him as he climbed on his surfboard in the face of a massive wave. The cleanup is going to take some time, but Floridians are accustomed to it. Michael was the fourth major hurricane to hit the region in the last three years.

30. Q: What is known about the young surfer?

(a) His ship ran into a hurricane and disappeared.
(b) He couldn't leave the sea earlier since he was bad at surfing.
(c) He tried to surf in the middle of the hurricane and went missing.
(d) He went surfing in the middle of a hurricane but survived.

31. Q: What can be inferred from the news article?

(a) Hurricane Michael dealt a blow only to property.
(b) Hurricane Michael is reminiscent of the one that devastated Florida three years ago.
(c) Floridians are courageous surfers who enjoy surfing in extreme weather.
(d) Florida is among the regions that are the most vulnerable to hurricanes.

Questions 32-33

Dave Thomas: A Fast-Food Success Story

Dave Thomas achieved fame in America for being one of the most successful fast-food restaurant entrepreneurs. After serving in the U.S. Army during the Korean War, Thomas got his fast-food start by working at Kentucky Fried Chicken. As a young man, he worked at the original KFC restaurant location, which had many items on its menu. One item, the fried chicken, was much more popular than everything else. He convinced the owner, Colonel Harlan Sanders, to change the menu. They cut it back to just fried chicken, salads, and French fries. This saved the restaurant. KFC would go on to become a worldwide chain.

In 1969, Thomas quit KFC and opened the first Wendy's hamburger restaurant, which he named after his daughter. As the face of Wendy's, Thomas did most of their television commercials—more than 800 of them—which made him famous in U.S. households. He was popular because he came across as an ordinary man in the ads. When he died of cancer in 2002, Wendy's had more than 6,000 restaurants worldwide.

R

32. **Q:** Why did Dave Thomas become popular?

(a) He made better hamburgers than people at other restaurants.
(b) He seemed like an unremarkable person in his advertisements.
(c) He helped save the KFC restaurant from closing.
(d) He was better looking than Colonel Sanders.

33. **Q:** Which statement would the writer most likely agree with?

(a) Dave Thomas consumed too much fast food.
(b) Dave Thomas was a hero to the American people.
(c) KFC owes all of its worldwide success to Dave Thomas.
(d) KFC should have changed its name to Wendy's Fried Chicken.

R

You work hard, and you deserve a break. So why not treat yourself to a cruise around the Mediterranean Sea? Imagine sailing the Greek islands, traveling up and down the Italian coast, or landing at an exotic Spanish city. All of these can become reality if you take a Holiday Cruise Lines trip. If the scenery gets boring, our ships have round-the-clock entertainment. See shows featuring singers, dancers, and comedians, or spend an evening in our onboard casino.

Our cruises embark from cities such as Venice, Athens, and Istanbul. We make port at some of the Mediterranean's most popular cities in both Europe and North Africa. Take a three-day, five-day, one-week, or two-week-long cruise. Our ships all have modern amenities, so you won't lack anything while you're on board. We have many different types of cabins and offer special deals all year, including budget trips for people concerned about their finances. Contact Holiday Cruise Lines today at (202) 400-1298 to learn more about what could be the trip of a lifetime.

Holiday Cruise Lines

34. **Q:** What is the main purpose of the advertisement?

(a) To dissuade readers from getting aboard a ship
(b) To inform readers about a new cruise and its features
(c) To warn about the dangers of cruise holidays
(d) To promote a Mediterranean cruise holiday

35. **Q:** What can be inferred from the advertisement?

(a) It is possible to go on a cruise without spending large amounts of money.
(b) There are special activities on the cruises for families with children.
(c) Some of the cruises leave the Mediterranean Sea for other areas.
(d) It is possible to take cruises that are more than half a month long.

You have reached the end of the Reading Comprehension section. Please remain seated until you are dismissed by the proctor. You are NOT allowed to turn to any other section of the test.

Part I **Questions 1~10**

Read the passage and choose the option that best completes the passage.

---

1. Rudyard Kipling is famous as one of England's literary masters. During World War I, his son Jack went missing during a battle and was presumed dead. The military never found his body, and Kipling and his wife had no gravesite to mourn his loss. At the end of the war, Kipling came up with the famous inscription "Known unto God," which the British government placed on the gravestones of the soldiers they could not identify and on memorials for those still missing, _____.

   (a) who died in England
   (b) which he wrote about
   (c) such as literary masters
   (d) like his son

2. Six degrees of separation is the notion that every human on the Earth is connected through no more than six people. Basically, someone in one part of the world is connected to a person elsewhere because that person knows someone who knows someone who knows someone and so on. However, because of the geographic, cultural, and linguistic barriers which exist between people, the idea that every human is connected to every other human by six degrees of separation is _____.

   (a) something that is worth to be considered
   (b) a fascinating concept
   (c) a theory without merit
   (d) most likely true

3. Early Americans were suspicious of standing armies, which depended on the population to feed and house them. This mistrust stemmed from the British practice of quartering troops in Americans' homes. This was one of the major issues which led to the American Revolution. After independence, America _____ and instead depended on a citizen army that was called on when needed and which was led by a small volunteer professional force of officers and men. However, after World War II, the worldwide military needs of the U.S. were extensive, so it depended on conscription for a time before ultimately settling on the large volunteer force it has today.

   (a) avoided close contact with Great Britain
   (b) refused to keep a standing army
   (c) looked to increase its military might
   (d) disbanded its army but kept its navy

4. The Eiffel Tower is a symbol of France to the world, but it _____
   _____. Gustave Eiffel designed and built the tower after winning a contest. As
   work crews began building the tower, many Parisians criticized it, calling it an eyesore
   and an embarrassment for France. Even after it was complete, many still despised it. Eiffel
   originally planned for the tower to stand for only twenty years since this was a condition of
   the contest he had won. However, when the time came to tear it down in 1909, the French
   government allowed it to stay erect, finding it valuable for radio communications. Since
   then, its stature as a French icon has grown, and over 300 million tourists have visited it.

   (a) cost a tremendous amount of money to build
   (b) took a long time to erect the tower
   (c) was not always such a beloved structure
   (d) was not very popular with tourists in the beginning

5. Some companies have stringent dress codes for their employees. For instance, at some
   firms, at no time are employees permitted to wear denim jeans of any color. Short pants
   are also frequently banned. Other companies further insist upon more formal garb. So men
   must wear a suit, dress shirt, and necktie while women must wear either skirts or dresses to
   the office. Despite some companies having such strict dress codes, many report that their
   employees _____ and actually prefer wearing formal clothes instead of
   casual outfits.

   (a) are upset
   (b) are disinterested
   (c) have no opinion
   (d) do not mind

6. On the barren landscape of Mars, there were two tiny machines. These are the Mars Rovers, *Spirit* and *Opportunity*, which the American space agency NASA sent to the red planet in 2004. Their mission was to move around and to collect data about Mars. Expected to last only three months, one of the rovers is still going strong. _____, the rover has maintained enough power to continue for a long time and has already made many remarkable discoveries about Mars, including the possibility that both ice and water exist on the planet. Unfortunately, because of a sand trap that caught it for two years, *Spirit* developed a buildup of dust on its solar panels and lost power entirely.

(a) Operating on solar power
(b) Using long-lasting batteries
(c) Containing a nuclear generator
(d) By refueling each other

R

7.

Registration for Fall Semester Classes

_____ Bradhill University! Please note the following information concerning registration for fall semester classes:

The university website registration page will go online on August 25. Please use your student number to log on to the registration page. Select the classes you wish to take and print the results for your records. Make sure you only register for classes for first-year students. If you have any difficulties, consult the university handbook or call the university to speak with an advisor. Please register early as all classes have limited seating. Online registration will end on September 2. If one of your classes is full or gets canceled, arrangements will be made for you to take another class. We look forward to seeing you.

(a) Thank you for asking about
(b) Congratulations on your acceptance to
(c) We appreciate your interest in
(d) We hope that you had a great time at

8. In the United States, fishery observers monitor boats' catches to guarantee that the allotted quota is not exceeded. In addition, the observers ensure the proper equipment is used. The observers' jobs naturally make them targets for abuse and harassment by the crews. Fishermen want to catch as much as they can any way they can. Having observers on board their boats upsets them to the point that they sometimes threaten them with violence. Captains may try to bribe observers to look the other way and not report various infractions. This behavior has led to a rash of observers quitting and is making it difficult to hire new workers to replace them, which is exactly what _____.

   (a) the observers feared would happen
   (b) leads to more violence
   (c) the fishermen want
   (d) caused the initial harassment

9. As one of the cradles of civilization, the Middle East is full of important archaeological sites. However, many of them are being robbed by criminal bands. The West Bank region of Israel is a hotbed of such activity. There are over 2,000 major archaeological sites in this small area. The Israelis and Palestinians have split up the land between them and have also divided authority over most places. _____ joint efforts to stop robberies, many archaeological treasures still end up for sale on the world's antiquities black market.

   (a) With regards to
   (b) Thanks to
   (c) In case of
   (d) Despite

10. The Tampa Bay Rockets are the new minor league baseball champions. They defeated the Charlotte Coasters last night on their home field by the score of three to two. Bobby Stokes hit a two-run homerun in the bottom of the ninth inning to provide the winning margin. The Rockets wrapped up the best-of-seven series in six games to take the championship. Manager Eric Russo said that he was glad they won last night _____ he wasn't looking forward to playing game seven in Charlotte.

   (a) since
   (b) moreover
   (c) thus
   (d) and

Read the passage and identify the option that does NOT belong.

R

11. In many economic systems, the state plays a direct, and often major, role in the everyday workings of the economy, but this is not the case in capitalism. (a) According to this system, the state is removed entirely from participating in the economy. (b) Furthermore, the state should pass no laws or regulations that affect the economy. (c) This was the view promulgated by Adam Smith, who often talked about the "invisible hand" which would guide an economy and keep it from incurring problems. (d) His most famous work was *The Wealth of Nations*, published in 1776.

12. Some of the most beautiful American paintings were made in the nineteenth century. For about fifty years, from approximately 1825 to 1875, the artists belonging to the Hudson River School created numerous breathtaking landscapes. (a) The painters, most of whom lived in or around New York City, focused their attention on the Hudson River Valley area of New York state. (b) New York City was the largest city in the state, which is why most of the artists lived there. (c) The subject of their works was the land itself, so they painted pictures of the Catskill Mountains, the Hudson River, and other places of natural beauty. (d) Some of the most famous painters in this movement were Frederic Edwin Church and Thomas Cole.

Read the passage, question, and options. Then, based on the given information, choose the option that best answers each question.

13.

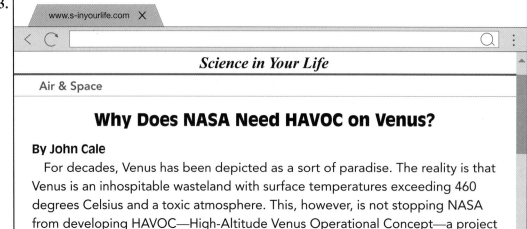

www.s-inyourlife.com ✕

Science in Your Life

Air & Space

Why Does NASA Need HAVOC on Venus?

By John Cale

For decades, Venus has been depicted as a sort of paradise. The reality is that Venus is an inhospitable wasteland with surface temperatures exceeding 460 degrees Celsius and a toxic atmosphere. This, however, is not stopping NASA from developing HAVOC—High-Altitude Venus Operational Concept—a project that aims to create airships that remain aloft 50 to 60 kilometers above Venus's surface. The atmospheric pressure and temperature at this level are comparable to those on the Earth at high elevations, making it feasible for research missions to be conducted there with minimal danger. The technology for such a mission is currently available. Making it come to fruition is simply a matter of obtaining funding and willing participants.

Q: What is the main topic of the news article?

(a) A recent mission that collected data about Venus's atmosphere
(b) The similarities between the upper atmosphere on Venus and Earth
(c) A proposed mission to conduct high-altitude research above a planet
(d) The conditions that make a mission to Venus unlikely to succeed

14. One of the most crucial things you must remember when cooking chicken is that it should neither be undercooked nor overcooked. When people eat undercooked chicken, they run the risk of getting sick because various organisms in the chicken have not been killed by the heat of cooking it. And overcooked chicken simply tastes bad because it tends to become incredibly dry and tough. Chicken that is cooked just right should be white in color and slightly juicy.

Q: What is the main purpose of the passage?

(a) To describe why chicken should be properly cooked
(b) To explain how overcooked chicken tastes
(c) To recommend some cookbooks when cooking chicken
(d) To note the dangers of undercooked chicken

15.

What Is Cognitive Dissonance?

All people have basic concepts, or ideals, that they value highly. These ideals are typically determined by a person's morals, and they dominate a person's decision-making process. Sometimes, however, two of a person's beliefs may contradict each other. This produces a negative emotion called cognitive dissonance. Perhaps a man considers himself an environmentalist. However, for some reason, he does not recycle his garbage. He will often have feelings of guilt, remorse, or anxiety due to his conflicting thoughts and actions.

R

Q: What is the writer's main point?

(a) Cognitive dissonance is a primitive mental defense mechanism.
(b) People should always take care to recycle their garbage.
(c) People with cognitive dissonance think and act in different manners.
(d) Cognitive dissonance is affected by how a person feels.

16. The fortunes of Centerville just got much brighter as a geological survey revealed that the town is sitting on a huge oil deposit. Geologists from the state university confirmed that this is one of the biggest domestic finds of oil in the past decade. Additionally, much of the oil sits on land owned by the city, which will surely reap an enormous amount of profits when it is pumped. Several oil companies are already reported to be interested in drilling for the oil, which is supposedly not very deep underground. This will make it much cheaper to extract, thereby increasing the value of the find. In a town beset by economic troubles, this is a piece of good news that was sorely needed.

Q: What is the passage mainly about?

(a) When oil drilling in Centerville is set to begin
(b) What oil exploration in Centerville has resulted in
(c) What has made Centerville strike it rich
(d) Why Centerville signed a deal with an oil company

17. Adolescence is a crucial time in most people's lives. Many of a person's notions of justice, self-worth, and morality are developed during this period. That is why it is crucial for teenagers to engage in community service. There are many volunteer jobs that teenagers commonly do. These include working at food banks, volunteering at hospitals, and even cleaning up parks and other public places. Doing this kind of work teaches teens that the needs of others are just as important as their own. It also lets teens see how other less-well-off individuals live, so they can develop a sense of compassion.

Q: Why does the writer believe teens should do volunteer work?

(a) It will teach them to care for others.
(b) It will motivate them to focus on their studies.
(c) It will provide them with good job experience.
(d) It will make them give their time to do volunteer work in the future.

18.

Exclusive Car Rentals

The Ride Away Rental Car Agency has great deals for anyone looking for transportation. We have a wide variety of compact, midsized, and luxury cars as well as SUVs. Our midsized cars are going for $50 a day with unlimited mileage, and our weekend rates are $60 a day. Our service includes full insurance, a full tank of gas upon pickup, delivery of the car to your location, and retrieval of your car from the airport, train station, or bus depot. Our mechanics are on duty 24 hours a day if any problems should arise. Remember, a Ride Away rental car is the best car you'll ever ride away in.

Ride Away Rental Car Agency

Q: Which of the following is correct according to the advertisement?

(a) SUVs are available for as little as $60 a day on the weekend.
(b) A person does not have to visit the agency to pick up a car.
(c) Renters should use their own insurance in place of the company's.
(d) A mechanic can go to the renter's location to fix the car.

19.

To the Editor,

I would like to let you know how much I appreciated your article on media bias. I was rather shocked, yet pleasantly surprised, to see an article that pointed out just how biased the media can be at times. In my experience, the media is usually hesitant to criticize itself, but your article pointed out numerous instances of how reporters let their personal biases interfere with their ability to report the news in an honest way. I forwarded your article to several friends of mine, and they were all unanimous in their praise for your article. I hope to see more quality reporting in your paper like this in the future.

Sincerely,
Isaac Bourne

Q: Which of the following is correct according to the letter?

(a) The article in the paper was written by several reporters.
(b) Isaac Bourne was the author of the newspaper article.
(c) The newspaper article was an instance of good journalism.
(d) There is too much media bias in newspapers these days.

20. John Keats was an English poet who is remembered today primarily for his mastery of odes. He was a popular and celebrated poet with a strong command of the English language. This enabled him to come up with many creative images in his works, most particularly his odes. Odes are poems based on personal emotions and feelings and are often written in praise of someone or something. A typical ode has three segments. The first two stanzas are the strophe, which sets the pattern for the rest of the poem. The middle segment is the antistrophe, which may have an emotion opposite that of the strophe. Last of all is the epode, which completes the poem.

Q: According to the passage, which of the following is correct about odes?

(a) They require very vivid imagery.
(b) They were first written by John Keats.
(c) The epode comprises the middle segment.
(d) They have three separate parts.

21. Education levels are the highest they have ever been in the United States. Over 85% of Americans aged 25 years and older have a high school diploma. However, the numbers differ in every part of the country. The western and northeastern states have higher numbers of high school graduates than the southern states. The other thing that seems to make a difference is when students start their schooling. Many graduates started attending preschool or kindergarten when they were just three or four years old.

Q: Which person would most likely not finish high school according to the passage?

(a) A person from a western state who went to kindergarten
(b) A person from a southern state who did not go to preschool
(c) A person from a northeastern state who went to preschool
(d) A person from a northwestern state who did not go to kindergarten

R

22.

RETURN AND EXCHANGE POLICY:

Duncan's Bookstore permits some items to be returned. However, there are specific rules that apply. First, the only magazines which may be returned are those which remain in their original plastic covering. No other magazines may be returned under any circumstances. Old magazines may also not be exchanged for new ones. As for books, the same rule applies. Books that remain wrapped in plastic may be returned so long as the customer has a valid receipt. Returns will be in cash only. Exchanges are also possible. As for books which have either been removed from their plastic covering or did not have one at the time of purchase, no returns are allowed. This policy is nonnegotiable.

Duncan's Bookstore

Q: Which of the following is correct according to the store's return and exchange policy?

(a) It is possible to return magazines under certain circumstances.
(b) Books without plastic coverings can be returned if the buyer has a receipt.
(c) It is permitted to exchange magazines for other ones.
(d) It will not accept returns under any circumstances.

23. Sharks are hunters of the deep and are skilled at finding food from long distances. A series of sensors in their bodies enables them to determine if a fish is in distress. They can use this sense even from far away. A fish in distress may make erratic movements that cause splashing, so the shark homes in on this. In addition, sharks can detect just a tiny drop of blood in a vast area of water. Experts advise swimmers and divers to avoid entering the water if they have a cut—no matter how small—anywhere on their body. If someone gets cut while in the water, he or she should get out as soon as possible even if the area is not known for sharks.

Q: Which statement would the writer most likely agree with?

(a) Sharks cover great distances every day while looking for food.
(b) Sharks will attack anything that they see in the water they are in.
(c) Sharks will enter an area they usually do not go if they sense blood.
(d) Sharks make up for their poor eyesight with their sharp sense of smell.

24.

> ## SERVICE CHANGES
>
> Bus numbers 501, 511, and 516 will undergo some changes starting this August 12.
>
> - Route 501 will start running at six minutes past the hour on every route it operates before noon, but it will leave the station at twelve minutes past the hour in the afternoon. It will also no longer operate on Sundays.
> - The 511 bus will only run every other hour from 5 AM. Its last departure will be at 11 PM.
> - The number 516 bus is adding some new stops. It will now stop at the waterfront at the corner of Baker Street and Third Avenue, downtown in front of the clock tower, and in front of Veterans' Stadium.

Q: What can be inferred from the announcement?

(a) The 501 bus will leave the station at 12:06 PM after the bus schedule changes.
(b) The 501 bus will be no longer available on Sundays due to decreasing profitability.
(c) The 516 bus will run on a new timetable on weekdays.
(d) The notice is intended for bus passengers not to be confused.

25. The western part of the United States has many distinct geological features. Mesas are very common in the Southwest. They are large areas that look like tables. They all have a flat top with sides that are straight. Mesas are typically composed of various kinds of rocks. Over time, the softer rocks erode because of the wind or rain, but the harder rocks remain. A geological feature similar to a mesa is a butte. In fact, it is even formed in the same way that mesas are. The difference between the two is that mesas are wider than they are high while buttes are higher than they are wide.

Q: What can be inferred about mesas?

(a) They are composed mostly of soft rock.
(b) They are longer than they are high.
(c) They are often found next to buttes.
(d) They are not as high as buttes are.

R

Read the passage, questions, and options. Then, based on the given information, choose the option that best answers each question.

Questions 26-27

R

Nature and the Use of Constellations

Constellations are imaginary patterns between stars, some of which humans have recognized since ancient times. Eighty-eight constellations are officially recognized, but people have identified many more by tracing different patterns. Many constellations retain the names given to them long ago. When Europeans first began exploring the Southern Hemisphere, they realized that the stars in the night sky were different, so many new constellations were named. Twelve of the main constellations form the Zodiac, which people use in the practice of astrology.

This is a method by which horoscopes are made. It uses a person's birth date to predict that individual's future or to find out who he or she would be compatible with. People's personalities are also supposed to be related to their Zodiac sign. For instance, people born between August 23 and September 23 are Virgos. They are supposedly critical and perfectionists. People born between January 20 and February 18 have the sign Aquarius and are said to be creative but unpredictable. While many people believe in astrology, many others think it has no merit.

26. **Q:** What led to the creation of new constellations?

(a) The identification of new patterns in the night sky
(b) The use of a person's birthdate to determine his or her personality traits
(c) Claims made against the reliability of astrology
(d) The exploration of the Southern Hemisphere by Europeans

27. **Q:** Which of the following is correct according to the passage?

(a) Constellations have been given different names by people in different cultures.
(b) The Europeans designated eighty-eight constellations that are still recognized.
(c) The practice of astrology developed prior to the discovery of constellations.
(d) People's personalities are supposedly determined by their date of birth.

☰ MENU   Q

Home   World   U.S.   Politics   **Opinion**   Business   Culture

The Evening Times

The Unsung Source of World Peace

By Uriah Shelton

   In the past 80 years or so, the world has seen unprecedented peace and prosperity, and there is undoubtedly one reason for this: globalization. The conclusion of World War II and the formation of the United Nations ushered in an era of global interconnectivity unlike any in history. People in different countries now engage in trade more than ever before and have made connections that go beyond local regions and indeed stretch beyond international borders. Likewise, there has not been a single global war since the 1940s.

   As people in more and more countries are becoming connected with one another, nations themselves are rapidly losing enemies and making allies. Perhaps the most notable example is seen with China and Japan. Historically enemies, they now engage in a phenomenal amount of trade, which makes the likelihood of war breaking out between them to be fairly small. The same can be said of many countries in Europe. Rather than repeat history and battle one other, European nations now prefer to engage in trade instead.

28. **Q:** What is the main topic of the editorial?

   (a) The economic and social benefits of global trade
   (b) The correlation between peace and globalization
   (c) The various factors that paved the way for globalization
   (d) Developments in the historical relationships between Asian nations

29. **Q:** Which of the following is correct about globalization according to the editorial?

   (a) It has made China and Japan more likely to fight each another soon.
   (b) It has led to great amounts of economic growth around the world.
   (c) It is a major contributor to the lack of hostilities between countries.
   (d) It has connected the countries of Europe with those in Asia.

Questions 30-31

At present, the state of the breakroom is a disgrace. To help make the breakroom a cleaner, more usable place for everybody, let's do the following things:

- Please make sure you clean up after using the microwave oven and coffee machine.
- Wash your own dishes and mugs, and don't leave them for the cleaning staff to take care of.
- Remove your food containers at the end of workday. There are several containers with food in the refrigerator that have obviously been there for a long time. They are foul smelling and unsightly. Cleaning staff members will dispose of all containers in the refrigerator this Friday afternoon if they are not removed beforehand.
- Do not watch TV during your shift. The television is for us to watch during our breaks. If someone is watching the TV already, please don't change the channel.
- Respect one other's property and do not take food or drinks that are not yours.

Let's try to make the breakroom a place for all of us to enjoy.

30. Q: What is the writer's main point?

(a) The staff is taking good care of the break facilities.
(b) Workers should be punished for misusing the breakroom.
(c) There is not enough space for employees to rest sufficiently.
(d) Employees need reminders about proper breakroom usage.

31. Q: What can be inferred from the announcement?

(a) Those who watch TV during working hours will be punished.
(b) Many employees bring their own food to eat at the office.
(c) The coffee machine and microwave are the dirtiest parts of the room.
(d) The room is cleaned by the cleaning staff once per week.

R

NOW HIRING:

The Aiken Country Parks and Recreation Department is looking to hire 12 part-time workers for the summer. We are looking for staffers who can travel to the city's various parks and perform routine maintenance work and repairs as needed. Typical tasks include performing lawn care, planting shrubbery and flowers, fixing water sprinklers, replacing lightbulbs, and cleaning drainage ditches. The job will require staffers to work outside in the summer heat for prolonged periods, so applicants must be in good physical condition.

Applicants must meet the following requirements:
- Be at least 18 years of age
- Possess a valid driver's license
- Be able to lift at least 50 pounds
- Be able to work with minimal supervision
- Have a clean criminal record

Work hours will vary but will generally be in the mornings and early afternoons. Work hours are expected to range from 15 to 30 hours a week. Pay starts at $9.25 an hour. To apply, visit the Parks and Recreation Department office in person in downtown Aiken.

Aiken Country Parks and Recreation Department

---

32. Q: Why are applicants expected to have good physical health?

(a) They will have to work in harsh weather conditions.
(b) They are expected to work many hours each day.
(c) They will have to work in a variety of environments.
(d) They will do labor-intensive work most of the time.

33. Q: Which of the following is correct according to the advertisement?

(a) Applicants should have their own vehicles in order to visit several parks in the city.
(b) Employees in the department should report their everyday maintenance activities to their boss.
(c) Staffers will not be asked to work more than six hours a day because of a new law.
(d) Workers will not have a fixed place of work but will move to different workplaces.

Today was an important day. After finally getting my letter of acceptance from Cornell University, I've had to think more seriously about what my major will be. Mom and Dad insist that I major in medical science so that I can be on the fast track to become a doctor. I appreciate their input. They are both doctors themselves, and their choice of career has been instrumental in my having the chance to attend such a prestigious university. I am also well aware of the financial benefits of entering the medical field.

It's just that my heart is not in it. I've never enjoyed science—or many of my other classes—and only recently, during my senior year, did I discover my true passion: theater. I love going up on stage and assuming the role of someone else entirely. Changing my accent, my way of speech, my mannerisms··· all of that is so thrilling to me. So despite my parents' wishes, I have decided that I am going to major in acting once I start school next week.

R

34. Q: Why does the writer mention the financial benefits of being a doctor?

(a) To express his main reason for wanting to be doctor
(b) To share his parents' main argument in favor of studying medicine
(c) To indicate that he has considered an opposing viewpoint
(d) To explain why studying theater is a smart monetary decision

35. Q: What can be inferred about the writer from the passage?

(a) Regarding his career, he does not want to disagree with his parents.
(b) By acting various roles in plays, he can speak various dialects.
(c) His parents know that most doctors do not study medical science from college.
(d) He was a poor student in high school and was rarely interested in any subjects.

You have reached the end of the Reading Comprehension section. Please remain seated until you are dismissed by the proctor. You are NOT allowed to turn to any other section of the test.

Actual Test 03

	ⓐ	ⓑ	ⓒ	ⓓ		ⓐ	ⓑ	ⓒ	ⓓ
1					21				
2					22				
3					23				
4					24				
5					25				
6					26				
7					27				
8					28				
9					29				
10					30				
11					31				
12					32				
13					33				
14					34				
15					35				
16									
17									
18									
19									
20									

Actual Test 02

	ⓐ	ⓑ	ⓒ	ⓓ		ⓐ	ⓑ	ⓒ	ⓓ
1					21				
2					22				
3					23				
4					24				
5					25				
6					26				
7					27				
8					28				
9					29				
10					30				
11					31				
12					32				
13					33				
14					34				
15					35				
16									
17									
18									
19									
20									

Actual Test 01

	ⓐ	ⓑ	ⓒ	ⓓ		ⓐ	ⓑ	ⓒ	ⓓ
1					21				
2					22				
3					23				
4					24				
5					25				
6					26				
7					27				
8					28				
9					29				
10					30				
11					31				
12					32				
13					33				
14					34				
15					35				
16									
17									
18									
19									
20									

TEPS

 독해 Reading Comprehension

Actual Test 04

1	ⓐ ⓑ ⓒ ⓓ
2	ⓐ ⓑ ⓒ ⓓ
3	ⓐ ⓑ ⓒ ⓓ
4	ⓐ ⓑ ⓒ ⓓ
5	ⓐ ⓑ ⓒ ⓓ
6	ⓐ ⓑ ⓒ ⓓ
7	ⓐ ⓑ ⓒ ⓓ
8	ⓐ ⓑ ⓒ ⓓ
9	ⓐ ⓑ ⓒ ⓓ
10	ⓐ ⓑ ⓒ ⓓ
11	ⓐ ⓑ ⓒ ⓓ
12	ⓐ ⓑ ⓒ ⓓ
13	ⓐ ⓑ ⓒ ⓓ
14	ⓐ ⓑ ⓒ ⓓ
15	ⓐ ⓑ ⓒ ⓓ
16	ⓐ ⓑ ⓒ ⓓ
17	ⓐ ⓑ ⓒ ⓓ
18	ⓐ ⓑ ⓒ ⓓ
19	ⓐ ⓑ ⓒ ⓓ
20	ⓐ ⓑ ⓒ ⓓ
21	ⓐ ⓑ ⓒ ⓓ
22	ⓐ ⓑ ⓒ ⓓ
23	ⓐ ⓑ ⓒ ⓓ
24	ⓐ ⓑ ⓒ ⓓ
25	ⓐ ⓑ ⓒ ⓓ
26	ⓐ ⓑ ⓒ ⓓ
27	ⓐ ⓑ ⓒ ⓓ
28	ⓐ ⓑ ⓒ ⓓ
29	ⓐ ⓑ ⓒ ⓓ
30	ⓐ ⓑ ⓒ ⓓ
31	ⓐ ⓑ ⓒ ⓓ
32	ⓐ ⓑ ⓒ ⓓ
33	ⓐ ⓑ ⓒ ⓓ
34	ⓐ ⓑ ⓒ ⓓ
35	ⓐ ⓑ ⓒ ⓓ

Actual Test 05

1	ⓐ ⓑ ⓒ ⓓ
2	ⓐ ⓑ ⓒ ⓓ
3	ⓐ ⓑ ⓒ ⓓ
4	ⓐ ⓑ ⓒ ⓓ
5	ⓐ ⓑ ⓒ ⓓ
6	ⓐ ⓑ ⓒ ⓓ
7	ⓐ ⓑ ⓒ ⓓ
8	ⓐ ⓑ ⓒ ⓓ
9	ⓐ ⓑ ⓒ ⓓ
10	ⓐ ⓑ ⓒ ⓓ
11	ⓐ ⓑ ⓒ ⓓ
12	ⓐ ⓑ ⓒ ⓓ
13	ⓐ ⓑ ⓒ ⓓ
14	ⓐ ⓑ ⓒ ⓓ
15	ⓐ ⓑ ⓒ ⓓ
16	ⓐ ⓑ ⓒ ⓓ
17	ⓐ ⓑ ⓒ ⓓ
18	ⓐ ⓑ ⓒ ⓓ
19	ⓐ ⓑ ⓒ ⓓ
20	ⓐ ⓑ ⓒ ⓓ
21	ⓐ ⓑ ⓒ ⓓ
22	ⓐ ⓑ ⓒ ⓓ
23	ⓐ ⓑ ⓒ ⓓ
24	ⓐ ⓑ ⓒ ⓓ
25	ⓐ ⓑ ⓒ ⓓ
26	ⓐ ⓑ ⓒ ⓓ
27	ⓐ ⓑ ⓒ ⓓ
28	ⓐ ⓑ ⓒ ⓓ
29	ⓐ ⓑ ⓒ ⓓ
30	ⓐ ⓑ ⓒ ⓓ
31	ⓐ ⓑ ⓒ ⓓ
32	ⓐ ⓑ ⓒ ⓓ
33	ⓐ ⓑ ⓒ ⓓ
34	ⓐ ⓑ ⓒ ⓓ
35	ⓐ ⓑ ⓒ ⓓ

Actual Test 06

1	ⓐ ⓑ ⓒ ⓓ
2	ⓐ ⓑ ⓒ ⓓ
3	ⓐ ⓑ ⓒ ⓓ
4	ⓐ ⓑ ⓒ ⓓ
5	ⓐ ⓑ ⓒ ⓓ
6	ⓐ ⓑ ⓒ ⓓ
7	ⓐ ⓑ ⓒ ⓓ
8	ⓐ ⓑ ⓒ ⓓ
9	ⓐ ⓑ ⓒ ⓓ
10	ⓐ ⓑ ⓒ ⓓ
11	ⓐ ⓑ ⓒ ⓓ
12	ⓐ ⓑ ⓒ ⓓ
13	ⓐ ⓑ ⓒ ⓓ
14	ⓐ ⓑ ⓒ ⓓ
15	ⓐ ⓑ ⓒ ⓓ
16	ⓐ ⓑ ⓒ ⓓ
17	ⓐ ⓑ ⓒ ⓓ
18	ⓐ ⓑ ⓒ ⓓ
19	ⓐ ⓑ ⓒ ⓓ
20	ⓐ ⓑ ⓒ ⓓ
21	ⓐ ⓑ ⓒ ⓓ
22	ⓐ ⓑ ⓒ ⓓ
23	ⓐ ⓑ ⓒ ⓓ
24	ⓐ ⓑ ⓒ ⓓ
25	ⓐ ⓑ ⓒ ⓓ
26	ⓐ ⓑ ⓒ ⓓ
27	ⓐ ⓑ ⓒ ⓓ
28	ⓐ ⓑ ⓒ ⓓ
29	ⓐ ⓑ ⓒ ⓓ
30	ⓐ ⓑ ⓒ ⓓ
31	ⓐ ⓑ ⓒ ⓓ
32	ⓐ ⓑ ⓒ ⓓ
33	ⓐ ⓑ ⓒ ⓓ
34	ⓐ ⓑ ⓒ ⓓ
35	ⓐ ⓑ ⓒ ⓓ

THE NEW TEPS

신유형 분석 반영!

뉴텝스 최강 실전대비서!

NEW TEPS Research Team

독해

정답 및 해설

더 뉴텝스 **실전연습**

500

다락원

파트별
Reading Point

독해 안목 키우기 Part I

1 (c)　　**2** (d)　　**3** (a)　　**4** (c)

5 (a) unnatural　(b) unnatural
　　(c) natural　　(d) natural

6 (a) unnatural　(b) natural
　　(c) unnatural　(d) natural

7 (a) natural　　(b) unnatural
　　(c) unnatural　(d) natural

---

1 (c)

해석 20세기의 모든 발명품에서 아마도 가장 중요한 것 하나는 세탁기였을 것이다. 수 세기 동안, 빨래는 시간이 많이 소요되는 몹시 힘든 일이었다. 빨래를 하는 사람은 옷을 세게 문질러야 했고, 이 과정은 옷을 빨리 해지게 만들었다. 사람들이 세탁기를 사용하게 되면서, 더 이상 그러한 _____에 관여할 필요가 없어졌다.

(a) 엄청난 시간 낭비
(b) 비용이 많이 드는 프로젝트
(c) 지루한 육체노동
(d) 옷을 수선하는 피곤한 일

해설 20세기 주요 발명품 중 하나인 세탁기 덕분에 하지 않게 된 일을 고르면 된다. 빨래를 옷을 세게 문질러야 하는 몹시 힘든 일로 묘사하고 있으므로 더 이상 육체노동을 할 필요가 없어졌다는 (c)가 가장 적절하다. (a) 관련 있는 내용 같아 보이지만 지문은 backbreaking에 더 초점을 두고 time consuming을 부연 설명으로 덧붙였다. (d) 옷이 빨리 해지곤 했다는 내용은 있지만 이를 버렸는지 수선했는지는 알 수 없다.

어휘 **backbreaking** 매우 힘든　**time consuming** 시간이 걸리는
scrub 문질러 씻다, 청소하다　**engage in** ~에 관여하다
tedious 지루한　**manual** 손으로 하는, 육체노동의

---

2 (d)

해석 모든 저자는 독특한 문체를 갖고 있다. 어떤 작가들은 매우 기본적인 문체로 글을 쓰는 반면, 다른 작가들은 처음 읽었을 때는 이해하기 힘든 화려하거나 복잡한 산문체로 글을 쓴다. 미국의 작가 Ernest Hemingway는 그가 흔히 사용했던 간단한 평서문으로 잘 알려져 있다. 반면에, 영국의 작가 J.R.R. Tolkien은 일반적으로 _____ 다소 긴 문장을 썼다.

(a) Hemingway에 의해 쓰인 것과 동일한
(b) 재미있지도 않고 잘 쓰인 것도 아닌
(c) 간단한 언어로 쓰인
(d) 서술적인 구절로 가득 찬

해설 글의 흐름을 반전시키는 역접 연결어 on the other hand가 빈칸이 있는 문장 첫 부분에 나와 있다. 따라서 그 앞에 묘사된 Ernest Hemingway의 문체와는 반대되는 문체가 나와야 한다. 따라서 정답은 (d)이다. (a), (c) Ernest Hemingway와 동일한 문체를 설명하고 있고, (b) 지문은 글의 재미나 완성도를 이야기하는 것이 아니라 각 작가의 문체에 대해 이야기하고 있다.

어휘 **pen** (글을) 쓰다　**flowery** 화려한
convoluted 난해한, 복잡한　**prose** 산문
be noted for ~로 유명하다　**declarative sentence** 평서문
utilize 이용하다, 활용하다　**descriptive** 서술하는, 설명체인

---

3 (a)

해석
> **설명서:**
>
> 버제스 자동 가습기를 구매해 주셔서 감사합니다.
>
> 우선, 가습기를 사용하고 싶으신 방바닥에 놓아두세요. 두 번째로, 가습기 아래쪽에 있는 물통을 꺼내시고, 뜨거운 물을 사용해서 _____. 어떤 세정제도 사용하지 마세요. 그 다음, 물통에 '가득 차게'나 '반쯤 차게'라고 표시된 선까지 물을 채우시고 물통을 가습기에 다시 돌려놓으세요. 하얀색 스위치를 'on'에 맞춰 주세요.

(a) 물통 안쪽을 헹궈 주세요
(b) 물통에 물을 부어 주세요
(c) 가습기 아래쪽을 닦아 주세요
(d) 제품이 젖도록 해 주세요

해설 가습기 설명서이다. 가습기를 자리에 두고 물통을 꺼낸 뒤 뜨거운 물을 사용해서 할 일은 물통 헹구기일 것이다. 따라서 정답은 (a)이다. 빈칸 이후에 나온 세정제를 사용하지 말라는 말과 물통에 물을 채우라는 말 역시 헹구라는 말과 자연스럽게 연결된다.

어휘 **automatic** 자동의　**humidifier** 가습기
container 그릇, 용기　**cleanse** 세척하다
mark 표시하다　**rinse out** ~을 씻다, 헹구다
pour (액체를) 붓다　**make sure** 확실히 하다

---

4 (c)

해석 David Koresh가 이끄는 다윗교라 불리는 종교 집단이 총을 찾기 위해 시골에 있는 그들의 주거지로 진입하려 했던 _____. 긴장된 대치 상태가 시작되었고, 몇 주 뒤 정부군이 주거지로 난입하여 전면 공격을 하고 나서야 종결되었다. 그 공격은 꽤나 논란이 되었는데, 빠르게 주거지 전체를 전소시킨 불로 76명이 사망했기 때문이다.

(a) 정부군을 지지했다
(b) 대부분의 어린아이들을 붙잡았다
(c) 정부 요원들에게 발포했다
(d) 몇 명의 일원에 의해 사망했다

해설 다윗교가 총 수색을 위해 자신들의 주거지로 진입하려 했던 이들에게 빈칸의 행동을 한 이후 대치 상태가 시작되었고, 정부군의 전면 공격이 있었다고 했으므로 정부 요원들에게 총을

샀다는 (c)가 가장 적절하다. (a) 다윗교는 정부군의 공격을 받았으므로 이들을 지지하지 않았을 것이고, (b) 어린아이들을 잡았다면 정부군이 개입할 것이지만, 애초에 어린아이들이 총을 찾으러 주거지에 진입했다고 생각되지는 않을 것이다. (d) 다윗교 내부의 분쟁은 언급되지 않았다.

어휘 cult (사이비) 종교 집단 compound (건물, 시설의) 구내 standoff 떨어져 있음; 냉담 troops (pl.) (대규모의) 군대 rush 서두르다; 난입하다 all-out 총력을 다한, 전면적인 assault 폭행; 공격 burn ~ to the ground ~을 전소시키다, 잿더미로 만들다 gunfire 발포, 총격

5 (a) unnatural (b) unnatural
(c) natural (d) natural

해석 고정관념이란 한 무리의 사람들, 주로 민족 집단에 대한 기본적인 편견과 같은 믿음으로, 부정적이면서 품위를 떨어뜨린다. 이는 일반적으로 집단 내 소수의 사람들이 공유하고 있거나 공유하는 것처럼 보이는 속성으로 인해 나타난다. 사람들은 개인의 행동을 고려하지 않고, 대신 특정 집단의 일원이라는 데 근거하여 다른 이들을 판단한다. 그러나 고정관념을 믿는 것을 거부함으로써, 사람들은 타인을 개인으로 대하고, _____ 수 있다.

(a) 다른 사람들의 행동에 따라 그들을 판단할
(b) 보다 긍정적인 고정관념을 만들어내는 데 기여할
(c) 그들이 가진 특징이 무엇인지 알아낼
(d) 그들의 민족성에 대한 부정적인 말들을 무시할

해설 고정관념으로 인해 사람들은 타인이 속한 집단에 근거하여 부정적인 편견을 가지고 이들에 대해 생각한다. 빈칸은 고정관념을 버릴 때 할 수 있는 일을 서술하고 있으므로, 사람들은 타인을 집단과 상관없는 개인으로 보고, 그가 속한 집단에 대한 부정적인 편견 또한 버릴 수 있을 것이다. 따라서 정답은 (c), (d)이다. (a) 다른 사람들의 행동으로 개인을 판단하는 것이 바로 고정관념이고, (b) 고정관념 자체를 부정적으로 보고 있기 때문에 새로운 고정관념에 대한 언급은 어색하다.

어휘 stereotype 고정 관념 prejudicial 편견을 갖게 하는, 편파적인 ethnic 민족의, 인종의 demeaning 품위를 떨어뜨리는 attribute 속성, 특징 based upon ~에 근거하여 membership 회원 (자격) contribute to ~에 기여하다 characteristic 특징 statement 말, 언급

6 (a) unnatural (b) natural
(c) unnatural (d) natural

해석 칸나이 전투는 로마 공화국과 카르타고 사이의 싸움인 제2차 포에니 전투 중에 일어났다. 칸나이에서, 카르타고군은 8만 명의 로마인들을 죽이며 로마군을 파괴시켰다. 카르타고의 Hannibal 장군은 자신이 쉽게 로마를 정복할 수 있을 것이라 생각했지만, 로마인들은 항복하기를 거부하며 Hannibal의 군대를 지치게 만들었다. 결국, Hannibal은 _____ 카르타고로 돌아갔는데, 후에 이곳에서 로마군이 자마 전투로 그를 무찌르게 되었다.

(a) 칸나이에서 다시 성공하기를 기대하며

(b) 로마군과의 전투를 포기하며
(c) 도시의 항복을 요구하며
(d) 로마에의 공격을 포기하며

해설 지문 첫 부분에서는 로마군을 파멸시킨 카르타고군의 승리가 나왔지만, 역접 연결어 but 이후로 글의 흐름이 바뀌고 있다. 패전에도 불구하고 로마군은 항복을 거부했고, 오히려 Hannibal이 이끄는 카르타고군을 지치게 만들었다고 했으므로 Hannibal은 로마에 대한 공격이나 로마군과의 전투를 포기했을 것이다. 따라서 정답은 (b), (d)이다.

어휘 take place 일어나다, 벌어지다 republic 공화국 destroy 파괴시키다; 멸망시키다 general 장군 conquer 정복하다 surrender 항복하다, 굴복하다; 항복 wear down ~을 마모시키다; ~을 피로하게 하다 defeat 패배시키다, 무찌르다 look to ~을 기대하다 demand 요구하다 abandon 버리다, 포기하다

7 (a) natural (b) unnatural
(c) unnatural (d) natural

해석
> Reed 씨께,
>
> 암론 은행에서 지난 주 귀하께서 지원하신 자리에 다른 사람을 채용했음을 알려드리게 되어 유감입니다. 그러나 당사는 귀하가 훌륭한 지원자이며 뛰어난 자격을 갖추고 있다고 생각합니다. 다만 다른 사람이 조금 더 적합했던 것이죠. 그렇지만 다음 주 대출 부서에서 관리직 채용이 있을 것입니다. _____ 당사 홈페이지에서 직책에 관한 세부 사항을 확인해 보시기 바랍니다.
>
> Grant Watkins 드림

(a) 따라서
(b) 그렇지 않으면
(c) 그럼에도 불구하고
(d) 따라서

해설 연결사 문제의 경우 빈칸 앞뒤 문장의 관계를 파악해야 한다. 빈칸 앞 문장에서는 지원자가 지원한 자리 대신 다른 공석이 있다고 했고, 뒤 문장에서는 홈페이지에서 세부 사항을 확인해보라고 했으므로 '따라서'로 연결하는 것이 가장 자연스럽다. 정답은 (a), (d)이다.

어휘 inform 알리다, 통지하다 candidate 후보자; 지원자 outstanding 눈에 띄는, 뛰어난 qualification 자격 (요건) suit 어울리다; 알맞다 position (일)자리 opening 공석 loan 대출 consequently 그 결과; 따라서

독해 안목 키우기 Part Ⅱ

1 (b) **2** (b) **3** (c) **4** (d) **5** (d) **6** (c)

1 (b)

해석 환경에 관한 불평은 전혀 새로운 것이 아니다.

(a) 이는 18세기에 시작되었던 산업 혁명 시기에 특히 널리 퍼

지게 되었다.

(b) 발명가 John Kay는 산업 혁명의 시작을 도왔던 사람 중 한 명이었다.

(c) 공장의 갑작스런 기계화로 인해 대기 오염과 수질 오염 모두 문제가 되기 시작했다.

(d) 이는 결국 사람들로 하여금 자신이 마시는 공기와 물이 더 럽다는 사실을 비난하게 만들었다.

해설 환경에 관한 불평이 오래 전부터 있었다는 내용이 주제 문장으로 제시되었다. (a) 18세기 산업 혁명 당시에도 (c) 기계화로 인해 대기 오염과 수질 오염이 발생했고, (d) 사람들이 이에 대해 불평했다는 나머지 문장과 달리 (b)는 산업 혁명의 시초가 되었던 John Kay에 대해 말하고 있으므로 주제 문장과 관련이 없다.

어휘 **complaint** 불평 **prevalent** 일반적인, 널리 퍼진
Industrial Revolution 산업 혁명 **inception** 시작, 개시
mechanization 기계화 **pollution** 오염
in turn 차례대로; 결국, 결과적으로 **decry** 비난하다

2 (b)

해설 우리 태양계에는 지구형 행성과 목성형 행성, 두 종류의 행성이 있다.

(a) 수성, 금성, 지구, 화성은 지구형 행성이고, 목성, 토성, 천왕성, 해왕성은 목성형 행성이다.

(b) 화성과 목성 사이에는 소행성대가 존재하는데, 이는 한때 이 두 행성 사이에 존재했던 행성의 조각이라고 여겨진다.

(c) 지구형 행성은 단단한 표면을 가지고 있는 반면, 목성형 행성은 모두 기본적으로 거대 가스 행성이다.

(d) 이들은 모두 지구형 행성보다 상당히 크며, 매우 다른 구성 성분을 가지고 있다.

해설 태양계에 두 가지 행성 종류가 있다는 것이 주제 문장으로 제시되었다. (a) 각 유형에 어떤 행성이 있고, (c), (d) 그 행성들이 어떤 특징을 공유하고 있는지 이야기하는 나머지 문장과 달리 (b)는 화성과 목성 사이에 있는 소행성대에 대해 설명하고 있으므로 주제 문장과 관련이 없다.

어휘 **terrestrial planet** 지구형 행성 **Jovian planet** 목성형 행성
Mercury 수성 **Venus** 금성 **asteroid belt** 소행성대
fragment 조각, 파편 **considerably** 상당히
composition 구성 (요소)

3 (c)

해설 운전면허를 따기 위해서는 다음 절차를 밟아야 합니다.

(a) 수험자는 최소 16세가 되어야 하며, 30문제 중에서 최소 22문제를 맞춰 필기시험을 통과해야 합니다.

(b) 그 다음으로, 수험자는 색맹 검사뿐만 아니라 시력 검사도 받아야 합니다.

(c) 대략 8%의 남성과 1% 내지 2%의 여성이 색맹인 것으로 생각됩니다.

(d) 그러고 나서, 수험자는 차량 관리부의 시험 감독관 중 한 사람과 함께 주행 시험을 봐야 합니다.

해설 주제 문장에서 운전면허를 위한 절차를 설명하겠다고 했다. (a) 필기시험, (b) 색맹 검사 및 시력 검사, (d) 주행 시험에 대

해 언급한 나머지 문장과 달리 (c)는 색맹 자체에 대한 정보를 제공하고 있으므로 주제 문장과 관련이 없다.

어휘 **driver's license** 운전면허 **no fewer than** 최소
coordination 협동, 조화; (근육의) 조정력
color blindness 색맹 **administrator** 관리자
Department of Motor Vehicles 차량 관리부

4 (d)

해석 (a) 대학원에 다니는 학생들은 한 가지 주제에만 거의 전적으로 집중한다.

(b) 대학원생들은 교육 과정의 집중적인 성격으로 인해 주로 학기당 적은 수의 과목을 수강한다.

(c) 많은 대학원생들은 적어도 1년의 수업을 들으면서, 이후에는 자신의 연구 대부분을 지도 교수의 지도 아래 혼자 수행한다.

(d) 학부 학생들은 매 학기 여러 학과에서 개설된 강좌를 듣는다.

해설 대학원 학생들이 어떤 방식으로 공부하고 연구하는지 소개하고 있는 글로, 보기 중에서 (d)만 학부생에 관한 내용을 담고 있으므로 흐름상 어색하다.

어휘 **graduate school** 대학원 **exclusively** 전적으로, 독점적으로
semester 학기 **intensive** 집중적인
under the guidance of ~의 지도하에
advisor 고문; 지도교수 **undergraduate** 대학의, 학부의

5 (d)

해석 (a) 몇몇 사람들은 자신이 실제로 가지고 있는 어떤 특징에 대해 다른 사람을 비난하는 경향이 있는데, 이는 투영이라고 불린다.

(b) 사실상 모든 경우의 투영에 있어서, 다른 사람이 가지고 있다고 하는 특징은 부정적인 것이다.

(c) 이와 같은 투영은 프로이트(Freud)의 투영으로 일컬어진다.

(d) Sigmund Freud 이외에 Carl Jung도 심리학 연구를 수행했던 또 다른 유명인이다.

해설 투영이라는 심리학 개념에 대한 글로 투영의 정의와 특징, 명칭을 설명하고 있는 나머지 문장과 달리 (d)는 두 명의 심리학자를 소개하고 있으므로 흐름상 어색하다.

어휘 **tendency** 경향, 추세
accuse ~ of ... ~을 ...라는 이유로 비난하다
possess 소유하다, 지니다 **be referred to as** ~로 불리다
projection 투영, 투사 **psychological** 심리적인; 심리학적인
conduct (특정한 활동을) 하다

6 (c)

해석 (a) 1973년의 이스라엘, 이집트, 시리아 간에 일어난 욤 키퍼 전쟁(제4차 중동 전쟁)은 중동으로부터의 석유 공급에 전 세계적인 혼란을 야기했다.

(b) 사우디아라비아가 이끄는 OPEC의 중동 회원국들은 아랍 국가인 이집트와 시리아에 대항하여 이스라엘을 지지하고 있던 미국에게 석유 판매 금지 조치를 내렸다.

(c) 이스라엘은 이집트와 시리아의 공격을 물리쳤고 전쟁에서 승리했다.

(d) 동시에, OPEC은 석유 가격을 두 배로 올리기로 결정했고, 이는 수 년 동안 전 세계적인 에너지 위기를 불러왔다.

해설 1973년의 욤 키퍼 전쟁으로 인해 촉발된 석유 파동에 대한 글이다. (a) 석유 파동의 원인이 된 욤 키퍼 전쟁과 (b), (d) OPEC의 조치를 설명하고 있는 나머지 문장과 달리 (c)는 욤 키퍼 전쟁 자체의 결과에 대해 설명하고 있으므로 흐름상 어색하다.

어휘 disruption 붕괴; 혼란   supply 공급
place an embargo on ~에 금지 조치를 내리다
defeat 무찌르다, 패배시키다   emerge 나오다; 부상하다
victorious 승리한, 승리를 거둔   double 두 배로 하다
crisis 위기

독해 안목 키우기 Part Ⅲ

1 (a)   **2** (c)   **3** (d)

4 (a) possible   (b) possible
   (c) impossible   (d) impossible

5 (a) impossible   (b) possible
   (c) impossible   (d) possible

---

1 (a)

해설 십자군 전쟁은 11세기 말에 시작되어 수 세기 동안 지속되었던 일련의 전쟁을 말한다. 이들은 서유럽을 공격했던 이슬람 침입자에 대한 대응으로 시작되었다. 전통적으로 기독교 지역이었던 땅이 이슬람교도로부터 침입받고 정복되는 데 화가 난 당대 교황 Innocent 3세는 서유럽의 귀족들에게 동쪽으로 군대를 보내어 그들과 싸울 것을 요청했고, 유럽 대륙 전역에서 온 군대가 동쪽으로 향했다.

→ 지문은 주로 _____에 관한 것이다.

(a) 십자군 전쟁이 발생한 이유
(b) 십자군 전쟁에 관련된 주요 인물들
(c) 십자군 전쟁 중 싸움이 있었던 장소
(d) 십자군 전쟁을 시작한 교황

해설 십자군 전쟁이 발생하게 된 원인을 설명하고 있으므로 (a)가 가장 적절하다. (b), (d) 교황 Innocent 3세가 언급되었지만 이는 세부 정보에 그치고, (c) 언급되지 않은 내용이다.

어휘 the Crusades 십자군 전쟁   invader 침입자, 침략자
conquer 정복하다   pope 교황   noble 귀족
army 군대   continent 대륙

---

2 (c)

해설 최근까지 사람들은 자신의 지역에 있는 음식만 먹을 수 있었다. 예를 들면, 대양이나 바다 근처에 사는 사람들에게는 풍부한 해산물이 공급되었다. 사람들이 사는 환경 역시 그들에게 큰 영향을 끼쳤다. 긴 겨울이 있는 지역에서 사는 사람들

은 수개월 동안 음식이 상하지 않도록 준비해야 했다. 이는 여러 문화의 사람들로 하여금 음식을 식초에 절이도록 만들었다. 북쪽 지방의 사람들 역시 말린 음식과 소금에 절인 고기를 많이 먹었다.

→ 지문에 의하면, _____는 이들이 먹는 음식에 주로 영향을 미쳤다.

(a) 보다 따뜻한 기후
(b) 바다와의 거리
(c) 사람들이 사는 곳의 기후
(d) 특정 음식에 대한 선호

해설 사람들이 사는 지역과 환경이 그들이 먹는 음식에 영향을 끼친다고 말하면서 긴 겨울이 있는 지역의 예시를 들고 있으므로 기후가 음식에 영향을 미치고 있음을 알 수 있다. 따라서 정답은 (c)이다. (a) 따뜻한 기후뿐만 아니라 추운 기후도 영향을 미치므로 (c)가 좀 더 포괄적이고, (b) 바다와의 거리 역시 식단에 영향을 미치기는 하지만, 지문은 기후에 좀 더 초점을 맞춰 설명하고 있다. (d) 언급되지 않은 내용이다.

어휘 abundant 풍부한   seafood 해산물
have an effect on ~에 영향을 미치다
last 지속되다; 상하지 않다   pickle 식초에 절여 보관하다
salted 소금에 절인   climate 기후

---

3 (d)

해설 말은 한 때 사람들을 위해 짐을 나르는 주된 짐승이었다. 20세기 이전에, 그들은 오늘날의 자동차만큼이나 운송 분야를 도맡았다. 말은 도시에서 마차를 끌었고, 농장에서 시장으로 식량을 운반했으며, 전사들을 전쟁터로 실어 날랐다. 하지만 자동차가 등장하면서, 말의 중요성은 줄어들기 시작했다. 이제 그들은 경마와 공연에 주로 사용되고, 개체 수 또한 상당히 감소하여 사람들이 공원이나 농장에서 이따금씩 말을 볼 때 종종 이들은 매력적인 대상이 된다.

→ 오늘날, 사람들은 말을 _____(으)로 여긴다.

(a) 자동차의 대안
(b) 전쟁에서 이기게 하는 강력한 무기
(c) 주요 교통수단
(d) 일상에서 보기에는 낯선 동물

해설 글의 마지막 부분에 말의 개체 수가 감소하여 사람들이 가끔씩 말을 보게 되고, 그렇기에 말이 매력적인 대상이 된다는 내용이 나온다. 따라서 일상에서 보기에는 낯선 동물로 여긴다는 (d)가 정답이다. (a) 자동차가 말을 대체하였고, (b) 무기로 사용된 적은 없다. (c) 20세기 이전의 일이다.

어휘 burden 짐   prior to ~ 이전에   dominate 지배하다
carriage 마차   warrior 전사   dwindle 감소하다
race 경주   fascination 매력, 매혹   occasion 경우
alternative 대안   means of transportation 교통수단

---

4 (a) possible   (b) possible
   (c) impossible   (d) impossible

해설 화산을 연구하는 과학자들은 마그마가 화산 내부에 압력을 가해서 생긴 부풀어 오른 곳을 찾기 위해 사진, 동영상 및 인공

위성 이미지를 검토한다. 게다가, 가스 탐지기는 아황산가스와 같은 독성 가스의 존재를 식별할 수 있는데, 이러한 가스는 화산 활동과 관련이 있다. 마지막으로, 그들은 지하 깊은 곳에서 어떤 변화가 있는지 확인하기 위해 음향 감지기를 사용한다. 땅 아래의 암석을 뚫고 빠르게 올라오는 마그마는 높은 음의 소리를 내는 반면, 천천히 솟아오르는 마그마는 낮은 음의 소리를 낸다. 만일 과학자들이 깊은 저음의 우르릉거리는 소리를 듣는다면, 이는 마그마가 지표면에 매우 가까이 있으며 분출이 곧 일어날 수 있음을 의미하는 것이다.

Q: 지문에 따르면 다음 중 옳은 것은 무엇인가?

(a) 지하에서 천천히 솟아오르는 마그마는 낮은 소리를 낸다.
(b) 화산 분출을 탐지하는 데 사용되는 방법은 많다.
(c) 과학자들은 화산 분출의 강도를 정확히 예측할 수 있다.
(d) 인공위성 이미지는 과학자들로 하여금 아황산가스의 존재를 탐지하는 데 도움을 준다.

[해설] 마지막 부분에서 천천히 솟아오르는 마그마는 낮은 음의 소리를 낸다고 했고, 글 전반적으로는 화산 분출을 탐지하는 여러 방법을 설명하고 있으므로 (a), (b)가 가장 적절하다. 지문의 has a low-pitched sound가 (a)의 makes a low sound로 패러프레이징 되었다. (c) 화산 분출 강도는 언급되지 않았고, (d) 인공위성 이미지는 화산이 부풀어 오르는 곳을 찾으려 할 때 사용한다.

[어휘] examine 조사하다, 검토하다 satellite 인공위성
bulge 튀어 나온 것 detector 탐지기 identify 식별하다
fume 가스, 연기 sulfur dioxide 아황산가스
be associated with ~와 관련이 있다
high-pitched 높은 음조의 bass 저음, 베이스; 저음인
rumbling 우르릉거리는 소리

5 (a) impossible (b) possible
(c) impossible (d) possible

[해석]
덴버스 파인 퍼니처에서 여러분은 상상할 수 있는 모든 종류의 가구를 만나볼 수 있습니다. 여러분이 원하는 것이 있다면, 저희는 반드시 그것을 보유하고 있습니다. 큰 금액의 구매에 대해서는, 저희가 이상적인 지불 계획을 마련해드릴 것입니다. 새로운 침실대나 골동품 탁자가 여러분의 예산을 초과시키지 않도록 말이죠. 심지어 여러분께서 원하신다면 2년 동안 할부로 지불할 수 있도록 해드릴 것입니다. 가구 업계와 인테리어 디자인에 대해 모든 것을 알고 있는 노련한 판매 사원도 있습니다. 따라서 언제든 방문하셔서 우리의 전문가들이 여러분이 다음에 쓸 소파나 옷장을 고르는 일을 돕게 해주십시오.

덴버스 파인 퍼니처

Q: 광고로부터 추론할 수 있는 것은 무엇인가?

(a) 가게는 골동품 가구를 전문으로 한다.
(b) 가게의 판매 사원은 동종 업계에서의 경력이 있다.
(c) 가게는 재고가 없는 어떤 가구든 주문해 줄 것이다.
(d) 일부 가구들은 가격이 매우 비싸다.

[해설] 지문 초반에서는 큰 금액의 구매에 대해 언급하며 2년 할부가 가능하다고 광고하고 있고, 후반에서는 가구 업계와 인테리어

디자인에 대해 잘 알고 있는 판매 사원들을 갖추고 있다고 광고하고 있다. 따라서 (b), (d)가 정답이다. (a) 골동품 가구를 전문으로 하는 것이 아니라 골동품 가구도 판매하는 것이고, (c) 고객이 원하는 가구를 반드시 갖추고 있을 것이라 했고, 그렇지 않다 하더라도 주문해 준다는 내용은 없다.

[어휘] furniture 가구 purchase 구매, 매입
bust 파열시키다; 파산시키다 budget 예산
experienced 경력 있는, 능숙한 salesperson 판매원
feel free to 가벼운 마음으로 ~하다, 거리낌 없이 ~하다
wardrobe 옷장 specialize in ~을 전문으로 하다
career 직업; 경력 be in stock 재고가 있다

독해 안목 키우기 Part Ⅳ

1 (c)   2 (d)

3 (a) impossible (b) possible
(c) impossible (d) possible

4 (a) possible   (b) impossible
(c) possible   (d) impossible

1-2 (c), (d)

[해석]

우유는 그만!

Helen Stephens

유당 불내증이 있는 사람은 유제품을 적절히 소화시키지 못한다. 유당은 우유, 치즈, 버터, 크림 및 기타 유제품에 일반적으로 함유된 당이다. 유당 불내증은 몇몇 사람들의 소화 기관에 결핍된 효소로 인해 나타난다. 이 효소 없이는 유당이 쉽게 소화될 수 없는 것이다. 이는 심각한 건강 문제는 아니지만, 소화관이 팽창하고 가스가 심하게 차는 현상을 초래할 수 있다.

이러한 문제는 유럽인들에게는 드물지만, 아프리카나 아시아 사람들에게는 보다 일반적이며, 미국 원주민들은 100% 유당 불내증이 있다. 이러한 질환은 유제품이 흔하지 않은 사회에 사는 사람들에게는 심각한 문제가 아니다. 많은 아시아 국가들이 여기에 속한다. 하지만 유럽 또는 북미에 사는 사람들에게는 많은 제품과 조리법, 그리고 식당 요리에서 유제품이 일반적이기 때문에 어려운 일이다.

1 기사는 _____에 관한 것이다.

(a) 심한 가스
(b) 드문 질병
(c) 어떤 소화기 질환
(d) 독성 유제품

2 기사에 따르면, _____
것은 옳다.

(a) 유당 불내증이 바이러스에 의해 발병한다는
(b) 미국 원주민만이 유당 불내증을 겪고 있다는
(c) 유당 불내증이 꽤 드문 병이라는

(d) 유럽인들이 유당 불내증일 가능성이 낮다는

해설 1 소화기 질환의 일종인 유당 불내증에 대해 소개하면서 이러한 증상의 발병 원인과 인종별 발병 정도를 설명하는 기사이므로 (c)가 정답이다.

2 두 번째 문단에서 인종별 유당 불내증의 발병 정도를 소개하고 있다. 유럽인들에게는 이러한 증상이 드물다고 했으므로 (d)가 정답이다. (a) 유당 불내증은 관련 효소의 결핍으로 발병하고, (b) 미국 원주민뿐만 아니라 아프리카나 아시아 사람들에게도 일반적이다. (c) 여러 인종에서 발견할 수 있으므로 희귀 질병에 속하지는 않는다.

어휘 **lactose intolerant** 유당 불내증이 있는　**digest** 소화시키다
dairy product 유제품　**enzyme** 효소
bloat 팽창시키다; 부풀다　**digestive tract** 소화관
descent 내려오기; 혈통　**condition** 상태; 질환
severe 심각한　**prevalence** 널리 퍼짐, 유행
recipe 레시피, 요리법　**poisonous** 유독한, 독이 있는
be less likely to ~할 가능성이 낮다

3　(a) impossible　(b) possible
　(c) impossible　(d) possible

4　(a) possible　(b) impossible
　(c) possible　(d) impossible

해석
> 선샤인 클리닝 컴퍼니는 모든 기업 및 주택에 청소 서비스를 제공하고 있습니다. 저희는 광역 대도시 지역에서 매일 24시간, 주7일 내내 서비스를 제공합니다. 저희에게 너무 크거나 너무 작은 일은 없습니다. 저희는 카펫, 가구 및 커튼에 사용할 최신 카펫 청소 기계와 스팀 청소기를 보유하고 있습니다. 바닥 왁싱 작업과 나무, 크롬 및 유리 가구와 설비의 광택 작업 또한 저희의 전문 분야입니다.
>
> 모든 직원들은 숙련된 사람들이고, 여러분의 건물 및 소유물들에 대한 보안을 확실히 하기 위해 범죄 관련 신원 조회를 받았습니다. 저희는 일회 서비스와 지속 서비스 모두 제공합니다. (203) 555-1247번으로 Russell 씨에게 전화하시거나 저희 홈페이지 www.sunshinecleaning.com을 확인해 보십시오. 청소할 지역의 크기와 청소비용을 알아보기 위해 계시는 곳으로 전문가를 보내드리겠습니다.
>
> **선샤인 클리닝 컴퍼니**

3　Q: 광고의 목적은 무엇인가?

　(a) 의견을 논하기 위해
　(b) 서비스를 홍보하기 위해
　(c) 독자에게 문제에 대해 가르쳐주기 위해
　(d) 사업에 대한 정보를 제공하기 위해

4　Q: 광고로부터 추론할 수 있는 것은 무엇인가?

　(a) 회사는 경험이 많은 사람들을 고용한다.
　(b) 회사는 모든 고객들에게 같은 가격을 청구한다.
　(c) 범죄는 고객들이 걱정하는 것이다.
　(d) 범죄자들은 일반 사람들보다 저렴하게 고용할 수 있다.

해설 3 첫 문장에서부터 글의 성격이 드러난다. 선샤인 클리닝 컴퍼니가 청소 서비스를 제공하고 있다고 했으므로 서비스를 홍보

하고, 사업에 대해 알린다는 (b), (d)가 정답이다.

4 두 번째 문단에 관련 내용이 나타나 있다. (a) 모든 직원들은 숙련된 사람들이라고 했으며, (c) 보안을 위해 이들의 범죄 관련 신원 조회를 마쳤다고 하고 있으므로 (a), (c)가 가장 적절하다. (b), (d) 비용에 대한 내용은 구체적으로 언급되지 않았다.

어휘 **metropolitan** 대도시의　**machinery** 기계류
steam cleaner 스팀 청소기　**polish** 광을 내다
chrome (금속) 크롬
fixture 세간 (벽에 고정되어 있는 가구); 설비
specialty 전문　**experienced** 경험이 있는, 경력이 있는
undergo 겪다; 받다　**background check** 신원 조회
belongings (pl.) 재산, 소유물　**dispatch** 보내다, 파견하다
premises (pl.) 건물, 구내　**charge** (요금을) 청구하다

Section 2
Actual Test 01-06

Actual Test 01

1	(d)	2	(a)	3	(c)	4	(b)	5	(b)
6	(a)	7	(c)	8	(d)	9	(d)	10	(a)
11	(a)	12	(c)	13	(b)	14	(a)	15	(d)
16	(c)	17	(d)	18	(a)	19	(c)	20	(b)
21	(b)	22	(d)	23	(c)	24	(d)	25	(b)
26	(a)	27	(c)	28	(a)	29	(d)	30	(b)
31	(c)	32	(c)	33	(d)	34	(d)	35	(a)

1　(d)

해석 노스다코타 주의 레드 강은 100년이 넘는 기간 만에 최고 수위에 도달했으며, 파고 시를 범람시키려 하고 있다. 이 엄청난 양의 물은 겨울 동안 지나치게 많이 내린 눈과, 이 눈을 녹였을 뿐 아니라 폭우도 동반했던 최근 따뜻한 날씨의 결과이다. 만일 강둑이 터진다면 범람을 막을 방도는 없다. 피해는 ＿＿＿＿＿＿＿＿＿＿＿＿＿＿ 것이며, 도시는 결코 예전과 같이 될 수 없을 것이다.

(a) 겨울에 예상되는 폭풍보다 혹독할
(b) 쉽게 수리될
(c) 상대적으로 범위가 좁을
(d) 수천만 달러로 측정될

해설 지문의 마지막 부분만으로 유추할 수 있는 문제다. 강둑이 터져 범람한다면 도시가 결코 예전 같이 될 수 없다고 하고 있으므로 엄청난 재산 피해가 있을 것으로 보인다. 따라서 (d)가 가장 적절하다. (b), (c) 글의 내용과 상반되므로 오답이다.

어휘 **threaten** 위협하다　**flood** 범람시키다; 범람, 홍수
excessive 지나친, 과도한　**spell** (특정 날씨가 계속되는) 기간

melt 녹이다　**barrier** 벽, 장벽　**predict** 예측하다
relatively 상대적으로, 비교적으로　**scope** 범위, 영역

2 (a)

[해석] 마라톤은 _____ 마지막 경기다. 이 경주는 고대 그리스의 실제 사건으로부터 유래된다. 그리스와 페르시아 간의 전투가 마라톤이라는 도시에서 벌어졌다. 그리스가 전투에서 승리했고, 한 사람이 아테네까지 달려가 승전보를 전하도록 보내졌다. 1896년 그리스에서 열린 최초의 근대 올림픽은 최고 장거리 경주로 마라톤을 도입했다. 올림픽에서 진행되는 많은 스포츠 경기가 있지만, 마라톤은 여전히 가장 유명한 경기 중 하나다.

(a) 올림픽에서
(b) 고대 그리스에서
(c) 1896년 올림픽에서
(d) 아테네에서 열린 모든 경주에서

[해설] 주제 문장인 첫 문장에 빈칸이 나왔다. 마라톤의 유래를 이야기한 뒤, 현재 올림픽에서 마라톤이 어떤 위상을 차지하고 있는지 설명하며 글을 마무리하고 있으므로 정답은 (a)이다.

[어휘] **event** 사건; (스포츠) 경기　**derive from** ~에서 유래하다
take place 일어나다　**introduce** 소개하다, 도입하다
ultimate 궁극적인, 최고의　**prestigious** 명망 있는, 일류의

3 (c)

[해석] Jane Austin은 영국의 소설가로, 〈오만과 편견〉, 〈엠마〉, 〈맨스필드 파크〉 등의 소설을 쓴 것으로 유명하다. 오늘날 학자들은 그녀를 인물들의 생각을 전달하는 방법으로 '자유간접화법'이라는 문학 형식을 사용한 최초의 작가 중 하나로 인정하고 있다. 자유간접화법은 일반적인 간접화법과는 다른데, 바로 "그는 말했다" 또는 "그녀는 생각했다"와 같은 도입 부분이 없기 때문이다. 때때로, 이러한 형식은 이에 익숙하지 않은 독자들을 혼동시킬 수 있는데, 책 속 인물들의 생각이 종종 소설 속 화자의 _____ 때문이다.

(a) 방식으로 쓰이기
(b) 정확한 말로 표현되기
(c) 의견으로 혼동되기
(d) 완전히 반대이기

[해설] Jane Austin이 사용한 자유간접화법에 대한 글이다. 빈칸은 since로 독자들이 혼동을 느끼는 이유를 설명하고 있다. 자유간접화법에는 he said 또는 she thought와 같은 도입 부분이 없기 때문에 등장인물의 의견이 화자의 의견과 혼동될 것이다. 따라서 정답은 (c)이다. (b) 정확한 말로 표현된다면 혼동을 느끼지 않을 것이다.

[어휘] **prejudice** 편견　**recognize** 알아보다; 인정하다
literary 문학의, 문학적인　**convey** 전달하다
differ from ~와 다르다　**confuse** 혼동시키다
narrator 서술자　**voice** (말로) 나타내다, 표현하다

4 (b)

[해석] 훌륭한 운동 프로그램에는 세 가지 기본 단계가 있다. 첫째, 근육을 스트레칭하는 것은 근육을 준비시키고, 격렬한 운동 중에 발생하는 부상을 막는 데 도움을 줄 수 있다. 둘째, 15분에서 30분 정도 지속되는 유산소 운동은 심장을 운동시키며 지구력 향상에 도움이 된다. 마지막으로, 바벨이나 덤벨을 들어 올리는 프리웨이트는 근육량을 늘리고, 근력을 증가시키며, 몸매를 개선한다. 운동을 하려는 사람은 허벅지, 가슴, 어깨 근육과 이두박근을 먼저 운동해야 하는데, 이러한 근육이 가장 큰 근육이고 운동에서 대부분의 에너지를 소모하기 때문이다. 언제라도 운동 중에 피곤함이나 통증을 느낀다면, _____. 계속하는 것은 단지 문제를 악화시킬 것이다. 극도의 통증은 심각한 부상의 신호다.

(a) 다른 운동을 해야 한다
(b) 당장 멈추어야 한다
(c) 더 낮은 무게를 들어야 한다
(d) 적은 반복 횟수로 시도해야 한다

[해설] 운동의 세 단계인 스트레칭, 유산소 운동, 근력 운동에 대해 설명한 후, 이상을 느낄 경우의 대처 방법에 대해 말하고 있다. 빈칸 이후에 운동을 계속하는 것은 그저 문제를 악화시킬 것이라는 내용이 있으므로 (b)가 정답이다. (a), (c), (d) 모두 강도는 낮아질 수 있지만 운동은 계속하고 있는 것이 된다.

[어휘] **workout** 운동　**warm up** 준비 운동을 하다
prevent 막다, 예방하다　**injury** 부상
strenuous 몹시 힘든, 격렬한　**aerobic exercise** 유산소 운동
endurance 인내; 지구력　**muscle mass** 근육량
thigh 허벅지　**bicep** 이두박근　**aggravate** 악화시키다

5 (b)

[해석]

> 동문 여러분께,
>
> 우리가 대학을 졸업한 지 벌써 10년이 지났습니다. 이제 드디어 본 대학 2010년 졸업반의 10주년 동문회를 통해 오랜 동창과 교수님 모두를 만나볼 시간입니다. 동문회는 7월 10일부터 12일까지 디어본 대학 캠퍼스에서 열릴 예정입니다. 저희는 많은 좋은 프로그램을 계획해 두었습니다. 학교 홈페이지에서 이를 확인해 보실 수 있습니다. 가족 및 친구가 손님으로 참석하는 것도 환영합니다. 저희는 몇 달 후 있을 동문회에서 _____ 기대하고 있습니다.
>
> Carla Waters 드림

(a) 여러분의 향후 계획에 대해 듣게 되길
(b) 가능한 한 많은 분들을 만나게 되길
(c) 여러분의 신청서를 받게 되길
(d) 여러분의 답을 얻게 되길

[해설] 앞으로 개최될 동문회에 대해 전반적인 안내를 하고 있는 편지글이다. 행사에 대한 안내 이후에는 많은 이들의 참석을 권유하는 말로 마무리하는 것이 가장 자연스럽다. 따라서 정답은 (b)이다. (a) 언급되지 않은 내용이며, (c), (d) 신청서나 회신에 관한 내용 또한 없었다.

[어휘] **fellow** 친구, 동료　**alumnus** (pl. alumni) 졸업생, 동창생
catch up with ~을 따라잡다　**reunion** 모임, 동문회
check out 확인하다　**attend** 참석하다

look forward to ~ing ~하기를 기대하다, 고대하다
a couple of 두어 개의   **application form** 신청서

6   (a)

해석

> 세금 신고 기간이 빠르게 다가오고 있으니, 이제 일 년간의 세금을 내는 것에 대해 생각하기 시작할 때입니다. 안타깝게도, 여러분이 얼마나 내야 하는지 계산하는 것은 다소 복잡하고 시간이 걸리는 일입니다. 만약 세금 계산에 지치셨다면 엘리트 공인 회계사 사무실에 전화해 주십시오. 여러분을 위해 세금을 계산해 드리겠습니다. 저희는 적절한 요금을 청구하며, 최근 세법 모두에 대해 최신 정보를 갖추고 있습니다. 여러분의 세금에서 수백, 심지어 수천 달러를 절약하도록 공제액을 찾아 드릴 것입니다. 그러니, 혼자 세금을 계산하느라 두통에 시달리지 마시고, 전문가들에게 맡기십시오. 지금 당장 엘리트 공인 회계사 사무실에 전화하십시오. 그러면 저희가 _____ _____ 것입니다.

(a) 여러분을 위해 세금을 계산해드릴
(b) 여러분의 최근 납세 이력에 대해 물어볼
(c) 지금 당장 여러분의 고용주에게 연락드릴
(d) 모든 필요한 세금 양식을 제공해드릴

해설 세금 계산을 대행해주는 공인 회계사 사무실의 광고로, 지문의 처음과 마지막 부분만 읽어도 빈칸의 내용을 유추해 볼 수 있다. 세금 계산은 복잡하고 어려운 일이므로 대신 해주겠다는 (a)가 가장 적절하다. (b), (d) 세금 계산 대행 서비스에 속한 하위 과정이다.

어휘 **rapidly** 재빠르게, 급격히   **approach** 다가오다
figure out 알아내다; 계산하다
time consuming 시간이 걸리는
affordable (가격이) 알맞은, 적당한   **rate** 속도; 비율; 요금
up to date (정보가) 최신의; 최신 정보를 갖춘
deduction 공제(액), 차감(액)   **by oneself** 혼자서

7   (c)

해석 정부의 의회제도는 _____. 미국과 같은 공화국에서는 대통령이 국가 원수이고, 이 대통령은 일반적으로 선거에서 투표를 하는 국민에 의해 직접 선출된다. 영국과 같은 의회제도에서는 국가 원수가 국무총리가 아니라 왕, 여왕 또는 다른 인물이다. 자문 각료들과 함께 국무총리는 정부를 이끌어 간다. 의회 선거에서, 국민들은 정당의 대표자를 투표로 선출한다. 그 결과 의회에서 다수의 의석을 차지한 정당이 정부를 구성하게 된다. 그러면 그 정당의 지도자가 국무총리가 되는 것이다.

(a) 다른 형태의 정부보다 우수하다
(b) 사람들에게 공화제도를 상기시켜 준다
(c) 공화제도와 다르다
(d) 공화정부와 동일하다

해설 첫 문장이 주제 문장으로 제시되었고, 이후 부연설명이 이어지고 있다. 의회제도와 공화제도의 차이점을 국가 원수의 측면, 대표자 선출의 측면에서 설명하고 있으므로 (c)가 가장 적

절하다. (a) 정부 제도의 우열을 가리지는 않았고, (b) 의회제도가 공화제도를 상기시켜 준다는 것은 두 제도가 비슷하여 연상된다는 의미이므로 글의 내용과 상반된다.

어휘 **parliamentary system** 의회제도   **republic** 공화국
the head of state 국가 원수   **prime minister** 국무총리
cabinet 내각, 각료   **advisor** 고문   **run** 운영하다, 관리하다
representative 대표자   **seat** (의회, 위원회의) 의석
subsequently 그 결과, 그 후에   **identical to** ~와 동일한

8   (d)

해석 _____은 공상 과학 소설이나 TV 프로그램, 영화에 자주 나오는 주제이다. 이것이 어떻게 이루어지는지는 다양하다. 몇몇 시나리오에서, 우주선의 승무원과 승객들은 일종의 동면과 같은 깊은 잠에 빠져들며, 목적지에 도착하자마자 깨어난다. 다른 방법은 움직이지 않는 문이나 통로를 사용하는 것인데, 이는 우주의 두 지점 사이에서 시간과 거리상의 다리 역할을 한다. 사람이나 우주선이 단순히 이 문으로 들어가면, 즉시 다른 장소로 옮겨지는 것이다. 마지막으로, 세대 우주선이 있다. 우주선은 수백 년이 걸릴 여행을 시작하는데, 따라서 그들이 최종 목적지에 도착했을 때는 최초 여행자들의 증손과 고손이 살아 있게 되는 것이다.

(a) 외계의 문명을 우연히 접하는 것
(b) 빛의 속도보다 빠르게 움직이는 것
(c) 태양계의 다른 행성으로 여행하는 것
(d) 장거리 우주여행

해설 역시 첫 문장이 주제 문장으로 제시되었고, 이후 부연설명이 이어지고 있다. 공상 과학 소설이나 TV, 영화 등에 자주 나오는 한 주제에 대해 세 가지 예시를 들어 설명하고 있으므로 (d)가 가장 적절하다.

어휘 **staple** 주요 산물; (이야기의) 주제   **crew** 승무원
hibernation 동면, 겨울잠   **stationary** 정지된, 움직이지 않는
portal 문, 입구; 통로   **serve as** ~의 역할을 수행하다
instantly 즉시, 즉각   **transport** 이동시키다; 수송하다
alien 외국의; 외계의   **civilization** 문명
solar system 태양계

9   (d)

해석 홍콩은 100년 넘게 영국의 식민지였다. 중국과 서명한 조약에서, 영국은 홍콩을 1997년 7월 1일 중국에 반환하기로 약속했다. 많은 시민들은 그날을 두려워했는데, _____ 공산주의 제도인 중국이 홍콩의 자본주의 경제 제도를 간섭할 것이라고 생각했기 때문이다. 하지만 실제로 그런 일은 전혀 벌어지지 않았다. 홍콩은 독자적인 국기와 올림픽 팀을 보유하고 있으며, 여전히 전 세계 관광객들과 기업을 끌어들이고 있다.

(a) 따라서
(b) 반면에
(c) 결과적으로
(d) 왜냐하면

해설 연결사 문제의 경우 빈칸 앞뒤 문장의 관계를 파악해야 한다. 빈칸 앞 문장에서는 홍콩이 중국에 반환되어 시민들이 두려

워했다고 했고, 뒤 문장에서는 공산주의인 중국이 자본주의인 홍콩을 간섭할 것이라고 했다. 따라서 뒤 문장이 앞 문장의 이유를 설명하고 있으므로 '왜냐하면'으로 연결하는 것이 가장 자연스럽다. 정답은 (d)이다.

어휘 colony 식민지 treaty 조약, 협정
communist 공산주의의; 공산주의자
interfere with ~을 방해하다; ~에 간섭하다
capitalist 자본주의의; 자본주의자 flag 깃발; 국기
attract 끌어들이다 on the other hand 반면에
consequently 그 결과, 따라서

10 (a)

해석 자기공명영상(MRI) 기계는 지난 30년 동안 의학 분야에 혁명을 일으켰다. 이 거대한 기계는 의사로 하여금 환자 몸 내부의 3차원 영상을 볼 수 있도록 해 준다. MRI는 뇌, 근육 조직, 심장 연구에 특히 유용하다. 이는 암 종양을 찾는 데 종종 사용되는데, 수술 전 종양의 위치를 정확하게 나타낼 수 있기 때문이다. _____ 이 기계는 매우 비싸며, 기계뿐만 아니라 훈련된 MRI 기술자 역시 필요한 만큼 충분하지 않다.

(a) 안타깝게도
(b) 존경할만하게도
(c) 개의치 않고
(d) 순조롭게도

해설 빈칸 앞 문장에서는 MRI의 이점과 유용성에 대해 설명하고, 뒤 문장에서는 높은 비용과 기계 및 인력의 부족이라는 MRI의 단점을 언급했다. 따라서 서로 상반된 내용을 서술하고 있으므로 '안타깝게도'로 연결하는 것이 가장 자연스럽다. 정답은 (a)이다.

어휘 resonance 울림, 공명 revolutionize 혁명을 일으키다
massive 거대한; 엄청난 three-dimensional 3차원의
interior 내부 tissue 조직 cancerous 암의
tumor 종양 pinpoint 위치를 정확하게 나타내다
regardless 개의치 않고 auspiciously 순조로이

11 (a)

해석 사실상 전 세계 어디에서나 열리는 이러한 축제는 국가, 도시 또는 지역 문화의 한 측면을 기념한다. **(a) 많은 축제는 관람객들에게 입장료를 부과하지만 모든 축제가 다 그런 것은 아니다.** (b) 일부 축제는 특정 지역의 역사에 대해 경의를 표한다. (c) 다른 축제는 특정 지역 토종의 동물이나 식물을 기념한다. (d) 그리고 또 다른 축제에서는 발명품, 어떤 일을 하는 방법, 아니면 심지어 지역 특유의 특별한 춤이나 노래를 기념할 수 있다.

해설 축제를 성격에 따라 분류한 글로, (b) Some festivals, (c) Others, (d) And other festivals로 문장을 시작하며 역사, 동식물, 기타 주제를 기념하는 축제에 대해 설명하는 나머지 문장과 달리 (a)는 축제 내 입장료에 대해 설명하고 있으므로 흐름상 어색하다.

어휘 celebrate 기념하다 aspect 측면; 양상
admission 입장(료)
pay one's respect to ~에 경의를 표하다

honor 영예를 주다 native to ~ 토종인, 원산인
invention 발명품

12 (c)

해석 미국독립전쟁의 처음 몇 달 동안, 식민군은 영국에 대항한 승리가 간절히 필요했다. (a) 사기는 처지고 있었으며, 군인들은 탈영하고 있었고, 심지어 독립을 추구하기를 포기한다는 이야기도 있었다. (b) 상황을 호전시키기 위해 미국군 총사령관인 George Washington은 영국을 위해 싸우는 독일 용병들을 대상으로 갑작스러운 습격을 계획했다. **(c) Emanuel Leutze는 이후 매우 유명한 그림인 〈델라웨어 강을 건너는 Washington〉을 그렸는데, 이는 그 사건을 영원히 살아있게 했다.** (d) 크리스마스 날, 어둠 속에서 Washington과 그의 군대는 델라웨어 강을 건너 독일 군인들을 깜짝 놀라게 했다.

해설 미국독립전쟁 당시 (a) 식민군이 처했던 어려움과 (b), (d) George Washington을 필두로 한 극복 과정에 대해 설명하는 나머지 문장과 달리 (c)는 이를 그림으로 그려낸 화가 Emanuel Leutze에 대해 설명하고 있으므로 흐름상 적절하지 않다.

어휘 American Revolution 미국 독립 전쟁
in dire need of ~을 절실히 필요로 하는
morale 사기 lag (사람, 일이) 처지다, 뒤떨어지다
desert 버리다; 탈영하다 abandon 포기하다; 버리다
quest 추구; 탐색 commander in chief 총사령관
Continental Army (미국독립전쟁의) 미국군
raid 습격, 급습 mercenary 용병
immortalize 불멸하게 하다, 영원성을 부여하다

13 (b)

해석 러시모어 산은 미국에서 가장 쉽게 알아볼 수 있는 기념물 중 하나다. 이는 George Washington, Thomas Jefferson, Theodore Roosevelt, 그리고 Abraham Lincoln까지 미국 대통령 4명의 얼굴을 특징으로 하며, 사우스다코타 주에 있는 신의 화강암 부분에 조각되어 있다. 조각가 Gutzon Borglum과 400명 이상의 작업자들이 이 프로젝트를 위해 거의 14년을 일하였고, 1941년에 완성시켰다. 미국 정부는 작업을 위임하여 산비탈에 어떤 대통령의 얼굴을 조각할지에 대해 조각가들과 협의했다. 많은 논의 이후, 그들은 마침내 각각의 대통령이 미국을 대표하거나 국가의 보전과 확장에 역할을 수행했어야 한다는 점에 동의했다. 선정된 4명은 각각 미국 역사에 중요한 기여를 했기 때문에 이러한 의견을 완벽히 충족시켰다.

Q: 지문은 주로 무엇에 관한 것인가?

(a) George Washington이 러시모어 산에 조각된 이유
(b) 러시모어 산의 역사적 배경
(c) 러시모어 산의 지리
(d) 러시모어 산을 조성하는 데 관련된 어려움

해설 4명의 미국 대통령 얼굴을 새겨 넣은 러시모어 산에 관한 글이므로 (b)가 가장 적절하다. (a) 4명의 대통령 중 1명만 설명하고 있으므로 세부 내용에 불과하고, (d) 러시모어 산을 조성하기 위해 대규모의 인력과 많은 논의 과정을 필요로 했지만 이러한 과정이 어려웠다는 내용은 아니다.

monument 기념물, 기념비   sculpt 조각하다
granite 화강암   commission 위임하다, 권한을 주다
consult with ~와 논의하다, 협의하다   represent 대표하다
play a role in ~에서 역할을 하다   preservation 보존
make a contribution to ~에 기여하다, 공헌하다
involved in ~에 관련된

14 (a)

해석

> 회원님께,
>
> 국제 천문 협회는 행성과 왜소행성의 분류와 관련하여, 특히 명왕성의 지위에 중점을 두어 회의를 개최할 것입니다. 저희는 여러분께서 참석하셔서 회의에서의 연설이나 발표에 지원해주시기를 요청드립니다. 회의는 3월 16일부터 18일까지 조지아 주 애틀랜타의 그랜드 알렉산더 호텔에서 개최될 것입니다. 모든 참석자분들께서는 늦어도 3월 10일까지 회의 참석을 위해 예약하셔야 합니다. 회의에서 여러분 뵙기를 기대합니다.
>
> 국제 천문 협회 회장 Jeremy Levine 박사 드림

Q: 편지의 목적은 무엇인가?

(a) 사람들을 회의에 초대하기 위해
(b) 소책자의 내용을 설명하기 위해
(c) 회의의 자리를 예약하기 위해
(d) 앞으로 있을 회의의 목적을 설명하기 위해

해설 다가오는 회의에 대해 알리면서 주제, 날짜, 장소, 예약 등에 대해 알리고 있다. 따라서 회의에 초대하려는 것이 편지의 주된 목적일 것이다. 정답은 (a)이다. (c), (d) 편지의 세부 내용에 그친다.

어휘 astronomical 천문학의   association 협회   host 주최하다
regarding ~에 관하여   classification 분류; 범주
dwarf planet 왜소행성   emphasis 강조; 주안점
deliver a paper 연구 발표를 하다, 논문을 발표하다
make a reservation 예약하다
no later than 늦어도 ~까지   brochure 소책자

15 (d)

해석 전 세계 사람들은 배로 이동하는 것을 수월하게 하고자 운하를 건설했다. 전 세계의 모든 운하 중에서도 수에즈 운하와 파나마 운하는 매우 중요하게 여겨져 왔다. 수에즈 운하는 지중해와 인도양을 연결하고 파나마 운하는 대서양과 태평양을 연결한다. 영국이 수에즈 운하를 건설했으며 미국이 파나마 운하를 관리했다. 두 국가는 주로 이 운하를 무역을 하고 자국의 군 병력을 전 세계로 더욱 신속하게 이동시키는 데 사용했다.

Q: 지문의 주제는 무엇인가?

(a) 수에즈 운하와 파나마 운하를 건설한 이유
(b) 미국 운하와 영국 운하의 차이점들
(c) 전 세계적으로 운하가 가장 많이 사용되는 곳
(d) 두 가지 서로 다른 운하의 중요성

해설 해상 이동에 있어 중요한 역할을 수행하는 운하에 관한 지문

으로, 그 중 가장 대표적인 수에즈 운하와 파나마 운하를 예로 들어 설명하고 있다. 따라서 정답은 (d)이다. (a) 수에즈 운하와 파나마 운하를 건설한 이유를 유추할 수는 있지만 글 전체를 포괄하는 주제로 보기는 어렵고, (b), (c) 언급되지 않은 내용이다.

어휘 construct 건설하다   canal 운하   facilitate 용이하게 하다
tremendous 엄청난   Mediterranean Sea 지중해
Atlantic Ocean 대서양   Pacific Ocean 태평양
be responsible for ~에 책임이 있다
engage in ~에 관여하다   military forces 군대
swiftly 신속하게, 재빠르게

16 (c)

해석

> ### 스타틴이 정말 안전한 콜레스테롤 저하 약제가 될 수 있는가?
> Ronald Jones
>
> 매년, 스타틴이라 불리는 콜레스테롤 약 덕분에 수천 명이 목숨을 구한다. 해당 약물은 최소한의 부작용으로 콜레스테롤 수치를 낮추는 것으로 입증되었다. 이제, 제약회사는 예방약으로서 콜레스테롤 문제가 없는 사람들에게 스타틴을 팔 계획을 하고 있다. 이러한 움직임은 많은 의료 전문가들의 걱정을 불러 일으켰다. 이들은 건강한 사람이 이러한 약물을 복용하게 되면, 심각한 건강 문제를 갖게 될 수도 있다고 주장한다. 최근 발표된 연구는 불필요하게 스타틴을 먹는 사람들에게서 2형 당뇨병의 발병 가능성이 높아졌다는 것을 발견했고, 또 다른 연구는 스타틴이 혈압을 높일 수 있다는 사실을 알아냈다. 더 많은 연구가 여전히 진행 중에 있지만, 의사들 사이에서 스타틴은 필요한 사람들에게만 사용되어야 한다는 합의가 이루어지고 있다.

Q: 스타틴에 관한 필자의 요지는 무엇인가?

(a) 다른 콜레스테롤 약보다 부작용이 더 많다.
(b) 콜레스테롤 수치를 낮추는 효과적인 방법이다.
(c) 그 외 건강한 사람들에게는 건강상의 문제를 일으킬 수 있다.
(d) 높은 콜레스테롤과 2형 당뇨를 예방하는 데 최고이다.

해설 필자는 연구결과를 토대로 당뇨병 환자들의 콜레스테롤 수치를 낮추는 약인 스타틴이 일반 건강한 사람들에게는 오히려 당뇨병을 불러올 수 있다고 주장한다. 따라서 (c)가 정답이다. (a) 스타틴은 다른 콜레스테롤 약보다 부작용이 더 적고, (b) 당뇨병 환자들에게 있어서 올바른 정보이지만 필자가 하고자 하는 말은 아니다. (d) 스타틴은 예방책으로는 효과적이지 않다.

어휘 medication 약, 약물   side effect 부작용
look to ~할 예정이다, ~하기를 바라다   professional 전문가
develop 개발하다; (병, 문제가) 생기다   chance 가능성
type-2 diabetes 2형 당뇨병   determine 알아내다, 밝히다
conduct (특정 활동을) 행하다   consensus 의견 일치, 합의
otherwise 그렇지 않으면; 그 외에

17 (d)

해석

수영장 규칙

수영장에서의 부적절한 행동으로 인해 다음과 같은 규칙이 즉시 도입되었습니다.

1. 몇 건의 기물 파손 행위로 인해, 14세 미만의 미성년자는 수영장에서 항상 어른과 동행해야 합니다.
2. 많은 사람들이 다이빙 보드 위에서 위험한 행동을 하여 다이빙 보드는 없어졌습니다.
3. 보안 장치가 비상경보기에 추가되었습니다. 만일 누군가 이 경보기를 누른다면, 빨간색 페인트가 경보기에서 뿜어져 나올 것입니다. 실제 위급 상황인 경우에만 이 경보기를 사용하십시오.

이러한 규칙이 계속해서 무시된다면, 수영장은 폐장될 것입니다.

Q: 안내문에 따르면 다음 중 옳은 것은 무엇인가?

(a) 몇몇 사람들은 최근 비상경보기를 눌렀다.
(b) 수영장은 곧 문을 닫을 것이다.
(c) 미성년자는 언제든 수영장 입장이 허용되지 않는다.
(d) 사람들은 수영장에 해를 끼쳐 왔다.

해설 수영장 내에 몇 건의 기물 파손 행위가 있었고, 다이빙 보드에서 위험한 행동을 하는 등 사람들이 부적절한 행동을 보여 수영장에서 새로운 규칙이 시행되고 있는 것이므로 (d)가 정답이다. (a) 알 수 없는 내용이고, (b) 새 규칙이 제대로 지켜지지 않을 경우, 최후의 수단으로 내릴 조치이다. (c) 미성년자는 어른과 동행 시 입장이 허용된다.

어휘 **improper** 부적절한; 부도덕한　**impose** 도입하다, 시행하다
instance 경우　**vandalism** (공공 기물의) 파괴
minor 미성년자　**accompany** 동행하다
at all times 언제나, 항상　**engage in** ~에 관여하다, 가담하다
security device 보안 장치　**emergency alarm** 비상경보기
spray out from ~에서 뿜어져 나오다

18 (a)

해석 쇠고기 스튜를 만들기 위해, 여러분은 큰 덩어리로 자른 2파운드의 쇠고기와 감자, 당근, 양파, 무 그리고 소금 및 후추가 필요합니다. 먼저, 양파를 썰고 난 후 약간의 기름을 두른 팬에 볶습니다. 쇠고기를 넣고 고기의 모든 면이 갈색이 될 때까지 익힙니다. 그 다음, 감자, 당근, 무의 껍질을 벗기고 큰 조각으로 자릅니다. 다음에는 쇠고기와 양파를 야채와 함께 커다란 냄비에 넣습니다. 냄비에 물을 충분히 부어 재료가 완전히 잠기도록 합니다. 고기와 야채가 다 익을 때까지 적어도 한 시간 정도 약불에서 스튜를 끓입니다.

Q: 지문에 따르면 다음 중 옳은 것은 무엇인가?

(a) 스튜를 요리하는 데는 적어도 60분이 소요된다.
(b) 언급된 것 이외에 다른 야채도 스튜에 추가할 수 있다.
(c) 야채는 쇠고기가 갈색으로 변하기 전에 껍질을 벗겨야 한다.
(d) 스튜에는 야채보다 고기가 많아야 한다.

해설 마지막 문장에 고기와 야채가 다 익을 때까지 약불에서 적어도 한 시간 동안 스튜를 끓이라는 내용이 나온다. 따라서 적어

도 60분은 소요될 것이므로 정답은 (a)이다. (c) 쇠고기가 갈색이 될 때까지 익힌 뒤, 야채의 껍질을 벗겨 자르라고 했으므로 오답이고, (b), (d) 알 수 없는 내용이다.

어휘 **chunk** (두툼하고 큰) 덩어리　**turnip** 순무　**pepper** 후추
chop (토막으로) 썰다　**peel** 껍질을 벗기다　**pot** 냄비
along with ~와 함께　**ingredient** 재료　**name** 이름을 대다

19 (c)

해석 우리 시의 성인 농구 리그가 다음 주에 시작됩니다. 경기에 관심이 있는 누구든지 팀 등록 또는 신인 선발을 위한 드래프트 등록을 통해 등록할 수 있습니다. 팀 등록은 친구끼리 팀을 구성하여 선수 명단을 리그 관리자에게 제출하는 것입니다. 드래프트는 팀으로 등록하지 않은 사람이라면 누구에게나 열려 있습니다. 테스트는 다음 주 일요일 오후 3시에 체육관에서 열릴 것입니다. 등록한 팀의 주장은 모두 테스트에 참여하도록 권장됩니다. 드래프트 선발 절차는 테스트가 끝나고 오후 6시에 열릴 것입니다. 모든 선수들은 경기 출전 자격을 얻기 위해서 포기 각서와 현재 건강 보험 사본을 제출해야 합니다. 또한 선수들은 체육관에 적합한 신발을 신도록 되어 있습니다.

Q: 농구 리그에 대해 다음 중 옳은 것은 무엇인가?

(a) 모든 선수들은 테스트에 참여해야 한다.
(b) 모든 선수들은 자신의 팀을 선택할 것으로 예상된다.
(c) 건강 보험이 없는 사람은 경기할 수 없다.
(d) 팀의 주장은 테스트에 참여해야 한다.

해설 안내문의 마지막 부분에 경기 출전 자격을 얻기 위해서는 포기 각서와 건강 보험 사본을 제출해야 한다고 했으므로 (c)가 정답이다. (a), (d) 팀의 주장 정도만 테스트에 참여하도록 권고된다고 했으므로 반드시 테스트에 참여해야 하는 것은 아니고, 주장을 제외한 선수들은 더더욱 그럴 의무가 없다. (b) 팀 등록의 경우에만 해당되는 내용이다.

어휘 **sign up** 등록하다　**registration** 등록
draft 드래프트 (신인선수 선발을 위한 경기)
assemble 모으다, 집합시키다　**roster** 명단
administrator 관리자, 행정인
tryout 적성 검사; (선수 선발) 테스트
take place 열리다, 개최되다　**waiver form** 포기 각서
health insurance 건강 보험　**eligible** ~할 자격이 있는

20 (b)

해석 곰치는 독특한 동물이다. 이는 열대 바다의 산호초 가까이에 살면서 물고기를 먹고 산다. 곰치는 입에 하나의 턱을 가지고 있는데, 자신의 강력한 턱과 면도칼과 같이 날카로운 이빨을 사용하여 먹이를 잡아 죽인다. 물고기를 삼키려 할 때는, 좀 더 뒤쪽에 있는 곰치의 두 번째 턱이 사용된다. 전문가들은 곰치가 음식물을 적절히 삼키도록 하는 반사 운동을 하지 않기 때문에 두 번째 턱에 의존한다고 추측한다.

Q: 곰치의 두 번째 턱의 주된 역할은 무엇인가?

(a) 물고기를 잡아 죽일 수 있게 한다.
(b) 음식물을 삼키도록 도와준다.
(c) 음식물을 씹을 수 있게 한다.

(d) 음식물의 소화를 도와준다.

해설 곰치의 독특한 두 번째 턱에 대해 설명하고 있다. 글 가운데 부분에 물고기를 삼키려 할 때, 이 두 번째 턱을 사용한다는 내용이 나오므로 (b)가 정답이다. 마지막 문장 역시 음식물을 삼키도록 해주는 반사 운동을 하지 않아 두 번째 턱에 의존한다는 내용이 나온다. (a) 첫 번째 턱에 관한 설명이고, (c), (d) 무엇이 음식물을 씹고, 소화하도록 하는지는 언급되지 않았다.

어휘 moray eel 곰치   coral reef 산호초   feed on ~을 먹고 살다
jaw 턱   razor-sharp (면도기처럼) 매우 날카로운   prey 먹이
swallow 삼키다   speculate 추측하다, 짐작하다
reflex 반사 운동, 반사 작용   digest 소화시키다

21 (b)

해석

도서관 폐쇄

시립 도서관은 시설 보수를 위해 8월에 3주간 문을 닫을 것입니다. 작업이 끝나면 도서관은 자연 과학에 관한 2천 권 이상의 책을 보유한 새로운 구역을 갖게 될 것입니다. 또한 도서관은 이 기간에 기술 센터를 최신화하여 지역 주민들이 보다 독창적인 조사를 할 수 있도록 할 것입니다. 컴퓨터는 15대에서 30대로 두 배 증가할 것입니다. 시설 보수가 진행되는 동안, 모든 연체료는 보류될 것입니다. 이 기간에 책을 빌리고자 하는 사람들은 도서관 홈페이지에서 신청할 수 있습니다. 그러면 이메일로 언제, 어디서 신청한 책을 찾아갈 수 있는지 안내받게 될 것입니다.

Q: 안내문에 따르면 시립 도서관에 대해 다음 중 옳은 것은 무엇인가?

(a) 몇 대의 새 컴퓨터를 방금 설치했다.
(b) 사람들이 이메일로 책을 빌려가도록 허용할 것이다.
(c) 최근 일부 시설 보수를 진행했다.
(d) 물리 과학 책 소장을 확장시키려 한다.

해설 시설 보수를 위해 도서관이 한동안 폐쇄됨을 알리는 안내문으로, 마지막 부분에 보면 보수 기간 동안에는 홈페이지에서 책을 신청하고 이메일을 통해 이와 관련한 안내를 받을 수 있다고 했으므로 (b)가 정답이다. (a), (c) 앞으로 있을 일이고, (d) 물리 과학이 아닌 자연 과학 책 소장을 확장시키려는 것이다.

어휘 renovation 수선; 수리   conduct (특정 활동을) 수행하다
ongoing 진행 중인   overdue fee 연체료
waive 포기하다; 보류하다   check out (책을) 대출하다
file a request 요청하다   instructions (pl.) 지시, 설명
install 설치하다   undergo 겪다, 경험하다
intend to ~하려고 하다, ~할 작정이다

22 (d)

해설 서사시는 종종 고대 문명에서부터 전해 내려오는 긴 이야기이다. 아마 서양 문명에서 가장 잘 알려진 서사시 두 편은 Homer의 〈일리아드〉와 〈오디세이〉일 것이다. 서사시로 인정받기 위해서는 시가 가져야 할 몇몇 특징이 있다. 그 중 하나는 영웅에 관한 것이다. 서사시에서, 영웅은 일반적으로 이야

기가 벌어지는 사회의 문화적 가치를 구현한다. Homer의 시에서 Achilles는 위대한 전사였으며 Odysseus는 매우 기지가 뛰어난 사람이었다. 싸우는 것과 두뇌를 사용하는 것 모두 고대 그리스인들에 의해 높이 평가되었던 것이다. 게다가, 서사시는 대개 전쟁 또는 위대한 모험과 관련된다. 서사시 속 등장인물들은 종종 괴물, 악마, 신이나 여신과 우연히 마주치며, 마법을 사용하여 싸워서 물리치기도 한다.

Q: 지문으로부터 서사시에 대해 추론할 수 있는 것은 무엇인가?

(a) 그리스에서 최초로 쓰였다.
(b) 주로 한 남자에 대한 이야기다.
(c) 일반적인 사건을 묘사한다.
(d) 종종 호전적인 이야기를 다룬다.

해설 추론 문제이므로 글 전체를 조망하여 풀어야 한다. 영웅에 대한 이야기라고 했고, 전쟁이나 위대한 모험과 관련된다고 말하며 다양한 존재와 싸워 이들을 물리친다고 했으므로 주로 호전적인 내용을 다룬다고 추론하는 (d)가 가장 적절하다. (a) 서사시가 고대 문명에서 내려오는 이야기이기는 하지만 그리스에서 최초로 쓰였는지는 알 수 없다.

어휘 epic poem 서사시   civilization 문명
characteristic 특징   concern ~에 관한 것이다, ~에 관련되다
embody 구현하다, 상징하다   warrior 전사
resourceful 기지가 뛰어난   encounter (우연히) 마주치다
demon 악마, 귀신   bellicose 호전적인

23 (c)

해설 르네상스 시대의 가장 위대한 예술가 중 한 사람은 바로 Michelangelo였다. 예술가로서 그의 실력은 너무 뛰어나서 많은 사람들은 그를 그 시대 이후 최고의 화가이자 조각가로 여긴다. 어쨌든, Michelangelo는 서양 역사에서 가장 유명한 예술 작품 중 두 가지를 만들어냈다. 그의 최고 조각품인 〈다비드〉는 그가 30세가 되기 전에 만들어졌다. 하지만 Michelangelo의 진정한 걸작은 〈최후의 심판〉이었다. 이는 바티칸에 있는 시스티나 성당의 천장을 덮는 프레스코화이다. 이는 성경에서 언급된 종말에 대한 묘사이다.

Q: Michelangelo에 대해 추론할 수 있는 것은 무엇인가?

(a) 그의 예술적 영향력은 유럽 너머에 이르렀다.
(b) 그는 〈다비드〉라는 그림을 그렸다.
(c) 그의 작품 일부는 매우 유명하다.
(d) 그는 르네상스 시대에 예술 운동을 시작했다.

해설 르네상스 시대의 위대한 예술가 Michelangelo와 그의 유명 작품인 〈다비드〉와 〈최후의 심판〉에 대해 서술하고 있으므로 그의 몇몇 작품이 매우 유명하다고 추론하는 (c)가 정답이다. (a) 언급되지 않은 내용이고, (b) 그는 〈다비드〉라는 조각상을 만들었다. (d) 르네상스 시대에 활동한 예술가이지, 예술 운동을 시작한 것은 아니다.

어휘 Renaissance 르네상스   sculptor 조각가
be responsible for ~에 책임이 있다, ~을 담당하다
celebrated 유명한   turn (어떤 나이가) 되다
masterpiece 걸작   ceiling 천장   depiction 묘사
apocalypse 종말; 묵시, 계시   movement 운동

24 (d)

해설 미국의 교도소 인구는 지난 수십 년 동안 전례 없을 정도로 급증해왔다. 이에 대한 이유를 제시하는 두 가지 상반된 주장이 있다. 첫째는 법 집행이 사람들을 체포하는 데 있어 훨씬 더 잘 되고 있다는 것이다. 이러한 이론에 동의하는 사람들은 범죄 현장의 더 나은 수사 방법이 한 때 해결할 수 없다고 여겨지던 사건들을 오늘날 더 쉽게 해결하도록 한다고 주장한다. 이들은 DNA 검사를 검찰이 보다 많은 유죄 판결을 이끌어 냄으로써 결국 보다 많은 사람들을 교도소에 보내게 된 주된 이유 중 하나로 언급하고 있다. 다른 이론은 많은 사람들이 경범죄로 수감되고 있다는 것이다. 이들은 검찰이 벌금 또는 다른 가벼운 형태의 처벌이 더 적합한 경우에도 사람들에게 징역형을 요구한다고 말한다.

Q: 지문으로부터 추론할 수 있는 것은 무엇인가?

(a) 너무 많은 사람들이 자신이 저지르지 않은 범죄로 감옥에 있다.
(b) 미국에는 교도소 인구를 수용할 충분한 감옥이 없다.
(c) 경찰은 범죄 예방법을 변경해야 한다.
(d) 미국의 교도소는 그 어느 때보다 붐비고 있다.

해설 미국 교도소의 수감자 수가 크게 증가한 현상에 대해 두 가지 의견을 제시하고 있으므로 미국의 교도소가 그 어느 때보다 붐비고 있음을 쉽게 추론할 수 있다. 정답은 (d)이다.

어휘 surge 급증하다   law enforcement 법 집행
apprehend 체포하다, 구금하다
subscribe to ~에 동의하다, 지지하다
crime scene 범죄 현장   unsolvable 해결할 수 없는
cite (이유, 예로) 들다; 인용하다   prosecutor 검찰
conviction 유죄 판결   imprison 감금하다, 투옥하다
a petty crime 경범죄   sentence 형, 선고

25 (b)

해석

변화하는 결혼에 대한 견해
Daniel Green

단 몇 세대 전에만 해도, 결혼이란 제도는 비할 수 없는 존경으로 유지되었다. 남편과 아내는 행복한 연합을 유지하기 위해 어떤 고생도 마다하지 않았고, 최소한 혼인의 축복이라는 겉모습이라도 유지하려 했다. 그러나 1960년대와 1970년대의 반문화 시대에, 결혼에 대한 견해가 바뀌기 시작했다. 이는 더 이상 성스러운 연합으로 여겨지지 않고, 두 사람 간의 인위적인 사회 유대로 여겨졌다. 오늘날, 치솟는 이혼율과 점점 더 흔해지는 부정의 문제로, 많은 사람들은 미래 사회의 결혼이 어떻게 될지 마땅히 걱정하고 있다.

Q: 결혼에 대해 필자가 가장 동의할 것 같은 문장은 무엇인가?

(a) 증가하는 이혼율로, 사라질 위기에 놓여 있다.
(b) 시간이 지나면서, 한때 그랬던 것처럼 좋게 여겨지지 않는다.
(c) 변화하는 사회의 요구에 부응하기 위해 조정되어야 한다.
(d) 부정의 문제로 인해 예전처럼 인기 있지 않다.

해설 본래 영광스럽게 여겨졌던 결혼이라는 제도가 점차 그 지위를 잃어가고 있다는 내용이 나오므로 필자는 시간이 지나면서 결혼이 예전처럼 여겨지지 않는다는 (b)에 가장 동의할 것이다. (a) 이혼율이 증가하는 것은 사실이지만 사라질 것이라 보는 것은 논리적 비약이고, (c) 결혼 제도의 변화를 요구하는 기사는 아니다. (d) 결혼이 줄어드는 것 역시 사실이지만 그것이 인기의 문제라고 보기는 어렵다.

어휘 institution 기관, 단체; 제도   hold 유지하다 (maintain, uphold)
unparalleled 비할 데 없는, 유례없는   esteem 존경, 경의
go to great lengths to ~하기 위해 무엇도 마다하지 않다
façade (건물의) 정면; (사물의) 외관
counter- 반 ~, 역 ~   artificial 인위적인, 인공의
bond 유대, 끈   skyrocket 급등하다, 치솟다
infidelity (배우자에 대한) 부정   adjust 조정하다, 조절하다

26-27 (a), (c)

해석

전쟁에서의 헬리콥터

여러 발명가들이 20세기 초 헬리콥터 설계에 착수했고, 1930년대에 독일인들이 최초로 실용적인 디자인을 만들어냈다. 헬리콥터는 2차 세계 대전에서 잠시 사용되었지만, 한국 전쟁에 이르러서야 광범위한 군사적 목적으로 사용되었다. 당시, 미군은 이를 전장에서 부상을 입은 군인들을 철수시키는 데 사용하였다. 1960년대, 미국인들은 대규모로 헬리콥터를 사용하기 시작했는데, 이는 많은 수의 군대를 전장으로 신속히 보냄으로써 적군을 놀라게 할 수 있었다.

베트남 전쟁 동안, 헬리콥터는 미국의 전쟁 활동의 중심이었으며, 심지어는 그 자체로 전쟁의 상징이 되었다. 하지만 헬리콥터는 적의 지상 공격에 취약한 것으로 증명되었으며, 수천 대가 격추되었다. 베트남 전쟁 이후 수년 동안, 미군은 화력이 더욱 세고 일반 사병 보호에 더욱 뛰어난 보다 최첨단의 헬리콥터를 설계하고 제작했다. 이러한 새로운 설계는 1차 및 2차 걸프전에서 그 가치를 증명했다.

26 Q: 지문의 주제는 무엇인가?

(a) 역사 내내 전쟁에서 사용된 군 헬리콥터
(b) 독일인들이 1930년대에 만들어낸 헬리콥터 디자인
(c) 역사상 가장 파괴적인 헬리콥터 사고
(d) 베트남 전쟁과 전쟁용 헬리콥터의 사용

27 Q: 전쟁에서 헬리콥터를 사용하는 것의 문제는 무엇이었는가?

(a) 설계가 잘못되어 자주 망가졌다.
(b) 적을 공격하기에 화력이 충분하지 않았다.
(c) 적에 의해 쉽게 발견되고 격추당했다.
(d) 지상의 적을 쏘기에 너무 느렸다.

해설 26 헬리콥터가 발명된 이래로 전쟁에서 어떻게 사용되었는지에 대한 글이므로 (a)가 정답이다.

27 두 번째 문단에 답이 제시되어 있다. 헬리콥터는 적의 지상 공격에 취약하여 수천 대가 격추되었다고 했으므로 (c)가 가장 적절하다. (a) (c)의 취약점을 보완하기 위해 다시 설계되었지만, 애초에 설계가 잘못되었던 것은 아니고, (b) 적을 공격할

수 없을 정도로 약한 화력이나 (d) 느린 속도에 대한 언급은 없었다.

어휘 produce 생산하다; 만들어 내다
practical 현실적인; 실용적인 extensive 광범위한, 대규모의
evacuate 대피시키다 wounded 부상을 입은
battlefield 싸움터, 전장 enemy 적(군) swiftly 신속하게
troop 병력, 군대 mainstay 중심, 대들보
effort 노력; 활동 prove 증명하다 vulnerable 취약한
shoot down ~을 격추하다, 총으로 쏘아 넘어뜨리다
sophisticated 정교한; 첨단의 firepower 화력
devastating 파괴적인 break down 고장 나다

28-29 (a), (d)

해석

안녕, Cassy. 우리 진짜 오랜만에 대화한다. 어떻게 지냈어? 난 네가 새 직장을 구했다고 들었는데, 그건 어떻게 되고 있고?

사실 그게 내가 너에게 메시지를 보내는 이유 중에 일부야. 나는 최근에 내 고용계약이 내년까지 연장되지 않는다는 걸 알았거든. 그래서 혹시라도 너희 회사에 나한테 추천해 줄만한 일자리가 있는지 궁금해서. 나는 특히 재고 관리에 관련한 직무에 적격이야. 만약 네가 어떤 도움이라도 준다면, 정말 고맙게 받을게.

잘 지내!

안녕, Jack. 네 직장이 그렇게 되다니 유감이다. 지금 당장은 재고 관리에 가능한 자리가 없는 것 같아. 하지만 그건 우리 부서가 아니어서, 그쪽에서 무엇이 필요한지는 잘 몰라. 내가 할 수 있는 건 그쪽 부장님께 연락해서 고용이 예정되어 있는지 물어보는 것뿐이야. 부장님께 연락을 받으면 메시지를 보낼게.

조만간 다시 이야기하자.

28 Q: 메시지에서 화자가 주로 이야기하고 있는 것은 무엇인가?

(a) Cassy의 회사 내에서 가능한 일자리
(b) Jack의 구직 신청 현황
(c) 새로운 직장에서 Cassy의 만족도
(d) 재고 관리 부서의 변화

29 Q: 메시지에 따르면 다음 중 옳은 것은 무엇인가?

(a) Cassy는 재고 관리 부서의 부장과 친구이다.
(b) Jack은 현재 실직 상황에 있다.
(c) Jack의 가장 최근 직무는 재고 관리자였다.
(d) Cassy는 Jack의 요청에 관해 알아볼 것이다.

해설 28 전반적으로 고용계약이 연장되지 않는 Jack이 Cassy에게 회사에 재고 관리와 관련한 일자리가 있는지 물어보고 있는 대화이므로 정답은 (a)이다. (b) Jack은 아직 구직 활동을 하고 있지 않다.

29 Cassy는 재고 관리 쪽 부장님께 연락해서 고용에 관해 물어보고 연락을 준다며 메시지를 마무리하고 있다. 따라서 Cassy가 Jack의 요청에 관해 알아볼 것이라는 (d)가 가장 적절하다. (a) Cassy가 재고 관리 부서의 부장님께 연락해 본다

는 말로 둘이 친구일 것이라 보기는 어렵고, (b) Jack은 아직 현 회사에 고용되어 있는 상태다. (c) Jack이 재고 관리에 관련한 직무에 적격이라고 해서 이전 직무가 재고 관리자일 것이라 단정 짓기는 어렵다.

어휘 chat 이야기하다, 수다 떨다 notify 알리다, 통지하다
contract 계약 extend 연장하다; 확장하다 chance 가능성
position (일)자리 qualify 자격을 주다
inventory management 재고 관리 available 이용 가능한
get in touch with ~와 연락하다
look to ~할 예정이다; ~하기를 바라다
status 신분, 지위; 상황 satisfaction 만족(감)
unemployed 실직한 inquire 묻다, 알아보다

30-31 (b), (c)

해석

Tim에게,

너에게 할 정말 중요한 부탁이 있어. 이렇게 하는 것이 괜찮을지 아닐지는 모르겠지만, 내가 지금 곤경에 처해 있어서. 너한테 돈을 좀 빌려야 할 것 같아. 난 원래 돈을 잘 빌리지 않지만, 오늘 학적과에서 전화가 왔는데 이번 주까지 등록금 잔액을 지불해야 한다고 하더라고. 직원은 내가 그때까지 수업료를 지불하지 않으면, 모든 수업을 철회해야 할 것이라고 했어.

너도 알다시피 나는 아르바이트를 하고 있고 원래 월급날은 이번 주였어. 안타깝게도 사장님의 개인적인 이유로 미뤄진 거야. 다음 주 중반에야 받을 수 있을 거라고 하시더라. 그래서 나한테 몇 백 달러만 빌려준다면, 다음 주까지 갚을 수 있어. 금액이 크다는 것은 알고 있어. 그리고 나도 이렇게 하는 것이 싫지만 이번 한 번만 나를 도와줄 수 없을까? 만약 네가 부탁한다면 나도 똑같이 해줄 거라는 걸 너도 알 거야.

너의 친구 Matt가

30 Q: Matt가 친구로부터 돈을 빌리는 이유는 무엇인가?

(a) 자신의 생활비를 충당해야 한다.
(b) 등록금을 지불할 돈이 충분하지 않다.
(c) 아르바이트로 충분한 돈을 벌지 못하고 있다.
(d) 방금 등록한 수업의 수강료를 내고자 한다.

31 Q: 편지로부터 추론할 수 있는 것은 무엇인가?

(a) Matt는 Tim으로부터 그의 돈을 빼앗으려 하고 있다.
(b) Matt는 제대로 돈을 관리하지 못하고 있다.
(c) Matt는 Tim이 경제적으로 어려움에 처한다면 돈을 빌려줄 것이다.
(d) Matt의 대학은 비싼 등록금과 양질의 교육으로 잘 알려져 있다.

해설 30 첫 번째 문단에서는 등록금을 내야 하는 자신의 상황을 설명하고, 두 번째 문단에서는 아르바이트 월급을 받는 날이 갑작스레 미뤄져서 현재 등록금을 낼 돈이 없다는 내용이 나온다. 따라서 등록금을 낼 돈이 없다는 (b)가 가장 적절하다.

31 편지의 마지막 문장에 Matt는 Tim이 이러한 부탁을 한다면 자신도 동일하게 돈을 빌려줄 것이라고 말한다. 따라서 Tim이 경제적으로 어려움에 처한다면 Matt가 돈을 빌려줄 것이라 추

론하는 (c)가 정답이다. (a) Matt가 Tim에게서 돈을 빼앗으려는 것은 아니고, (b) Matt가 현재 등록금을 내지 못한 것은 갑작스럽게 아르바이트 급여가 미뤄졌기 때문이므로 돈 관리를 못한다고 보기는 어렵다. (d) Matt의 대학에 관한 내용은 언급되지 않았다.

어휘 in a bind 곤경에 처한   Registrar's office 학적과
demand 요구하다   tuition 수업료, 등록금
withdraw 철회하다; 취소하다   a part-time job 아르바이트
payday 급여일   help ~ out ~을 도와주다
cover (비용을) 대다, 충당하다   living expenses 생활비
sign up for ~에 신청하다, 등록하다
do a poor job 제대로 못하다, 엉망으로 하다
financial 경제적인, 재정적인

32-33 (c), (d)

해석

건강해지고 싶으요? 그럼 움직이세요!

John Spencer

　건강해지는 방법은 셀 수 없이 많다. 많은 전문가들은 유산소 운동을 하라고 권한다. 이는 걷기, 조깅, 하이킹, 그리고 축구나 농구와 같이 많은 움직임을 수반하는 어떤 운동이든 포함한다. 유산소 운동은 심장 근육을 강화시키고, 몸이 에너지를 소비하고 지방을 태우도록 한다. 그러나 유산소 운동은 활동적이고 빠르게 진행되기 때문에 지나치게 할 경우 무릎, 엉덩이 또는 발목 부상을 일으킬 수 있다. 이는 특히 과체중인 사람이나 몸이 좋지 않은 사람들에게 사실이다.

　유산소 운동을 시작하는 가장 좋은 방법은 걷는 것이다. 이는 거의 모든 곳에서 할 수 있으며, 편안한 신발 이외에 특별한 장비를 요구하지 않는다. 하루에 20분 이상 걷는 것은 몸의 에너지 수준을 증가시키며, 보다 격렬한 활동을 함으로써 입게 되는 어떤 부상이든 걱정하지 않고 체중을 감소시키도록 도울 것이다. 관절 부상의 위험성을 줄여줄 뿐 아니라, 관절 통증 또한 완화시킬 것이며 몸의 면역 기능 또한 증진시킬 것이다. 그러니 나가서 걸어라!

32 Q: 뉴스 기사의 목적은 무엇인가?

　(a) 운동하는 사람들을 즐겁게 해주기 위해
　(b) 필자가 개발한 새로운 걷기 프로그램을 광고하기 위해
　(c) 사람들에게 걷기가 쉽고 좋은 유산소 운동이라는 사실을 알려주기 위해
　(d) 유산소 운동의 위험성을 경고하기 위해

33 Q: 뉴스 기사로부터 추론할 수 있는 것은 무엇인가?

　(a) 걷기는 비만인 사람들에 의해서만 행해져야 한다.
　(b) 걷기는 모든 운동 중에서 가장 편리하고 효과적인 운동이다.
　(c) 오늘날 사람들은 걷기에 많은 시간을 들이지 않는다.
　(d) 걷기 이외에도 다른 유형의 유산소 운동이 있다.

해설 32 유산소 운동을 소개하고 그 중 가장 단순하고 위험성이 적은 걷기를 소개하고 있으므로 (c)가 정답이다. (b) 일반적인 걷기 운동을 설명하고 있고, (d) 유산소 운동의 위험성이 언급되기는 하지만 이것이 뉴스 기사의 목적에 해당하지는 않는다.

33 글의 처음 부분에 유산소 운동을 소개하면서 걷기, 조깅, 하이킹 등 여러 종류의 운동을 소개하고, 그중 걷기에 초점을 맞춰 글을 전개하는 것이므로 (d)가 가장 적절하다. (a) 부상의 위험이 적다고 해서 비만인 사람들만 걷기를 할 수 있는 것은 아니고, 선택지에 always, everyone, only와 같은 한정적인 표현이 나오면 오답일 가능성이 크다. (b) 걷기를 유산소 운동 중 가장 좋은 방법이라고 소개했을 뿐, 다른 종류의 운동과 비교하지는 않았고, (c) 오늘날 사람들의 운동 시간에 대한 언급은 없었다.

어휘 countless 수많은   aerobic exercise 유산소 운동
strengthen 강화시키다   burn 태우다, 태워 없애다
fast-paced 빠르게 진행되는
overextend oneself (능력 이상으로) 과도하게 하다
out of shape (외형적으로) 몸이 안 좋은
vigorous 활발한; 격렬한   risk 위험(성)   joint 관절
ease 완화시키다; (고통을) 덜어 주다
boost 신장시키다, 북돋우다   immune function 면역 기능
entertain 즐겁게 해주다 (amuse)   obese 비만인
besides ~외에

34-35 (d), (a)

해석

뉴욕에서 어디서 먹어야 할까

살스 델리는 뉴욕의 리틀 이탈리아 중심부에 위치한 정다운 패밀리 레스토랑입니다. 1946년 개점한 살스 델리는 고급 요리의 상징입니다. 이는 Salvatore D'Angelo, 짧게는 Sal이라 불리는 고향에서 의사였던 이민자에 의해 시작되었습니다. 운 좋게도, 그는 자신의 어머니의 요리법을 미국에 들여왔습니다. 좋은 음식을 제공하는 작고 아늑한 이 가게는 이탈리아계 미국인 사교 클럽 근처 코를레오네가 234번지에 위치하고 있으며, 일요일과 국경일을 제외하고 매일 오전 8시부터 오후 11시까지 영업합니다.

다양한 종류의 샌드위치로 유명한 살스 델리의 가격과 우수한 맛은 누구도 이길 수 없습니다. 살스 델리의 훈제 칠면조 호밀 샌드위치는 지난 7년 동안 미국 최고 샌드위치 상을 세 번 수상했습니다. 살스 델리는 최고급의 고기, 빵, 치즈 및 야채만을 사용합니다. 포장 메뉴도 있다는 걸 잊지 마십시오. 그러니, 세계 최고의 샌드위치를 원하신다면 살스 델리에 들르는 것을 기억해 주십시오. 후회하지 않으실 것입니다.

34 Q: 광고에 따르면 살스 델리에 대해 다음 중 옳은 것은 무엇인가?

　(a) 시내의 다른 식당들보다 가격이 비싸다.
　(b) 이탈리아계 미국인 사교 클럽 바로 옆에 위치한다.
　(c) 해마다 미국 최고 샌드위치 상을 수상한다.
　(d) 최고급으로 생각되는 재료를 사용한다.

35 Q: Sal에 대해 추론할 수 있는 것은 무엇인가?

　(a) 그는 이탈리아에서 태어나 미국으로 이민을 갔다.
　(b) 그는 미국으로 왔을 때 의사가 될 수 없었다.
　(c) 그의 어머니가 큰 병을 앓고 있었기에 의사가 되었다.
　(d) 그는 고향에서 식당을 열었지만 성공적이지 못했다.

해설 34 옳은 사실을 찾는 문제는 지문과 선택지를 비교, 대조하며 읽어 나가는 것이 좋다. (a) 두 번째 문단 첫 번째 줄에 살스 델리의 가격은 누구도 이길 수 없다고 했고, (b) 위치는 이탈리아계 미국인 사교 클럽의 근처이다. (c) 미국 최고 샌드위치 상을 7년 동안 3번 수상했고, (d) 광고 마지막 부분에 보면 최고급의 고기, 빵, 치즈, 야채만을 사용한다고 했으므로 (d)가 정답이다.

35 광고는 Sal을 미국으로 건너 온 이민자로 소개하며, 어머니의 요리법을 통해 이탈리안 레스토랑을 시작했다고 이야기하고 있으므로 Sal이 이탈리아에서 태어나 미국으로 이민을 갔을 것이라 추론하는 (a)가 가장 적절하다. (b) 미국으로 왔을 때 의사가 될 수 없어 레스토랑을 시작한 것인지, 될 수 있었음에도 불구하고 레스토랑을 시작한 것인지는 알 수 없고, (d) 고향에서 의사였지만 (c) 의사가 된 이유는 언급되어 있지 않다.

어휘 locate 위치시키다　establish 설립하다, 세우다 (found)
landmark 랜드마크, 주요 지형지물　cuisine 요리
immigrant 이민자　recipe 요리법　cozy 아늑한, 포근한
national holiday 국경일　a wide range of 광범위한, 다양한
beat 이기다　smoked 훈제한; 그을린　rye 호밀
drop by ~에 (잠깐) 들르다　superior 우수한

Actual Test 02

1	(b)	2	(a)	3	(c)	4	(d)	5	(a)
6	(c)	7	(b)	8	(b)	9	(a)	10	(c)
11	(a)	12	(d)	13	(a)	14	(b)	15	(a)
16	(c)	17	(d)	18	(b)	19	(d)	20	(d)
21	(b)	22	(a)	23	(d)	24	(d)	25	(d)
26	(c)	27	(a)	28	(d)	29	(d)	30	(d)
31	(a)	32	(b)	33	(c)	34	(b)	35	(a)

---

1 (b)

해석 진정한 노동조합주의는 산업 혁명이 계속해서 전파되던 19세기 초에야 시작되었다. 영국, 미국 및 많은 유럽 국가에서, 노동자들은 공장 소유주들에 의해 착취당했는데, 이들은 노동자들이 낮은 임금으로 장시간 일하기를 바랐다. 조합은 조합원들의 더 나은 근무 조건을 협상하기 위해 파업의 힘을 이용했다. 현재, 노동법은 여러 국가에서 노동자들의 권리를 보호하고 있지만, 조합은 _____ 불만을 표출하기 위해 여전히 존재한다.

(a) 공장 소유주들을 착취하고
(b) 노동 조건에 대해 협상하고
(c) 소유주와 함께 일하고
(d) 노동자들을 고용하거나 해고하고

해설 빈칸 앞에 unions still exist to ~라는 내용이 나오므로 빈칸에는 여전히 노동조합이 존재하는 이유가 들어가야 한다. 노동조합은 낮은 임금으로 장시간 일하기를 바라던 공장 소유주에 대항하여 생겨난 것이며, 파업을 통해 근무 조건을 협상하

곤 했으므로 (b)가 가장 적절하다.

어휘 unionism 노동조합주의　exploit 착취하다　wage 임금
union 조합, 동맹　strike 파업　negotiate 협상하다
condition 환경; 조건　air (의견을) 발표하다
grievance 불만　alongside ~와 함께, 나란히

---

2 (a)

해석 악어는 허파 주변에 대부분의 다른 파충류보다 더 많은 근육을 가지고 있다. 최근 한 연구는 악어가 수영을 하는 동안 몸을 움직이는 데 이러한 근육을 사용한다는 사실을 밝혔다. 근육은 허파를 움직이고, 내부의 공기는 물속에서 악어가 몸의 각도를 바꾸도록 한다. 잠수하기 위해서, 악어는 허파를 뒤쪽으로 당기고, 이는 부력을 변화시켜 앞쪽이 더 무겁도록 만든다. 물 위로 떠오를 때는 허파를 뒤로 당겼던 근육이 _____, 이는 몸 앞쪽의 부력을 더 커지게 하여 악어가 떠오르는 것을 돕는다.

(a) 이제 허파를 앞쪽으로 밀어내는데
(b) 악어를 옆으로 돌게 하는데
(c) 보다 많은 산소를 얻으려고 하는데
(d) 그 후 악어를 가라앉게 하는데

해설 빈칸이 있는 문장 앞에 악어가 잠수할 때 허파를 뒤쪽으로 당긴다는 설명이 있다. 따라서 물 위로 떠오를 때는 근육이 반대로 움직여 허파를 앞쪽으로 밀어낼 것이다. 정답은 (a)이다.

어휘 alligator (미국산) 악어　lung 폐　reptile 파충류
shift 옮기다, 이동하다; 자세를 바꾸다　dive 잠수하다
buoyancy 부력　surface 수면으로 올라오다
strive to ~하려고 고군분투하다, 노력하다
submerge 잠수하다; (물속에) 잠기다

---

3 (c)

해석 길 한쪽에서 타이어를 교체하는 것은 _____ 이다. 만일 교체할 타이어가 도로에 더 가까운 쪽에 있는 경우, 당신은 지나가는 차에 치여 다치거나 심지어는 사망할 수도 있다. 이는 사람들이 생각하는 것보다 더 자주 발생하며, 특히 차량의 속도가 매우 빠른 고속도로에서 더욱 그러하다. 타이어가 펑크 난 경우, 당신은 분명 타이어를 교체하기 위해 차를 세워야 한다. 어디에 세우는가에 따라 목숨을 구할 수 있다. 도로에서 멀리 떨어진 넓고 탁 트인 곳이 가장 좋을 것이다. 이러한 장소로는 주유소, 식당, 휴게소 등이 있다.

(a) 많은 사람들이 인생에서 적어도 한 번은 해야 할 일
(b) 상대적으로 신속하게 처리될 수 있는 일
(c) 누구에게나 가장 위험한 일 중 하나
(d) 대부분의 사람들에게 운전을 하는 데 있어 가장 어려운 측면

해설 도로 위에서의 타이어 교체에 관한 내용이다. 빈칸 뒤에 다치거나 심지어 사망할 수도 있다는 내용이 왔으므로 타이어 교체가 위험한 일이라는 것을 알 수 있다. 따라서 정답은 (c)이다.

어휘 traffic 차량; 교통(량)　injure 부상을 입히다
vehicle 차량, 탈 것　excessive 과도한
flat tire 바람 빠진 타이어　gas station 주유소

rest stop 주차장; 휴게소   relatively 상대적으로
swiftly 신속하게   aspect 측면, 양상

opening night (연극, 영화의 개막, 개봉) 첫날 (밤)
consecutive 연속하는   spinster 미혼 여성, 노처녀
take center stage 무대 중심을 차지하다, 주목을 받다
beforehand 미리, 사전에   revamp 개편하다; 개조하다

4   (d)

해석 도플러 효과란 간단한 설명과 사례를 통해 아주 쉽게 설명될 수 있는 물리학 현상이다. 음원이 사람 쪽으로 다가갈 때, 음의 높이는 음원이 사람에게 가까워지면서 더욱 높게 들리고, 음원이 사람으로부터 멀어질 때는 그 높이가 더욱 낮아진다. 예를 들어, 구급차가 사이렌을 울리면서 정지해 있는 사람을 향해 다가온다면, 그 사이렌 소리는 매우 높게 들린다. 사실, 이는 음원이나 관찰자가 움직이지 않는 경우보다 더욱 높게 들린다. 하지만 구급차가 그 사람을 지나치면, 모두 정지해 있는 경우보다 _____.

(a) 음원은 계속 정지해 있다
(b) 소리는 강해진다
(c) 소리는 훨씬 더 높아진다
(d) 소리는 낮은 음으로 내려간다

해설 정지해 있는 관찰자 쪽으로 음원이 다가오면 소리가 높아지고, 멀어지면 낮아지는 도플러 효과에 대한 설명이다. 빈칸이 있는 문장은 음원인 구급차가 사람을 지나쳐 가는 경우를 설명하고 있으므로 소리는 낮아질 것이다. 따라서 정답은 (d)이다. 빈칸이 있는 문장이 yet으로 시작했으므로 도플러 효과를 잘 이해하지 못했더라도 소리가 높아진다는 앞 문장과 반대되는 설명을 고를 수 있다.

어휘 phenomenon 현상   physics 물리학
describe 설명하다, 묘사하다   sound source 음원
pitch 음의 높이   blare (소리를) 요란하게 울리다
still 정지한, 움직이지 않는   observer 관찰자
intensity 강도

5   (a)

해석 로웰 타운 플레이어즈는 _____을 알리게 되어 기쁩니다. 12월의 하이라이트 공연은 Charles Dickens의 〈크리스마스 캐롤〉로 Joseph Fields가 Ebenezer Scrooge 역을 맡을 것입니다. 첫 공연은 12월 2일 토요일에 있을 것이고, 연극은 3주 연속 토요일에 공연될 것입니다. 1월에는 노처녀의 살인에 관한 고전 〈비소와 낡은 레이스〉가 3일 밤 연속 주요 공연이 될 것입니다. 모든 공연은 저녁 8시에 시작합니다. 입장권은 미리 예매하시거나 현장에서 구매해 주십시오.

로웰 타운 플레이어즈

(a) 저희의 겨울 공연 일정
(b) 앞으로 상영될 가능성이 있는 연극
(c) 올해 입장권 가격이 그대로 유지될 것
(d) 웹사이트가 전면적으로 개편되었음

해설 12월과 1월에 있을 중요한 공연 작품들을 소개하는 안내문이다. 따라서 겨울 공연 일정을 알리게 되어 기쁘다는 (a)가 가장 적절하다. (b) 안내문은 상연 가능성이 있는 공연을 알리고 있는 것이 아니라 스케줄이 확정된 공연을 알리고 있다.

어휘 highlight 하이라이트, 가장 흥미로운 부분   role 역할; 배역

6   (c)

해석 미국 대통령을 보호하는 것은 하루 종일 해야 하는 비용이 많이 드는 일이다. 비밀 검찰국이 이러한 업무를 담당하므로, 요원들은 대통령이 어느 곳에 가든, 심지어 다른 국가까지도 따라다닌다. 외국 방문을 며칠 혹은 몇 주 앞두고, 비밀 검찰국의 요원들은 대통령이 방문할 국가를 찾아가 그곳의 경찰 및 군대와 보안 대책 업무를 조정한다. 대통령이 대통령 전용기를 타고 이동하는 동안, 몇 대의 다른 비행기가 그 뒤를 따른다. 이는 대통령의 특별 리무진과 지상에서 그를 보호할 사람들을 실어 나른다. 암살자들은 미국 역사상 네 명의 대통령을 살해했으며, 몇 명의 대통령에게도 시도한 적이 있다. 따라서 위협은 _____.

(a) 외국에서 더욱 위험하다
(b) 무시될 수 있는 것이다
(c) 매우 실제적이며 심각하게 받아들여진다
(d) 대부분의 사람들이 생각하고 있다

해설 빈칸 이전에 역사상 실제로 암살된 대통령들이 있으며, 암살 시도를 당한 대통령 또한 존재한다는 내용이 나오므로 위협이 실재한다는 것을 알 수 있다. 따라서 정답은 (c)이다. (b) 글의 내용과 상반된다.

어휘 full-time 전 시간 근무의, 상근의
be responsible for ~에 책임이 있다; ~을 담당하다
agent (공공 기관의) 직원   coordinate 조정하다, 편성하다
security measures 보안 조치, 보안 대책
Air Force One 에어 포스 원 (미국의 대통령 전용기)
assassin 암살자   make an attempt 시도하다

7   (b)

해석
안녕 Linda.

토요일 밤에 _____ 물어보려고. Dave의 회사에서 토요일에 연례 연회를 여는데, 거기 참석해야 하거든. 우리 엄마가 아이들을 봐주기로 했었지만, 몸이 좋지 않으셔서 그렇게 할 수 없을 것 같아. 오늘이 금요일이니까 갑작스러운 부탁이라는 건 알지만, 네 도움이 정말 필요해. 돈은 지난번에 줬던 것의 두 배로 줄게. 최근에 스마트 TV를 장만했으니까 아이들이 잠들면 원하는 대로 마음껏 봐. 네가 아이들을 봐줄 수 있다면 정말 고마울 거야. 가능한 한 빨리 답장이나 전화 주길 바라. 네가 할 수 없으면 당장 다른 사람을 찾아봐야 하니까. 고마워.

Stella가

(a) 그래도 네가 와줄 수 있는지
(b) 네가 우리 아이들을 봐줄 수 있는지
(c) 너희 어머니가 바쁘신지
(d) 네가 우리 약속을 기억하고 있는지

해설 Dave와 Stella가 회사 연회에 참석해야 하는 상황에서, Stella

의 어머니가 몸이 좋지 않아 아이들을 봐줄 수 없게 된 상황이다. 따라서 Linda에게 아이들을 봐줄 것을 부탁하고 있으므로 (b)가 가장 적절하다. 이메일의 watch가 (b)의 baby-sit으로 패러프레이징 된 셈이다.

어휘 annual 연례의 banquet 연회, 만찬
be supposed to ~하기로 되어 있다
make it (장소에) 도착하다
short notice 충분한 예고 없이 급히 알리는 것
could use ~을 얻을 수 있으면 좋겠다, ~이 필요하다
come over (집에) 오다; 들르다
baby-sit for ~의 아이를 보다

8 (b)

해석 주말에는 전국 대부분이 맑을 것이며, 서해안은 월요일까지 구름 한 점 없을 것으로 예상됩니다. 캘리포니아의 지속되는 건조한 날씨가 지역 관계자들을 걱정시키고 있는데, 지금이 산불이 가장 많이 발생하는 시기이기 때문이죠. 일요일에는 동해안과 북부 지방에 비가 조금 내릴 텐데, 이는 기상 전선이 캐나다로부터 내려오고 있기 때문입니다. 남부 지역의 주에서는 월요일 강한 바람과 폭우가 예상되는데, 바로 열대성 폭풍 베키가 캐리비안 지역에서 북상하고 있기 때문입니다. 중서부 지역에는 월요일에 뇌우가 있을 것이니, 주민들께서는 _____ 알아두어야 합니다.

(a) 주중에 날씨가 맑을 것을
(b) 천둥과 번개가 많이 칠 것을
(c) 평년보다 눈이 많이 내릴 것을
(d) 구름과 함께 안개가 낄 것을

해설 마지막 문장만으로도 답을 찾을 수 있다. 빈칸 앞에 중서부 지역에 뇌우가 있을 것이라고 했으므로 천둥 번개가 많이 칠 것이라는 (b)가 가장 적절하다.

어휘 expect 예상하다, 예측하다 official 관계자, 공무원
weather front 기상 전선 tropical storm 열대성 폭풍
thunderstorm 뇌우 resident 주민 lightning 번개
be used to ~ing ~하는 데 익숙하다 foggy 안개가 낀

9 (a)

해석 '겉모습만 보고 사람을 판단하지 마라'라는 유명한 속담이 있다. 실제로, 많은 사람들은 다른 사람들을 외모로 판단한다. 그래서 옷이 매우 중요해지는 것이다. 사회의 예의범절은 어떤 옷이 어떤 상황에서 적합한지에 대해 일련의 규칙을 만들었다. 예를 들어, 영화를 보러 가는 것은 진지하지도, 전문적이지도 않은 것으로 인식되므로 거의 모든 종류의 옷이 용인된다. _____ 면접은 매우 진지하고 전문적인 것으로 인식된다. 따라서 정장 또는 다른 격식을 갖춘 옷을 입도록 기대되는 것이다.

(a) 반면에
(b) 따라서
(c) 이로 인해
(d) 물론

해설 연결사 문제의 경우 빈칸 앞뒤 문장의 관계를 파악해야 한다. 빈칸 앞 문장에서는 모든 옷이 용인되는 영화 관람의 경우를

설명했고, 뒤 문장에서는 정장이나 격식 있는 옷이 필요한 구직 면접의 경우를 소개했다. 두 예시는 상반되는 내용이므로 '반면에'로 연결하는 것이 가장 자연스럽다. 정답은 (a)이다.

어휘 saying 속담, 격언 according to ~에 따라
appearance 겉모습, 외모 etiquette 에티켓, 예의(범절)
a set of 일련의 appropriate 적합한, 적절한
professional 전문적인 acceptable 용인되는, 받아들여지는
on account of ~ 때문에 by all means 물론

10 (c)

해석 1977년 3월, 세계 최악의 항공기 참사가 대서양 스페인 가까이에 위치한 카나리아 제도에서 발생했다. 승객으로 가득 찬 두 대의 747 대형 여객기인 KLM 네덜란드 항공 여객기와 미국 항공사인 팬아메리칸 항공의 다른 여객기가 작은 지방 공항의 안개 덮인 활주로에서 충돌했다. 500명 이상이 사망했으며, _____ 모두 팬아메리칸 항공기에 타고 있던 70명만이 가까스로 살아남았다. 충돌의 원인으로는 사람의 실수나 날씨와 같은 여러 요인이 지목되었다.

(a) ~인
(b) 그래서
(c) 반면
(d) 여전히

해설 빈칸 앞 문장에서는 사망자에 대해 이야기했고, 뒤 문장에서는 생존자에 대해 언급했으므로 '반면'으로 연결하는 것이 가장 자연스럽다. 정답은 (c)이다. (d) still이 '그러나'라는 뜻으로 쓰일 때는 주로 문두에 나온다.

어휘 disaster 참사, 재난 the Atlantic Ocean 대서양
filled with ~로 가득 찬 carrier 항공사; 여객기
collide 충돌하다, 부딪치다 shroud 뒤덮다, 가리다
runway 활주로 manage to ~하는 데 (가까스로) 성공하다
blame ~ on ... ~의 책임을 ...에게 지우다

11 (a)

해석 John Milton의 걸작 〈실낙원〉은 영어로 쓰인 훌륭한 서사시로 널리 인정받고 있다. **(a) Milton은 그 시를 쓰기 위해 성경 및 다른 자료에서 많이 차용했다.** (b) 하지만 대부분의 사람들은 Milton이 그 시대의 정치적 싸움에 깊이 관여했다는 사실은 전혀 모르고 있다. (c) 17세기에 살면서 Milton은 불행하게도 영국의 내전 시대를 살았다. (d) 문학 작품 이외에도, Milton은 많은 정치적인 작품 또한 집필했다.

해설 〈실낙원〉을 쓴 John Milton에 관한 글로 작가로서의 Milton이 아닌, 정치적으로 관여했던 그의 모습을 서술하고 있다. 보기 중에서 (a)만 〈실낙원〉의 저술 방법에 대해 설명하고 있으므로 글의 흐름과 어울리지 않는다.

어휘 masterpiece 걸작 acknowledge 인정하다
epic poem 서사시 source 출처
be unaware that ~임을 모르다
be involved in ~에 관여하다
have the misfortune to 불행하게도 ~하다
civil war 내전 literary 문학의 pen (글을) 쓰다

12 (d)

해석 오늘 FRT 사의 관계자는 내달 220명의 신입 직원을 채용하겠다는 계획을 발표했다. FRT 대변인에 따르면, 이 회사는 지난 주에 받은 엔진 부품의 주문으로 인해 직원 수를 늘리고 있는 것이다. (a) FRT는 자동차, 트럭, 비행기 및 헬리콥터를 비롯한 모든 종류의 엔진에 대한 부품을 공급하고 있다. (b) 경기가 회복 조짐을 보임에 따라, 많은 제조업체들이 생산을 늘리기 시작했고, 이는 더 많은 부품의 주문을 필요하게 만든 것이다. (c) FRT는 국내의 선두적인 엔진 부품 공급업체로서, 이러한 상황의 직접적인 수혜자가 되어 왔다. **(d) 이 회사는 지난 해 천만 달러의 수익을 기록했으며, 올해 수익은 더 늘어날 것이다.**

해설 신규 채용 계획에 관한 발표 이후 (a) 회사를 소개하고, (b) 신규 채용의 이유를 밝힌 뒤, (c) 업계에서의 지위를 언급하는 나머지 문장과 달리 (d)는 이 회사의 영업 실적을 설명하고 있으므로 신규 채용과는 가장 연관성이 적고 흐름상 적절하지 않다.

어휘 official 관계자, 공무원　according to ~에 따르면
spokesperson 대변인　expand 확장시키다; 확대하다
workforce 노동자, 직원; 노동 인구　supply 공급하다
automobile 자동차　manufacturer 제조업체
necessitate 필요하게 만들다　leading 선두적인
beneficiary 수혜자, 수령인

13 (a)

해석
> Paul에게,
>
> 내가 하려던 계획에 대해 너한테 말했던 것처럼, 난 어제 친구랑 박물관에 갔어. 그곳의 미술 전시품들은 정말 훌륭했고, 수많은 지역 작품과 새로 구입한 작품이 전시되어 있었지. 특별히 내 시선을 끌었던 조각품이 하나 있었는데, 그건 늑대 조각상이었어. 왜 그 늑대였는지는 모르겠지만, 난 그냥 늑대에서 눈을 뗄 수가 없었어. 기회가 된다면 다음 주에 전시회가 끝나기 전에 너도 가볼 것을 강력히 추천해.
>
> Lewis가

Q: 이메일은 주로 무엇에 관한 것인가?

(a) 어떤 조각상에 대한 의견
(b) 박물관으로의 초대
(c) 전시회에 대한 설명
(d) 몇몇 예술 작품에 대한 불평

해설 직접 방문한 전시회에 대해 친구에게 설명하는 편지이다. 전반적으로 가장 인상 깊게 보았던 늑대 조각상에 대해 이야기하고 있으므로 (a)가 가장 적절하다. (b) 편지 마지막 부분과, (c) 편지 첫 부분에 언급된 세부 사항에 그친다.

어휘 collection 수집품, 소장품
stand out 두드러지다, 눈에 띄다　local 지역의, 현지의
acquire 얻다, 습득하다　on display 전시되어
sculpture 조각(품)　statue 상(像), 조각상
take one's eyes off of ~에서 눈을 떼다
exhibition 전시회　complaint 불평

14 (b)

해석 대부분의 편의점에 버스 카드를 충전하는 작은 기계가 계산대 옆에 있습니다. 충전하려면 간단히 아랫부분의 투입구에 카드를 넣으면 됩니다. 마그네틱 선이 아래쪽으로, 그리고 오른쪽으로 향하도록 하십시오. 그리고 나서 카드에 충전할 금액을 누릅니다. 그 다음, 투입구에 적절한 금액을 넣습니다. 직불 카드나 신용 카드를 사용하려면 오른쪽에 있는 홈에 카드를 긁고, 비밀번호를 입력한 후, '확인' 버튼을 누릅니다. 돈이 들어가고 나면, 기계는 버스 카드의 현재 금액을 표시할 것입니다. 그러고 나면 카드를 투입구에서 빼냅니다.

Q: 안내문의 목적은 무엇인가?

(a) 버스 카드 구입처를 언급하기 위해
(b) 버스 카드 충전하는 방법을 설명하기 위해
(c) 버스 카드를 사용하는 방법을 보여주기 위해
(d) 버스 카드가 중요한 이유를 설명하기 위해

해설 지문 전체가 버스 카드 충전 방법에 대한 단계별 설명이므로 정답은 (b)이다.

어휘 convenience store 편의점　recharge 충전하다
slot (무엇을 집어넣는 가느다란) 구멍
magnetic strip 마그네틱 선, 자석 띠　appropriate 알맞은
debit card 직불 카드, 체크카드
swipe 카드를 긁다; 밀어 넘기다
PIN (은행 카드 등의) 비밀번호　remove 제거하다
mention 언급하다　demonstrate 증명하다; 보여주다

15 (a)

해석 이타주의란 다른 사람을 돕기 위해 희생하는 행위를 말한다. 이는 다윈의 진화론 법칙과 반대되는데, 이는 가장 강한 자가 살아남아 다음 세대에 자신의 유전인자를 전한다고 하기 때문이다. 전쟁에서 싸우는 것은 궁극적으로 이타주의적인 행위다. 이러한 이타주의적인 본능은 사람들에게 자신을 희생하라고 이야기하지만, 결국 그들을 유전자풀에서 제외시키고 마는 것이다. 그러나 반대 이론으로 그들이 이러한 행동을 하는 이유를 설명할 수 있다. 몇몇 원시 부족에서, 전쟁에 나가 생존하여 영웅으로 돌아오는 사람은 자신의 유전인자를 전달할 가능성이 더 높은데, 이는 그가 보다 건강하고 매력 있는 배우자를 선택할 수 있기 때문이다.

Q: 필자의 요지는 무엇인가?

(a) 인간의 독특한 행동에는 그럴 듯한 이유가 있다.
(b) 이타주의는 인간 역사상 효과적이지 못했다.
(c) 다윈의 법칙은 잘못되었고 편향되었다.
(d) 이타주의는 생존에 있어 매우 중요하다.

해설 필자는 이타주의와 다윈의 진화론을 제시하며, 사람들이 전쟁에서 희생하는 행위를 해석하고 있다. 결국 인간의 특정 행동에는 이유가 있음을 설명하고 있는 것이다. 정답은 (a)이다. (b), (d) 이타주의 자체를 이야기한 부분은 없었고, (c) 다윈의 진화론 법칙은 지문 첫 부분에 언급된 세부 내용에 그친다.

어휘 altruism 이타주의　evolutionary 진화의, 진화론적인
pass on 넘겨주다　gene 유전자　instinct 본능
countertheory 반대이론　primitive 원시의, 원시적인
tribe 종족, 부족　desirable 바람직한; 호감이 가는

plausible 그럴 듯한   biased 편향된

16 (c)

> **해석** 여러분 모두는 중고차 구매에서 가장 나쁜 점이 무엇인지 알고 있습니다. 여러분은 자신이 자동차에 너무 많은 금액을 지불한 것은 아닌지, 아니면 며칠 후에 자동차가 부서지는 것은 아닌지 알고 싶어 합니다. 제리스 자동차 판매점에서는, 바가지 쓸 걱정을 할 필요가 전혀 없습니다. 그 이유는 바로 저희가 여러분이 보고 있는 자동차를 다른 독립적인 정비공에게 점검받도록 비용을 지불할 것이기 때문입니다. 여러분이 원하는 수리공을 데려오실 수 있습니다. 그러면 저희는 그가 자동차를 점검하는 비용을 지불할 것입니다.
>
> **제리스 자동차 판매점**

Q: 주로 광고되고 있는 것은 무엇인가?

(a) 렌터카 대리점
(b) 무료 정비 서비스
(c) 중고차 판매점
(d) 독립적인 차고

해설 중고차를 구매하는 사람들이 자주 걱정하는 문제를 해결함으로써 더 많은 고객이 방문할 수 있도록 홍보하는 광고이다. 따라서 (c)가 정답이다. (b) 정비공에게 점검받는 비용을 지불한다고 했으므로 무료 정비 서비스를 제공하는 것은 일정 부분 사실이지만, 이를 주로 광고하는 것은 아니다.

어휘 used car 중고차   fall apart 산산이 부서지다
rip off 바가지 씌우다   check out 조사하다; 점검하다
independent 독립적인, 독자적인; 별개의
mechanic 기계공, 정비공   rental car 렌터카
agency 대리점, 대행사   garage 차고, 주차장

17 (d)

해석 호주의 지진 관측소는 3천 마일 이상 떨어진 남극 대륙에서 매우 강력한 지진을 종종 기록해 오고 있었다. 최근까지, 지진의 원인은 미스터리였다. 이와 관련하여 특히 이상했던 점은 지진의 규칙성이었다. 사실, 실제 지진은 없었다. 연구원들은 '지진'이 남극 대륙의 거대한 빙하인 윌리엄스 아이스 스트림이 움직인 결과였음을 발견했다. 중력이 빙하를 해양 쪽으로 밀자, 압력이 증가하여 호주에서 지진으로 기록되어 오던 지진 활동을 유발했던 것이다.

Q: 호주의 관측자들로 하여금 남극 대륙에서 지진이 발생하고 있다고 생각하게 만들었던 것은 무엇인가?

(a) 해류의 활동
(b) 남극 대륙에서의 일에 대해 알려진 것이 거의 없다는 사실
(c) 그곳에서의 지진 빈도수
(d) 빙하의 비정상적인 움직임

해설 실제 지진은 없었지만 지진이라고 오인하게 된 이유가 무엇인지 묻는 문제이다. 지문 중간에 윌리엄스 아이스 스트림이라는 빙하가 움직인 결과라고 했으므로 정답은 (d)이다.

어휘 seismic 지진의, 지진에 의한   earthquake 지진 (quake)
Antarctica 남극 대륙   regularity 규칙성   glacier 빙하
gravity 중력   slide 미끄러지다; 미끄러뜨리다
ocean tide 해류

18 (b)

해석 유전학 전문가들은 아이슬란드를 자신들의 연구의 보고라고 생각한다. 아이슬란드는 지구상에서 유전학적으로 가장 비슷한 그룹의 사람들을 지니고 있다. 스칸디나비아 이주자들의 후손인 아이슬란드 사람들은 대부분의 자국 역사 동안 고립되어 있었으며, 그들 문화의 일부가 된 이방인들은 거의 없었다. 게다가, 아이슬란드는 1915년부터 모든 시민들의 자세한 의료 기록을 가지고 있다. 결과적으로, 유전학 전문가들은 아이슬란드 사람들을 이용하여 유방암과 같은 질병을 일으키는 공통적인 유전자 변이에 대해 연구할 수 있다. 이들은 유방암을 앓았던 모든 여성, 또는 과거에 유방암을 앓았던 여성의 후손을 신속하게 찾아낼 수 있다.

Q: 지문에 따르면 다음 중 옳은 것은 무엇인가?

(a) 많은 수의 아이슬란드 사람들이 유방암을 앓고 있다.
(b) 아이슬란드 사람들 중 다른 국가에서 태어난 사람은 거의 없다.
(c) 금광은 아이슬란드의 주요 산업 중 하나이다.
(d) 아이슬란드 사람들은 몇몇 돌연변이 유전자를 가지고 있다.

해설 지문 첫 부분에 아이슬란드가 유전학 연구가들에게 주목받은 이유를 설명하고 있다. 역사적으로 고립되어 있었고, 문화의 일부로 녹아 든 이방인 또한 없었다고 했으므로 정답은 (b)이다. (a) 유방암은 예시일 뿐이고, (c) 첫 문장에 쓰인 a gold mine은 '금광'이 아닌 '(부, 지식 등의) 보고'를 의미하는 비유적인 표현으로 쓰였다.

어휘 genetics 유전학   gold mine 금광; 보고
descend from ~의 자손이다   settler 이주자
isolate 격리시키다, 고립시키다   outsider 외부인, 이방인
detail 상세히 알리다, 열거하다   mutation 돌연변이
breast cancer 유방암

19 (d)

> **해석**
> ### Sheila Ryerson 전시회
>
> Sheila Ryerson은 첫 번째 개인 전시회를 개최하는 전도유망한 지역 예술가입니다. 전시회는 9월 10일 토요일 그레이슨 아트 갤러리에서 있을 것이며, 오후 1시부터 7시까지 진행됩니다. Sheila는 일상생활의 장면을 주로 묘사하는 풍경화로 잘 알려져 있습니다. 실제로 그녀는 꽤나 지역의 유명 인사이며, 사람들이 지역 도처에서 도시의 다양한 광경을 그리고 있는 그녀를 발견하는 것은 어려운 일이 아닙니다. 전시될 그림 중 다수는 판매도 될 것입니다. 관심 있는 구매자는 Ryerson 씨에게 연락하거나 전시 책임자인 Dean Verma와 이야기하면 됩니다. Ryerson 씨의 작품을 개인적으로 보는 것 또한 가능합니다. 자세한 내용을 원하시면 Verma 씨에게 연락해 보십시오.
>
> **그레이슨 아트 갤러리**

Q: 전시에 대해 다음 중 옳은 것은 무엇인가?

(a) 전시는 주말 내내 열릴 예정이다.
(b) 전시되는 작품은 이미 매매되었다.
(c) 전시가 시작되기 전에 작품을 보는 것이 가능하다.
(d) 전시되는 작품은 지역의 풍경을 보여준다.

해설 한 예술가의 전시에 대한 광고이다. 옳은 사실을 찾는 문제는 지문과 선택지를 비교, 대조하며 읽어 나가는 것이 좋다. (a) 전시회는 토요일에 열리고, (b) 작품은 앞으로 판매될 예정이다. (c) 지문에서 언급되지 않은 내용이고, (d) 지역 곳곳에서 다양한 장면을 그리는 Sheila를 발견할 수 있다고 했으므로 (d)가 정답이다.

어휘 **up-and-coming** 전도유망한   **exhibition** 전시(회)
run 개최하다; 운영하다   **landscape** 풍경(화)
depict 묘사하다, 그리다   **something of a ~** 상당한 ~
celebrity 유명 인사   **spot** 발견하다; 알아보다
for sale 팔려고 내놓은   **curator** (도서관, 박물관의) 책임자
take place 개최되다; 일어나다

20 (d)

해석 많은 사람들은 정부가 지나치게 강력해질 수도 있음을 두려워한다. 이는 빅 브라더라는 이름으로 의인화된다. 이 용어는 정부가 허락 없이 시민들에 대한 정보를 너무 많이 수집하는 경우 해당 정부를 일컫는 용어이다. 인터넷 시대인 오늘날, 정보를 처리하고 보관하는 것이 훨씬 더 쉬워졌고, 이에 따라 빅 브라더에 대한 우려가 대두되는 것이다. 예를 들면, 몇몇 정부는 자동차에 GPS 시스템을 설치하는 것을 고려하고 있다. 이는 자동차가 얼마 정도의 마일을 운전했는지 측정하여 소유주에게 세금을 부과하기 위한 것이다. 그러나 이는 또한 자동차가 어디에 다녀왔는지를 정확히 보여줄 수 있는 것이다.

Q: 지문에 의하면, 몇몇 사람들이 우려하는 것은 무엇인가?

(a) 너무 많은 세금을 부과하는 것
(b) 자동차에 대한 정부의 규제
(c) 더 많은 시민권의 필요성
(d) 개인 정보의 수집

해설 빅 브라더라는 용어를 소개하며 정부가 국민들의 정보를 과도하게 수집하여 지나치게 강력해질 수 있다고 이야기하고 있으므로 (d)가 가장 적절하다. (a) 세금 부과는 GPS 정보 수집과 관련된 예시에 등장하는 세부 내용에 불과하다.

어휘 **personify** 상징하다, 구현하다; 의인화하다   **term** 용어
refer to ~을 언급하다   **permission** 허가, 허락
process 가공하다, 처리하다   **be on the rise** 증가하고 있다
for the purposes of ~의 목적으로, ~을 위해
tax 세금; 세금을 부과하다   **regulation** 규정, 규제
civil right 시민권

21 (b)

해석 특히 잘 모르는 사람인 경우, 사람들이 서로를 신뢰하는 수준은 사회마다 각각 다르다. 다른 사람들을 신뢰하는 정도는 대개 지역 사회에 사람들이 참여하는 정도뿐만 아니라 가족의 친밀도에 의해 결정된다. 가족 간의 유대감이 매우 강한 문화에서, 사람들은 일반적으로 잘 모르는 사람을 그다지 신뢰하

지 않는다. 사람들은 직계 가족이든 먼 친척이든 가족 구성원을 위해서는 거의 모든 것을 하려 하지만, 잘 모르는 사람에게는 그렇게 하지 않는다. 그러나 사람들이 지역 사회에 더 많이 관여하는 경우, 이들은 잘 모르는 사람들을 보다 쉽게 신뢰하는 경향이 있다. 이는 그들이 가족 구성원이 아닌 사람과 강한 유대감을 형성할 가능성이 더 높기 때문이다.

Q: 지문에 따르면 다음 중 옳은 것은 무엇인가?

(a) 여러 문화의 사람들은 잘 모르는 사람들보다 친척들을 덜 신뢰한다.
(b) 가족과 친밀한 사람들은 잘 모르는 사람을 신뢰하는 것을 주저할 수 있다.
(c) 지역 사회에의 참여도는 가족에 대한 친밀도를 결정한다.
(d) 잘 모르는 사람들을 신뢰하는 정도는 대부분의 문화에서 비슷하다.

해설 가족 간의 유대감이 강한 문화에서는 사람들이 잘 모르는 사람을 그다지 신뢰하지 않는다고 했으므로 정답은 (b)이다. (a), (d) 잘 모르는 사람을 신뢰하는 정도는 문화마다 각기 다르고, (c) 지역 사회에의 참여도는 가족의 친밀도와 상관관계가 없다.

어휘 **when it comes to** ~에 관한 한, ~에 관해서는
differ 다르다   **determine** 알아내다; 결정하다
involvement 관련, 관여, 개입   **bond** 유대(감)
be willing to 기꺼이 ~하려 하다
immediate (관계가) 가장 가까운, 직계의
distant (친척 관계가) 먼   **tend to** ~하는 경향이 있다
readily 쉽게   **relative** 친척   **hesitant** 주저하는

22 (a)

해석 코뿔소는 세계에서 가장 큰 육지 동물 중 하나이다. 이들은 아프리카, 인도, 자바 및 수마트라에 서식한다. 19세기 후반, 이주자들과 맹수 사냥꾼들은 무차별적인 사냥을 통해 흰 아프리카 코뿔소를 사실상 싹쓸이 해버렸다. 1895년 불과 40마리의 흰 아프리카 코뿔소만이 살아 있는 것으로 생각되었다. 남아프리카공화국 관계자들은 이들의 안전을 확실히 하기 위해 코뿔소들을 사냥 금지 구역에 몰아넣었다. 오늘날, 만 7천 마리 이상의 흰 아프리카 코뿔소가 있으며, 전문가들은 이들이 자급할 수 있는 숫자에 이르렀다고 믿고 있다. 하지만 검은 아프리카 코뿔소와 같은 다른 코뿔소 종은 멸종 위기에 처해 있다. 검은 아프리카 코뿔소의 보호를 어렵게 만드는 것은 이들이 흰 아프리카 코뿔소보다 더 공격적이라는 사실이다.

Q: 지문에 따르면 다음 중 옳은 것은 무엇인가?

(a) 코뿔소는 몇몇 국가에서 발견된다.
(b) 오늘날 대략 40마리의 코뿔소가 잡혀 있다.
(c) 남아프리카공화국의 코뿔소는 멸종 위기에 처해 있다.
(d) 흰 코뿔소는 매우 공격적이다.

해설 옳은 사실을 찾는 문제는 지문과 선택지를 비교, 대조하며 읽어 나가는 것이 좋다. (a) 코뿔소는 아프리카, 인도, 자바 및 수마트라 등 곳곳에서 발견할 수 있다고 했으므로 (a)가 정답이다. (b) 단 40마리의 흰 아프리카 코뿔소만이 살아 있던 것은 1895년의 일이다. (c) 남아프리카공화국의 흰 코뿔소 개체 수는 자급할 수 있는 정도로 회복되었고, (d) 공격적인 성향을 지닌 것은 검은 아프리카 코뿔소이다.

어휘 rhinoceros 코뿔소 (rhino)　big game hunter 맹수 사냥꾼
practically 사실상, 거의　wipe out 쓸어버리다, 없애버리다
indiscriminate 무차별적인　game preserve 사냥 금지 구역
self-sustaining 자급자족의; 자립하는
be in danger of ~할 위험에 처해 있다
problematic 문제의; 문제가 되는　aggressive 공격적인

23 (c)

해석 19세기 영국의 빅토리아 시대에는 새로운 양식의 문학이 발달했다. Charles Dickens, Oscar Wilde 및 다른 작가들은 이 시기 동안 영국 문학이 발전하도록 도왔다. 아마도 이들의 가장 중요한 공헌은 소설을 유명한 작가들 사이의 주된 글쓰기 형식으로 만드는 데 일조했다는 점일 것이다. 소설은 가장 인기 있는 문학 형식으로 단편 소설과 시를 대체했다. 빅토리아 시대의 작가들은 또한 비슷한 줄거리를 사용하는 경우가 많았다. 선과 악의 대결에 대한 이야기를 한 것이다. 이들은 종종 어려운 삶을 살지만 유혹에 저항하여 가까스로 착한 사람으로 남게 되는 평범한 사람들에 대해 썼다. 이러한 사람은 괴물이든, 다른 사람이든, 심지어 동물이든, 어떠한 형태의 악과 맞서 싸운다. Dickens가 선호했듯이, 결국에는 착하고, 열심히 일하며, 헌신적인 평범한 사람이 일반적으로 악과 싸워 승리를 거두었다.

Q: 빅토리아 시대에 대해 추론할 수 있는 것은 무엇인가?

(a) 당대 작가들은 주로 공상 과학 소설에 초점을 두었다.
(b) 당대의 많은 작가들은 공포 이야기를 썼다.
(c) 소설은 대개 시보다 많이 팔렸다.
(d) 일부 작가들은 악이 선을 물리치는 작품을 썼다.

해설 지문 앞부분에서 소설이 단편 소설과 시를 대체하며 가장 인기 있는 문학으로 부상했다고 했으므로 소설이 시보다 더 많이 팔렸음을 추론할 수 있다. 정답은 (c)이다. (a) 공상 과학 소설과 (b) 공포 소설에 관한 언급은 없었고, (d) 지문과 반대된다.

어휘 literature 문학　contribution 공헌, 기여
noted 유명한, 저명한　replace 대신하다, 대체하다
versus ~ 대(對) ~　lead a life of ~한 삶을 살다
resist 저항하다　temptation 유혹
manage to ~하는 데 (가까스로) 성공하다
triumph 승리를 거두다, 이겨내다
outsell ~보다 더 많이 팔리다

24 (c)

해석 고추의 매운 맛은 캡사이신이라는 물질에서 나온다. 고추는 미국 화학자의 이름을 딴 스코빌(Scoville) 척도에 따라 매운 등급이 매겨진다. 스코빌 지수(SHU)는 고추의 강도를 측정한다. 예를 들어, 피자와 샐러드에 일반적으로 사용되는 스위트 그린 피망은 0의 스코빌 지수를 가지고 있다. 많은 사람들이 나초와 함께 즐기는 할라피뇨는 스코빌 척도에서 5,500 SHU로 측정된다. 유명한 소스를 만드는 데에 사용되는 타바스코 고추는 지독하게 매운 190,000 SHU이다. 이러한 매운 맛에도 불구하고, 고추는 몇몇 의료 문제를 치료하는 데에 사용된다. 관절염에 사용되는 많은 크림은 몸을 따뜻하게 하는 캡사이신을 함유하고 있다. 또한 매운 고추는 감기에 걸렸을 경우 막힌 코를 깨끗하게 해주는 것으로 잘 알려져 있으며, 신체 신

진대사를 향상시킴으로써 다이어트 보조제의 역할을 할 수 있다.

Q: 지문으로부터 추론할 수 있는 것은 무엇인가?

(a) 피망을 먹는 것은 체중을 감소시키도록 할 수 있다.
(b) 관절염은 고추를 먹음으로써 예방할 수 있다.
(c) 화학자 Scoville(스코빌)은 고추에 대해 연구했다.
(d) SHU는 기하급수적으로 매워진다.

해설 고추의 강도를 측정하는 스코빌 척도가 미국 화학자의 이름을 딴 것이라 했으므로 그가 고추에 대해 연구했을 것이라 추론하는 (c)가 가장 적절하다. (a) 다이어트 보조제의 역할을 할 수 있는 것은 매운 고추이며, 피망은 스코빌 지수가 0이라고 했다. (b) 고추를 먹음으로써 관절염을 예방할 수 있는 것이 아니라 관절염 치료약에 고추가 사용되는 것이고, (d) SHU가 0도 있고, 5,500도 있으며, 190,000도 있는 것으로 보아 갑작스럽게 높아지는 것은 아님을 알 수 있다.

어휘 derive from ~에서 얻다, 나오다　substance 물질
name after ~의 이름을 따서 짓다　chemist 화학자
measure 측정하다, 재다　intensity 강도　bell pepper 피망
scorching 타는 듯한; 맹렬한　arthritis 관절염　nasal 코의
metabolism 신진대사　exponential 기하급수적인

25 (d)

해석

줄어들 위기에 놓인 야생동물 보호구역

Conan Stevens

　Theodore Roosevelt 대통령은 1901년 미국 산림청을 설립했고, 1906년 2억 3천만 에이커의 미국 야생동물 지역을 보호하려는 목적으로 미국 국가유물관리법을 제정했다. 그 이후의 모든 대통령은 더 많은 에이커를 추가하여 법의 보호 아래 두었다. 그러나 오늘, 대통령은 사업에 개방하려는 목적으로 전국에 있는 야생동물 보호구역 10곳의 크기를 줄일 것을 제안했다. 해당 지역이 상당한 원유와 휘발유, 및 광물 매장지의 본고장이며 경제에 수십억 달러의 수입을 가져다 줄 수 있기 때문이다. 그러나 현 대통령의 제안은 환경 보호단체에게 맹비난을 받고 있는데, 이들은 해당 지역이 국가 정부에 의해 무기한으로 보호받도록 되어 있다고 주장한다.

Q: 지문에 의해 다음 중 지지를 받는 문장은 무엇인가?

(a) 현 대통령은 환경 보호에 있어 이전 대통령들과 비슷한 입장을 취하고 있다.
(b) Theodore Roosevelt는 전국에 있는 야생동물 지역을 보호한 최초의 국가 지도자였다.
(c) 현 대통령의 제안은 업계 내의 사람들로부터 광범위하게 지지를 받고 있다.
(d) 현 정부는 자연 보호보다 경제 발전을 장려하고 있다.

해설 야생동물 보호구역을 확장시켜오던 역대 대통령과 달리 현 대통령은 이를 축소하여 경제적인 수입을 증가시키려 하고 있으므로 현 정부가 자연 보호보다 경제 발전을 장려하고 있다는 (d)가 가장 지지를 받을 것이다. (a) 지문 내용과 상반되고, (b) Theodore Roosevelt 대통령이 야생동물 보호의 법적 토대를 만든 것은 사실이지만, 이러한 보호구역을 지정한 최초의 대통

령인지는 알 수 없다. (c) 현 대통령의 제안에 대한 업계의 반응은 언급되지 않았다.

26-27 (c), (a)

해석

> 카루더스가의 대학 인근에 있는 침실 2개짜리 아파트의 룸메이트를 구합니다. 아파트는 6층 건물의 4층에 위치하고 있습니다. 건물 내에는 엘리베이터와 세탁실이 있으며, 운동 기구를 갖춘 작은 헬스장 또한 있습니다. 아파트는 침실 2개, 화장실 하나, 작은 부엌과 거실로 되어 있습니다. 룸메이트가 쓸 침실은 이미 침대와 책상이 있습니다. 부엌에는 가스레인지, 냉장고, 그리고 전자레인지가 있습니다. 월세는 5백 달러로 둘이 나누어 냅니다. 전기, 수도, 가스 요금은 매월 80달러 정도 나옵니다.
>
> - 제가 여자라서 여자 룸메이트를 선호합니다.
> - 깔끔하고 정리를 잘하는 룸메이트를 원합니다.
> - 고양이 두 마리를 키우고 있기 때문에 동물을 좋아하는 사람이어야 합니다.
> - 제 룸메이트는 너무 많이 놀러 다니는 사람이어서는 안 됩니다. 저는 거의 매일 아침 일찍 일해야 합니다.
> - 비흡연자이기를 바랍니다!
>
> 저 Jenny에게 555-5305로 전화하세요. 아파트를 구경하고 제 고양이 스팅키와 링크스를 만날 시간을 정할 수 있을 겁니다.

26 Q: 광고에서 필자가 주로 쓰고 있는 것은 무엇인가?

(a) 집주인과 임대료에 대해 이야기해야 하는 이유
(b) 아파트 구하기가 이루어지는 과정
(c) 그녀가 찾는 룸메이트의 유형
(d) 그녀의 룸메이트가 가지고 있는 문제

27 Q: 광고에 따르면 다음 중 옳은 것은 무엇인가?

(a) 새로운 룸메이트는 월세로 250달러를 낼 것이다.
(b) 여자는 애완동물을 허락하지 않는다.
(c) 여자는 기꺼이 흡연자와 살 것이다.
(d) 아파트는 건물 6층에 위치해 있다.

해설 26 룸메이트를 구하는 광고로 첫 번째 문장에서 룸메이트를 찾고 있다고 언급하며, 자신이 찾는 룸메이트에 대해 5가지 항목으로 나열하고 있으므로 (c)가 가장 적절하다.

27 옳은 사실을 찾는 문제는 지문과 선택지를 비교, 대조하며 읽어 나가는 것이 좋다. (a) 월세 500달러의 아파트로, 룸메이트와 둘이 나누어 낸다고 했으므로 (a)가 정답이다. (b) 여자 역시 고양이 두 마리를 키우고 있으므로 애완동물을 허락할 것이고, (c) 룸메이트는 비흡연자여야 한다고 했다. (d) 아파트는 6층 건물의 4층에 위치하고 있다.

28-29 (b), (d)

해석

> ### 산성비의 원인과 영향
>
> 산업화의 주된 부정적인 영향 중 하나는 그것이 만들어내는 오염이다. 한 가지 문제는 산성비이다. 공장은 엄청난 양의 황, 질소와 기타 다양한 오염 물질을 공기 중으로 배출한다. 이러한 입자들은 공기 중의 물방울과 결합하는데, 이후 산성비로 내리게 된다. 이러한 비는 떨어지는 곳마다 피해를 줄 수 있다. 산성비는 나무와 풀을 죽이거나 피해를 입힐 수 있고, 이는 또한 토양과 물의 산성도를 증가시킬 수 있다. 결국, 농부들은 땅에 농작물을 기르는 데 더 많은 문제를 겪게 된다.
>
> 게다가, 산성비가 비교적 고여 있는 물에 떨어지는 경우 이는 궁극적으로 해당 호수나 연못에 있는 모든 생명체를 죽일 수 있다. 산성비로 인해 생명체가 전혀 없는 물이 세계에 흩어져 있다. 이는 심지어 사람이 만든 구조물, 특히 석회로 만든 건물에도 영향을 미친다. 오늘날, 대기 오염에 대응한 엄격한 법 덕분에 산성비의 발생 정도는 줄어들었지만, 이는 여전히 많은 지역에서, 특히 개발도상국에서 우려의 원인이 된다.

28 Q: 지문에 의하면, 오늘날 산성비가 과거보다 덜 내리는 이유는 무엇인가?

(a) 공장이 오염 물질 배출 수준에 제한을 갖고 있다.
(b) 대기 오염을 제한하는 법률이 시행되기 시작했다.
(c) 최근 한 연구가 공장이 더 이상 오염을 일으키지 않을 방법을 발견했다.
(d) 사람들이 이제는 건물을 지을 때 석회를 사용하지 않는다.

29 Q: 지문에 따르면 산성비에 대해 다음 중 옳은 것은 무엇인가?

(a) 공기 중의 수분과 섞인 질소 및 산소에 의해 발생한다.
(b) 개발도상국만 직면한 문제이다.
(c) 그 영향이 몇 년 뒤면 줄어들 것이다.
(d) 산성비가 내리는 곳에서 농사를 더욱 어렵게 만든다.

해설 28 지문의 마지막 부분에 보면 대기 오염에 대응한 엄격한 법 덕분에 산성비의 발생 정도가 줄어들었다는 내용이 나온다. 따라서 대기 오염을 제한하는 법률이 시행되었다는 (b)가 가장 적절하다. (a) 지문에서 언급된 엄격한 법이 공장의 오염 물질에 관한 것인지는 알 수 없고, (c) 새로운 연구에 관한 언급은 없었다. (d) 석회로 만든 건물에 영향을 미친다는 내용이 있었지만 이 때문에 사람들이 더 이상 석회를 사용하지 않는지는 알 수 없다.

29 첫 번째 문단 마지막 부분을 보면, 산성비가 떨어지는 곳은 피해를 입게 되고, 결과적으로 농작물을 기르는 데 더 많은

문제를 일으킨다는 내용이 나와 있다. 따라서 정답은 (d)이다. (a) 산성비는 공기 중의 수분과 황, 질소 및 다양한 오염 물질이 결합하여 발생하고, (b) 개발도상국가가 특히 더 우려되는 것일 뿐이지, 이들만의 문제는 아니다. (c) 현재 발생 정도가 줄어들었다고 해서 앞으로도 계속 줄어들지는 알 수 없다.

30-31 (d), (a)

해석

시내에 개점한 새로운 면세점!

외국 여행객들은 이제 호텔 내에서 고급 상품을 구매할 기회가 있습니다. 전부 면세로 말이죠! 그 이유는 웨스트 레이크 대로에 위치한 럭셔리 호텔이 국제 여행객들을 위한 면세점을 이제 막 개장했기 때문입니다. 면세점은 최신 제품으로 엄선한 고급 주류, 담배, 시가, 향수, 화장품, 보석, 초콜릿, 어린이 장난감, 시계, 그리고 기타 고급 물품들을 취급합니다. 또한 모두 현지에서 손수 작업한 엄선된 공예품도 취급합니다.

고객은 구매 후 3일 이내에 다른 나라로 출국할 것임을 증명하는 비행기 표를 소지하고 있어야 합니다. 또한 신분을 증명하기 위해 여권을 제시해야 합니다. 100ml가 넘는 용기에 담긴 모든 액체는 출국 게이트에서 찾을 수 있도록 공항으로 보내질 것입니다. 이러한 불편에 대해 죄송하게 생각하지만, 이는 항공사 안전 규정에 따른 것입니다. 면세점은 호텔 2층에 위치해 있으며, 24시간 연중무휴로 운영됩니다. 그러니 언제든 자유롭게 면세점에 들르시기 바랍니다.

럭셔리 호텔

30 Q: 안내문의 목적은 무엇인가?

　(a) 품질 좋은 제품을 취급하는 고급 호텔을 홍보하기 위해
　(b) 사람들이 한 항공사의 안전 규정을 따르도록 설득하기 위해
　(c) 고객에게 매니저의 실수를 사과하기 위해
　(d) 세금을 부과하지 않는 새 가게에 대해 알리기 위해

31 Q: 면세점에 대해 다음 중 옳은 것은 무엇인가?

　(a) 해외로 나가는 사람들만 면세점에서 물품을 구매할 수 있다.
　(b) 호텔 손님들에게만 개방된다.
　(c) 구매한 모든 물품은 고객의 출국 게이트로 보내질 것이다.
　(d) 100ml 이상의 용기에 담긴 액체는 판매하지 않는다.

해설 30 럭셔리 호텔 내에 새로 개장한 면세점을 홍보 및 안내하는

안내문이다. 면세점은 상품에 세금을 부과하지 않는 상점이라고 했으므로 (d)가 가장 적절하다. (a) 고급 호텔 내에 새로 생긴 면세점을 홍보하고 있고, (b) 항공사 안전 규정이 언급되기는 하지만 안내문의 목적에 해당하지는 않는다. (c) 항공사 안전 규정에 따르느라 고객에게 불편을 끼칠 수 있어 사과하는 내용은 있지만, 매니저의 실수를 사과하는 것은 아니다.

31 옳은 사실을 찾는 문제는 지문과 선택지를 비교, 대조하며 읽어 나가는 것이 좋다. (a) 두 번째 문단에 보면 구매 후 3일 이내에 다른 나라로 출국하는 비행기 표가 있어야 한다고 했으므로 (a)가 정답이다. (b) 면세점이 호텔 2층에 있을 뿐이지 투숙객만 이용할 수 있다고 하지는 않았고, (c), (d) 구매한 모든 물건이 공항으로 보내지는 것이 아니라 100ml 이상의 액체만 보내진다.

32-33 (b), (c)

해석

나는 요즘 꽤나 무기력하다. 나는 직장으로 향할 때 어떤 흥미도 느끼지 않는다. 내가 하는 것에서 더 이상 만족감을 느끼지 못한다. 나는 내가 번아웃을 겪고 있다고 생각한다. 기술로 인해, 우리는 언제나 일에 연결되어 있고, 이건 결코 좋은 것이 아니다. 우리 인간은 일로부터 단절되는 시간이 필요하다. 우리의 일과 관련 책임으로부터 정신적인 휴식을 취하기 위해서 말이다. 내가 일전에 읽었던 한 기사는 하루에 10시간 이상 정도로 일에 많은 시간을 쓰는 사람들과 항상 일에 대해 생각하는 사람들이 더 생산성이 낮고 성공할 가능성 또한 낮다고 한다.

그래서 나는 늦은 저녁과 이른 아침에 전화사용 금지법을 실천하기로 결심했다. 나는 매일 잠자기 전과 일어나고 나서 두 시간 동안 핸드폰을 보지 않을 것이다. 나는 책을 읽고, 쉬고, 그저 긴장을 푸는 데 시간을 쓰고 싶다. Alex가 한 달 전 비슷한 일을 시작했는데, 그렇게 좋을 수 없다고 말한다. 나도 기분이 좀 나아졌으면 싶다.

32 Q: 필자는 전화사용 금지 시간을 어떻게 활용할 것인가?

　(a) 잠자는 데 더 많은 시간을 쓸 것이다.
　(b) 쉬는 데 도움이 되는 활동들을 할 것이다.
　(c) 추가 업무를 끝낼 것이다.
　(d) 지원할 만한 일자리를 찾아볼 것이다.

33 Q: 기술에 대해 필자가 가장 동의할 것 같은 문장은 무엇인가?

　(a) 기술은 사람들이 효율적으로 일하는 것을 더 용이하게 만들었다.
　(b) 기술을 가장 적게 사용하는 사람들이 가장 행복한 사람들이다.

(c) 업무에 계속적으로 연결되는 것은 사람들을 덜 행복하게 만든다.

(d) 직장에서 많은 시간을 보내는 직원들은 성공할 가능성이 가장 높다.

해설 32 두 번째 문단에 필자의 전화사용 금지법에 관한 내용이 나온다. 중간 부분에 책을 읽고, 쉬고, 긴장을 푸는 데 시간을 쓰고 싶다고 했으므로 (b)가 정답이다.

33 첫 번째 문단에 보면, 오늘날 현대인들이 기술로 인해 늘 일에 연결되어 있고, 이것이 사람들의 휴식을 방해하기 때문에 좋지 않다는 내용이 나온다. 따라서 필자는 업무에 대한 지속적인 연결이 사람들을 덜 행복하게 만든다는 (c)에 가장 동의할 것이다. (a) 적정 수준의 기술에만 해당하는 말이고, (b) 기술로 인한 업무와의 지속적인 연결이 좋지 않다고 해서 아예 기술로부터 동떨어져야 한다고 주장하지는 않았다. (d) 일기에서 언급한 기사의 내용과 상반된다.

어휘 listless 열의가 없는, 무기력한   satisfaction 만족(감)
suffer from ~로 고통 받다   ~을 겪다
burnout 번아웃 (에너지가 소진된 상태)
psychological 정신적인, 심리적인   responsibility 책임(감)
productivity 생산성   be less likely to ~할 가능성이 더 적다
adopt 입양하다; 채택하다   unwind 풀다; 긴장을 풀다
feel good 기분이 좋다   constant 끊임없는

34-35 (b), (a)

해설

우리로 잡혀 돌아온 탈출한 사자

Sherilyn Wolter

어제 오후 사자 한 마리가 지역 동물원에서 가까스로 탈출에 성공하여 시내에서 한바탕 소란이 있었다. 다행히 사육사들은 다른 동물들이 빠져나가지는 않았음을 확신하고 있었다. 사자는 동물원에서 한 블록 정도 떨어진 곳에서 지역 주민에 의해 발견되었으며, 그는 즉시 경찰에 신고했다. 동물 관리자들과 사육사들은 현장으로 신속히 달려갔고, 15분간의 긴박한 추격 끝에 그들은 사자를 골든파크로 몰아넣었다. 한 사육사가 가까스로 사자를 마취총으로 맞혔고, 잠시 후 극적인 사건은 끝났다.

몇몇 사람들을 불안하게는 했으나, 다친 사람은 없었고 몇 마리 길고양이에 대한 실종 보고만 있었다. 도시는 동물원에 이 사건에 대해 철저히 조사하고, 안전 대책이 동물원이 보유하고 있는 종류의 동물들에게 적합한지 확인하도록 요구하고 있다. 동물원의 대변인은 자신이 이미 직원들과 이야기를 하고 있고, 동물 우리 출입 절차를 검토하고 있다고 답변하며, 건망증이 있는 직원이 점심을 먹으러 가기 전 우리의 문을 잠그지 않고 떠난 것으로 추정된다고 이야기했다.

34 Q: 뉴스 기사에 의하면, 사자는 어떻게 잡혔는가?

(a) 몇몇 관리자들과 사육사들에 의해 코너로 몰렸고, 사살 당했다.

(b) 총에 맞아 의식을 잃었다.

(c) 동물원으로 돌아가도록 추격당했다.

(d) 한 관리자가 마취총으로 사자를 맞혔다.

35 Q: 뉴스 기사로부터 추론할 수 있는 것은 무엇인가?

(a) 동물원의 대변인은 사자가 어떻게 동물원을 탈출했는지 알고 있다.

(b) 여러 동물들이 과거에 그 동물원을 탈출한 적이 있다.

(c) 여러 사람들이 사자로 인해 목숨의 위협을 느꼈다.

(d) 사자는 탈출하기 전에 학대를 받았다.

해설 34 첫 문단 마지막 부분에 보면 15분간의 긴박한 추격 끝에 사자가 코너로 몰려 마취총을 맞게 되었다고 했으므로 총에 맞아 의식을 잃었다는 (b)가 가장 적절하다. (a) 사살 당하지는 않았고, (d) 관리자가 아닌 사육사가 마취총으로 사자를 맞혔다.

35 마지막 문장에 나온 동물원 대변인의 말을 보면 건망증이 있는 직원이 우리 문을 잠그지 않고 점심 식사를 나간 것이 원인으로 보인다. 따라서 대변인은 사자가 어떻게 동물원을 탈출하게 되었는지 알 것이라 추론하는 (a)가 정답이다. (b), (d) 언급되지 않은 내용이고, (c) 두 번째 문단 처음 부분에 몇 사람이 불안해했다고 나와 있지만, 이를 생명의 위협 정도로 보기는 어렵다.

어휘 manage to ~하는 데 (가까스로) 성공하다
zookeeper 사육사   spot 찾아내다, 발견하다
resident (거)주민   scene 현장   tense 긴장한, 긴박한
chase 추격; 뒤쫓다, 추격하다   corner 구석으로 몰아넣다
tranquilizer 진정시키는 것; 진정제
rattle nerves 불안에 떨게 하다   inquiry 연구, 조사
safety measures 안전 대책   spokesperson 대변인
knock out ~의 의식을 잃게 만들다, ~을 나가떨어지게 하다
mistreat 학대하다

Actual Test 03

1	(a)	2	(d)	3	(c)	4	(b)	5	(a)
6	(c)	7	(b)	8	(d)	9	(b)	10	(c)
11	(b)	12	(c)	13	(a)	14	(b)	15	(c)
16	(a)	17	(c)	18	(a)	19	(b)	20	(d)
21	(a)	22	(b)	23	(c)	24	(d)	25	(a)
26	(c)	27	(b)	28	(b)	29	(a)	30	(a)
31	(b)	32	(d)	33	(c)	34	(c)	35	(d)

1 (a)

해설 휴대 전화의 문자 메시지 서비스가 개발되기 전에 사람들은 _____ 이메일을 보내거나 펜과 종이로 편지를 써야 했다. 이것이 사회적으로 바꾸고 있는 한 가지는 사람들이 수업 중에 또는 근무 중에 몰래 메시지를 보낼 수 있다는 것이다. 문자 메시지는 전화가 울리는 소음 없이도 발신과 수신이 가능하다. 이는 집중을 방해할 수 있는데, 몇몇 학생들과 직원들은 실제로 자신이 해야 하는 일보다 친구나 가족에게 문자를 보내는 데 더 많은 시간을 쓰기 때문이다.

(a) 메시지를 보내기 위해
(b) 다른 이들을 만나기 위해

(c) 구두로 의사소통하기 위해
(d) 약속을 잡기 위해

해설 휴대전화의 문자 메시지 서비스가 개발되면서 달라진 생활 모습을 설명하고 있다. 빈칸이 있는 문장까지만 읽고도 정답을 찾을 수 있는 문제이다. 이메일을 보내거나 펜과 종이로 편지를 쓰는 것은 자신의 메시지를 전달하기 위한 것이므로 (a)가 정답이다. (c) 이메일이나 편지는 모두 글로 이루어지는 의사소통이고, (b), (d) 사람들이 전달하고자 하는 메시지의 예시에 해당한다.

어휘 prior to ~ 이전에   development 개발, 발전
secretly 몰래   distraction 집중을 방해하는 것, 주의 산만
employee 직원   text 문자를 보내다
orally 구두로   make an appointment 약속을 잡다

2 (d)

해석

Watkins 씨께,

몇 달 동안 주택담보출금을 상환하지 않았으므로, 당신은 이 우편을 받은 후 30일 이내에 당신의 모든 소유물과 함께 집을 떠나야 합니다. 그 기간 이후 집이 비워져 있지 않으면, 당신과 당신의 소유물은 강제로 당국에 의해 제거될 것이며, 당신은 무단 침입으로 기소될 것입니다. 당신은 본 퇴거 명령에 항소할 선택권이 있습니다. 항소하기 위해서는 이 우편을 수령하고 한 달 이내에 지방 법원에 서면 통지를 제출해야 합니다. 우리가 이 기간 내에 당신으로부터 어떤 통지도 받지 않는다면, 당신과 당신 집의 거주자들이 _____ 것으로 생각할 것입니다.

Jane Kennedy 드림
퍼스트 내셔널 은행

(a) 더 이상 그곳에 살지 않는
(b) 법정에서 이에 대해 항의할
(c) 주택담보출금을 상환할 용의가 있는
(d) 이 결정을 받아들인

해설 주택담보출금을 연체하여 퇴거 명령을 내리는 통지서로 마지막 부분에 항소 방법에 대한 설명이 나온다. 빈칸은 Watkins 씨가 항소에 관한 서면 통지를 제출하지 않은 경우를 이야기하고 있으므로 은행 측에서는 퇴거 명령을 인정한다고 볼 것이다. 따라서 (d)가 정답이다. (b) 항소하는 경우를 이야기하고 있고, (c) 본 통지서는 대출 상환이 오랫동안 이루어지지 않아 발송된 것이다.

어휘 mortgage 주택담보대출
depart from ~에서 출발하다, ~을 벗어나다
belongings (pl.) 재산, 소유물   vacant 비어 있는
authorities (pl.) 당국   be charged with ~로 고소당하다
trespassing 무단 침입   eviction 퇴거, 쫓아냄
appeal 항소하다   receipt 영수증; 받기, 수령
assume 가정하다, 생각하다

3 (c)

해석 지구 밖의 생명체를 찾는 천문학자들은 멀리 떨어진 항성

의 궤도를 도는 일부 행성을 발견해왔다. 거의 예외 없이, 이들이 실제로 이러한 행성을 직접 본 것은 아니다. 그들은 단순히 행성이 돌고 있는 항성의 비정상적인 움직임만으로 행성이 존재한다고 가설을 세운 것이다. 천문학자들은 항성 가까이에 있는 행성에 의해 일어난 항성의 궤도 변화를 발견하는 것이 더 쉽다는 것을 알게 되었다. 그러나 이는 그러한 행성이 항성을 도는 유일한 행성이라는 말은 아니다. _____ 도는 행성이 분명 있을 것이지만, 천문학자들은 아직 이를 탐지하는 방법을 갖고 있지 않다.

(a) 지구의 태양과 같은 항성을
(b) 더 큰 행성의 위성을
(c) 그 항성 주변을 더 먼 거리에서
(d) 도는 데 몇 주가 걸리는 궤도를 가진 항성을

해설 빈칸 앞 문장에 역접 연결어 however가 나와 글의 내용을 반전시키고 있다. however 앞에서 항성 가까이에서 궤도를 도는 행성에 대해 언급하고는, 그러나 이들이 유일한 행성은 아니라고 했다. 따라서 멀리서 도는 행성 또한 존재한다는 (c)가 가장 적절하다.

어휘 astronomer 천문학자   extraterrestrial 지구 밖의
orbit (다른 천체의) 궤도를 돌다   exception 예외
hypothesize 가설을 세우다   existence 존재
very well 분명, 확실히   detect 발견하다, 탐지하다
moon 달; 위성

4 (b)

해석 앤드류 헬스클럽은 몸매를 가꾸는 데 필요한 모든 장비를 갖춘 신축 헬스장이자 스파입니다. 저희는 50대 이상의 바벨 및 덤벨과 사이클이나 러닝머신을 포함한 100대 이상의 유산소 기구를 보유하고 있으니, 여러분은 운동하기 전에 다른 사람이 운동을 끝내기를 기다릴 필요가 전혀 없을 것입니다. 요즘 사람들은 다양한 스케줄을 가지고 있으므로, 저희는 주 7일, 하루 24시간 개방합니다. 그러니 시간이 있을 때면 언제든지 자유롭게 오셔서 운동하십시오. 저희 트레이너는 여러분의 필요에 맞는 맞춤형 운동 프로그램을 구성하여 여러분을 도와드릴 것입니다. 여러분의 건강을 즉시 향상시킬 _____. 그러니 앤드류 헬스클럽에 오셔서 회원이 되십시오.

(a) 회원 신청을 할 수 있습니다
(b) 프로그램을 시작하게 해드릴 것입니다
(c) 저희는 시청 바로 옆에 위치해 있습니다
(d) 몇몇 운동 기계를 사용해 보십시오

해설 헬스클럽에 대해 소개하며 등록을 권유하는 광고이다. 빈칸이 있는 문장 앞에 트레이너가 프로그램을 짜준다는 내용이 나와 있으므로 이에 대해 부연하는 (b)가 정답이다. (a) 회원 신청을 하면 운동을 하게 되고, 결국 건강을 향상시킬 수는 있겠지만 운동 프로그램을 통해 건강을 향상시키라는 (b)가 좀 더 직접적으로 연결된다. (c) 빈칸 뒤에 이어지는 건강을 향상시켜 줄 것이라는 that절 이하의 수식어구와 city hall은 자연스럽게 연결되지 않는다. (d) 트레이너 홍보와 더 자연스럽게 연결되는 것은 운동 기계보다 프로그램이다.

어휘 gym 헬스장, 체육관 (gymnasium)

get (oneself) into shape 건강을 유지하다, 몸매를 가꾸다
free weight (바벨, 덤벨과 같은) 맨몸 운동 기구
cardiovascular 심장 혈관의
stationary bike (고정된) 운동용 자전거
treadmill 러닝머신   be willing to 기꺼이 ~하다
tailor-made 맞춤의   condition (건강) 상태
apply for ~에 지원하다; ~을 신청하다

5 (a)

해석 장시간의 비행에서, 승객들은 심부 정맥 혈전증의 위험을 떠안게 된다. 오랜 시간 동안 앉아 있는 것은 다리 위쪽에 응혈이 생기는 것을 야기할 수 있다. 비행이 끝나 승객이 _____, 응혈은 심장이나 뇌로 이동할 수 있다. 몇몇 사람들은 이로 인해 실제로 사망했다. 모든 항공사들은 이러한 일이 생기는 것을 방지하기 위해 장거리 여행의 경우 승객들에게 자리에서 일어서서 주변을 돌아다니라고 권고한다.

(a) 일어서면
(b) 가방을 찾으면
(c) 잠들면
(d) 체크인하면

해설 빈칸이 단락 가운데 있으므로 앞뒤 내용에 유의해서 읽어야 한다. 빈칸 앞에서는 비행이 끝났다는 내용이 나오고, 뒤에서는 응혈이 심장이나 뇌로 이동한다는 설명이 나온다. 따라서 비행이 끝나 자리에서 일어설 때 다리의 응혈이 이동한다는 (a)가 가장 적절하다. (b), (d) 모두 일어선 다음에야 할 수 있는 행동이다.

어휘 passenger 승객   run the risk of ~의 위험을 감수하다
blood clot 혈전, 응혈   recommend 추천하다; 권고하다
prevent ~ from ...ing ~이 ...하는 것을 막다, 방지하다
check in (비행기를 탈 때) ~을 부치다; 체크인하다

6 (c)

해석 19세기 말까지, 시간은 여러 방법으로 기록되었는데, 이는 세계화가 진전되면서 혼란을 야기했다. 예를 들어, 영국에서는 여러 도시의 지역 시간이 한 두 시간 차이가 날 수 있었다. 이는 또한 다른 곳이나 유럽 국가에서도 흔한 일이었다. 1884년, 미국의 Chester Arthur 대통령은 워싱턴 D.C.에서 회의를 소집하여 시간 기록에 대한 국제 표준을 정하고자 했다. 각 대표들은 경도선을 이용하여 세계를 24개 시간대로 나누기로 했고, 이는 하루 24시간에 부합했다. 이는 마침내 만국 표준시로 알려지게 되었다. 참가국 대다수는 이를 채택하였고, 시간이 지나면서 전 세계 대부분의 국가가 _____ _____.

(a) 더 많은 변화를 강력하게 요구했다
(b) 시간에 대한 근대적인 개념을 받아들이기를 거부했다
(c) 이를 표준으로 받아들이게 되었다
(d) 다른 회의를 개최하자고 요청했다

해설 빈칸이 마지막 문장에 있으므로 후반부의 내용에 주목해야 한다. 미국 대통령의 요청에 따라 회의를 소집하여 표준 시간을 정했고, 회의 참가국 대다수가 이를 채택했다. 이후 역접 연결어 없이 글이 진행되고 있으므로 시간이 지나면서 전 세계의

대부분의 국가 역시 이를 받아들였다고 서술하는 것이 자연스럽다. 따라서 정답은 (c)이다.

어휘 keep time (시계가) 시간을 기록하다
local 지역의, 현지의   call a conference 회의를 소집하다
standard 표준, 기준   delegate 대표(자)
opt to ~하기로 선택하다   longitude 경도
correspond 일치하다, 부합하다
adopt 입양하다; 쓰다; 채택하다
clamor for ~을 극성스럽게(시끄럽게) 요구하다

7 (b)

해석 연금술은 고대 및 중세 시대에 시행되었던 사이비 과학이며, 현대 과학자들은 이를 터무니없는 것으로 여기고 있다. 대부분의 연금술사들은 연금술에 관련된 세 가지 주요 목표 중 하나 또는 모두를 이루기 위해 어떤 고생도 마다하지 않았다. 첫째는 가장 널리 알려진 것으로, 물질을 금과 같은 귀금속으로 바꾸는 변성이었다. 두 번째는 생명을 무한정 연장시키는 물질인 불로장생의 약을 만들어내는 것이었다. 세 번째는 어떤 물질이라도 부식시킬 수 있는 물질인 만능 용액을 만드는 것이었다. 몇몇 연금술사들은 자신의 일을 진지하게 여겼지만, 많은 사람들은 이들을 바보로 생각했으며, 심지어 사기꾼으로 생각하기도 했다. 연금술사들이 _____ _____ 증거는 거의 없다.

(a) 책과 학술지에 그들의 발견을 기록했다는
(b) 세상에 많은 지식을 공헌했다는
(c) 세 가지 목표 모두를 이루지 못했다는
(d) 물체를 귀금속으로 바꾸는 비법을 잃어버렸다는

해설 연금술사란 어떤 사람들이며 무엇을 목표로 연구했는지 소개하고 있다. 그들의 연구 목표였던 물질의 변성, 불로장생의 약, 만능 용액을 언급하고, 이에 대한 일반 사람들의 시각에 대해서 설명하며 대부분 이들을 바보나 사기꾼으로 생각했다고 서술하고 있으므로 부정적인 평가가 이어질 것이다. 따라서 정답은 (b)이다.

어휘 alchemy 연금술   pseudoscience 사이비 과학
be regarded as ~로 여겨지다   bunk 터무니없는 소리
go to great lengths 애쓰다, 어떤 고생도 마다하지 않다
in an attempt to ~하기 위해   transmutation 변성, 변질
substance 물질   precious metal 귀금속
elixir 불로장생의 약   prolong (기간을) 연장시키다
solvent 용액   erode 부식시키다, 침식시키다
cheat 사기꾼 (trickster)   objective 목표, 목적

8 (d)

해석 영국의 해군 James Cook 대령은 아마도 세계에서 가장 위대한 항해사였을 것이다. 안타깝게도, 그의 하와이 상륙은 1779년 2월 14일 그를 죽음으로 이끌었다. 몇몇 하와이 원주민들은 Cook 대령의 부하들이 그곳에 상륙하기 위해 사용했던 작은 배 중 하나를 훔쳤다. 이는 갈등으로 이어졌고, 그 배를 되찾기 위해 뒤이어진 싸움에서 원주민 한 명이 Cook 대령의 머리를 가격했고, 그는 바다로 떨어졌다. 그럼에도 Cook 대령의 선원들은 발견을 위한 항해를 계속했고, 영국은 그의 선원들이 마침내 _____ 때 Cook

대령이 죽었다는 소식으로 충격에 빠졌다.

(a) 다시 하와이로 항해해 갔을
(b) 사람들에게 여행에 대해 이야기했을
(c) 하와이 원주민들을 가까스로 물리쳤을
(d) 수개월 후 영국으로 돌아왔을

해설 James Cook 대령을 사망에 이르게 한 사건을 설명하는 글이다. 빈칸이 있는 문장에 영국이 충격에 빠졌다는 내용이 나오므로 선원들이 영국으로 돌아와서 Cook 대령의 사망 소식을 전했을 때 그렇게 되었다는 (d)가 가장 적절하다. (b) 빈칸 앞에 finally가 나오므로 흐름상 여행에 대해 비밀로 하다가 결국 이야기했다는 내용이 되므로 오답이다.

어휘 naval 해군의   captain 선장; (해군) 대령   navigator 항해사
native 원주민   confrontation 대치, 대립
ensuing 뒤이은, 뒤이어 일어나는   retrieve 되찾다, 회수하다
collapse 무너지다; (사람이) 쓰러지다
voyage 항해   shipmate 동료 선원
manage to ~하는 데 (가까스로) 성공하다

9   (b)

해석 태평양 전역에 침몰한 선박의 묘지가 몇 군데 있는데, 이 중 대부분은 제2차 세계 대전의 해전에서 사라진 것이다. 거의 4천여 대의 선박이 전쟁 중에 침몰한 것으로 추정되고, 그 중 대부분은 일본 상선이다. _____ 이러한 묘지에는 전함, 항공모함, 순양함, 구축함 그리고 더욱 작은 다른 선박들이 있다. 요즘은 이러한 선박에 있는 원유 및 가스가 새어 나와 환경에 해를 끼칠지도 모른다는 우려를 낳고 있다. 일부 선박에 있는 폭발하지 않은 탄약 역시 잠수부와 근처를 지나가는 선박에 위험 요소이다.

(a) 그러나
(b) 게다가
(c) 하지만
(d) 이에 반하여

해설 연결사 문제의 경우 빈칸 앞뒤 문장의 관계를 파악해야 한다. 빈칸 앞 문장에서는 침몰한 4천여 대의 선박이 대부분 일본 상선이라고 했고, 뒤 문장에서는 전함, 항공모함, 순양함 등 상선 외의 선박도 존재한다고 했다. 따라서 침몰한 선박에 대한 설명을 덧붙이고 있는 것이므로 '게다가'로 연결하는 것이 가장 자연스럽다. 정답은 (b)이다.

어휘 the Pacific Ocean 태평양   sunken 침몰한, 가라앉은
estimate 추정하다, 어림잡다   merchant vessel 상선
aircraft carrier 항공모함   cruiser (유람용) 순양함
destroyer (공격용) 구축함   leak 새다
explode 폭발하다   ammunition 탄약
pose a danger 위험에 처하게 하다, 위험을 제기하다

10   (c)

해석 용은 상상 속의 동물로서 날아다니면서 불을 뿜을 수 있다. 이 이야기에 따라, 용은 선하기도 하고 악하기도 하다. 예를 들어, J.R.R. Tolkien의 작품 〈호빗〉에서 용 스마우그는 매우 사악하다. 그가 하는 것이라곤 사람들을 죽이고, 금과 보석을 훔치며, 산 속 깊은 곳 보물 더미에서 잠자는 것뿐이다. _____ 다

른 이야기에서는 용이 영웅으로 알려져 있다. 실제로 용은 때때로 악한 왕이나 강한 마법사로부터 사람들을 구하는 것을 돕기도 한다.

(a) 마찬가지로
(b) 이로 인해
(c) 반면
(d) 안타깝게도

해설 빈칸 앞 문장에서는 사람들을 죽이고, 물건을 훔치는 악한 용에 대해 묘사하고 있고, 뒤 문장에서는 영웅으로 등장하는 용에 대해 설명하고 있다. 따라서 두 용의 이미지가 반대되므로 '반면'으로 연결하는 것이 가장 자연스럽다. 정답은 (c)이다.

어휘 mythical 신화 속에 나오는; 상상의
depending on ~에 따라   evil 사악한   gem 보석
pile 쌓아 올린 더미   wizard 마법사
on account of ~ 때문에

11   (b)

해석 수 년 동안, 고생물학자들은 공룡이 사회적인, 또는 가족 간의 무리를 짓고 살았는지에 대해 자신들끼리 논쟁을 해 왔다. (a) 일부 학자들은 공룡이 단지 자신의 새끼를 낳을 뿐, 그 이후에는 스스로 생존하도록 내버려 뒀다고 말한다. **(b) 사람은 그렇게 할 수 없는데, 인간의 아기들은 결코 스스로 생존할 수 없기 때문이다.** (c) 다른 학자들은 공룡이 사회적인 무리를 이루고 살았으며, 어쩌면 가족으로서 조직화되었을 것이라고 주장한다. (d) 이 이론에 대한 증거는 몇몇 육식공룡에게 먹힌 초식공룡 몇 마리의 화석화된 뼈로부터 비롯되었다.

해설 공룡이 무리를 이루고 살았을지에 관한 고생물학자들의 논쟁을 설명하는 글이다. (a) 그렇지 않다는 주장과 (c) 그렇다는 주장 및 (d) 그에 따른 근거를 제시하는 나머지 문장과 달리 (b)는 인간에 관한 설명을 덧붙이고 있으므로 흐름상 어색하다. (a)의 Some과 (c)의 Others가 서로 반대되는 이론을 전개하며 자연스레 연결된다.

어휘 paleontologist 고생물학자
grouping 그룹; 그룹으로 나누기
offspring 자식, 새끼   on one's own 스스로, 혼자 힘으로
organize 조직하다; 체계화하다   fossilize 화석화하다
herbivorous 초식성의   consume 소모하다; 먹다
carnivorous 육식성의

12   (c)

해석 오늘날 사람들은 어떤 물리적인 선 없이 핸드폰을 사용하거나 인터넷에 연결할 수 있다. 그러나 사회는 실제로 수십 년 동안 무선 기술을 사용해 왔다. (a) 라디오 전송은 무선 통신에 의존한다. (b) 따라서 자동차에서 AM 또는 FM 라디오를 듣는 사람들은 무선 기술을 이용하고 있는 것이다. **(c) FM 라디오는 주로 AM 라디오보다 더 많은 청취자를 끌어들인다.** (d) 그리고 라디오 전파는 수백만 마일을 이동할 수 있기 때문에, 우주 프로그램에 참여하는 과학자들은 우주 공간에 있는 우주 비행사와 통신하기 위해 수십 년 동안 무선 통신 기술을 사용해 왔다.

해설 무선 통신 기술은 새로운 것이 아니라 오랫동안 사용되어 온

것이라는 주장을 하며, (a), (b) 라디오와 (d) 라디오 전파를 예로 들고 있다. 보기 중에서 (c)만 FM 라디오와 AM 라디오를 비교하고 있으므로 글의 주제에서 벗어나 있다.

어휘 **physical** 신체적인; 물리적인   **wire** 선, 전선
make use of ~을 활용하다, 이용하다
decade 10년   **transmission** 전송, 송신
rely upon ~에 의존하다   **attract** 끌어들이다
radio wave (라디오) 전파   **astronaut** 우주 비행사
outer space 우주 공간

13 (a)

해석

흑인 운전

Nicole Meline

많은 미국인들은 인종 프로파일링이 끝났다고 생각하려 한다. 이는 전혀 사실이 아니다. 흑인은 백인보다 경찰에 의해 차를 갓길에 대야 할 가능성이 최대 85% 높다. 이들은 "흑인 운전"는 구절까지 생각해냈는데, 이는 흑인인 것이 범죄 자체로 여겨진다는 것을 시사한다. 이는 통계학에 의해 지지를 받는다. 갓길로 차를 댄 흑인 운전자가 수색을 받거나, 딱지를 떼이고, 심지어는 체포될 가능성이 백인 운전자보다 훨씬 더 높은 것이다. 인종 프로파일링은 잘못된 것이며 중단되어야 한다.

Q: 뉴스 기사는 주로 무엇에 관한 것인가?

(a) 특정 집단이 권위자에 의해 잡히는 방식
(b) 주요 문제가 되지 않는 일종의 차별
(c) 흑인을 다른 인종의 사람들보다 더 많이 체포되도록 이끄는 요인들
(d) 인종 프로파일링이 특정 인종에 반하여 지속되는 이유

해설 특정 인종의 사람이라는 이유만으로 범죄자로 몰리게 되는 사회 현상을 설명하는 글이다. 특히 흑인이 경찰에 의해 차를 멈춰 세우게 되는 경우를 주로 설명하고 있으므로 (a)가 정답이다. certain group은 black people을 가리키고, authority figures는 the police를 가리키는 셈이다. (b) 주된 문제가 되는 차별인 인종 프로파일링에 대해 설명하고 있지만, (c) 그것이 있게 된 여러 요인을 설명하고 있지는 않다. (d) 인종 프로파일링이 특정 인종에 반하여 지속되고는 있지만 그 이유를 설명하고 있지도 않다.

어휘 **Driving While Black** 흑인 운전
(운전자가 흑인이라는 이유로 경찰이 차를 멈춰 세우는 것)
racial profiling 인종 프로파일링 (인종으로 용의자를 추측하는 것)
far from 전혀 ~이 아닌   **be likely to** ~할 가능성이 높다
pull over (차를) 갓길에 대다
back up 뒷받침하다, 지지하다   **statistics** (pl.) 통계학
motorist 운전자   **ticket** 표를 끊다; 딱지를 떼다
single out 선발하다; (범인을) 잡아내다
discrimination 차별   **cease** 중단하다, 사라지다

14 (b)

해석 많은 학부모뿐만 아니라 학생들도 학교가 직업 및 인생 상담을 제공해야 한다고 요청해 왔으므로, 행정실에서는 현재 두

명의 새로운 학생 상담사 고용을 광고하고 있습니다. 일단 고용되면, 상담사는 정규 수업 시간에 학생들과 이야기를 나누게 될 것입니다. 학생들은 자유롭게 자신의 직업 목표와 선택권에 대해 상담사와 의논할 수 있을 것이며, 상담사는 조언을 해주고 학생들의 질문에 답해 줄 것입니다. 추가적으로, 고용될 상담사는 심리학 분야의 석사 이상의 학위를 가지고 있을 것이므로, 학생들은 보다 사적이고 개인적인 문제 역시 이들과 자유롭게 상담할 수 있을 것입니다. 모든 상담은 비밀로 유지되며 상담사가 학생과의 신뢰를 깨뜨리는 일은 결코 없을 것입니다.

Q: 안내문의 목적은 무엇인가?

(a) 학교의 두 개의 새로운 일자리에 대해 광고하기 위해
(b) 앞으로 직원이 될 사람들의 임무에 대해 설명하기 위해
(c) 학교가 직업 상담을 제공하기 시작했음을 알리기 위해
(d) 몇 개의 빈 일자리에 대한 자격 요건을 설명하기 위해

해설 상담사를 채용하여 학생들이 상담 받을 수 있도록 할 것임을 알리는 안내문이다. 특히 업무 내용을 중점적으로 설명하고 있으므로 정답은 (b)이다. (a) 학교 내부 사람들을 대상으로 한 안내문으로 보이므로 일자리 자체를 광고하지는 않을 것이다. (c) 아직 상담사를 구하고 있는 중이므로 현재 직업 상담을 제공할 수는 없고, (d) 새로 고용될 상담사의 자격 요건으로는 석사 이상의 학위 정도만 언급되었다.

어휘 **request** 요청하다   **counseling** 상담, 조언
administration 행정   **feel free to** 마음대로 ~하다
expect 예상하다   **advanced degree** 석사, 박사 학위
psychology 심리학   **confidential** 비밀의, 기밀의
at no times 결코 ~하지 않는   **position** (일)자리
duty 임무, 의무   **qualification** 자격 (요건)

15 (c)

해석 입체파는 20세기 초에 발전한 미술 양식이다. 대부분의 미술 사학자들은 Pablo Picasso를 입체파의 아버지로 여긴다. Picasso 이전에, 대부분의 화가들은 사실주의에 중점을 두었다. 즉, 사물을 보이는 그대로 그렸던 것이다. 하지만 Picasso는 이러한 양식을 버리고 다양한 사물의 표현을 그려냈다. 이렇게 했던 이유는 그가 사물을 다양한 방식으로 표현하는 아프리카 미술을 공부했기 때문이다. Picasso는 아프리카 미술에 대한 자신의 지식을 활용하여 자신이 예술을 만들어내는 방식을 재창조했다. 그는 사물을 주로 정사각형이나 직사각형의 기하학적인 모양으로 쪼갰다. 그런 다음 그는 사물이 기하학적인 모양으로 이루어진 것처럼 그렸다. 결국 그의 그림 속 인물은 정사각형이나 정육면체 모양의 집합체인 경우가 많은데, 여기서 입체파라는 이름이 나온 것이다.

Q: 지문에서 필자가 주로 쓰고 있는 것은 무엇인가?

(a) 입체파가 현대 미술에 끼친 영향
(b) Picasso가 아주 유명해진 이유
(c) Picasso가 입체파를 발전시킨 과정
(d) 사실주의 미술과 추상 미술 사이의 차이점

해설 Picasso를 중심으로 입체파가 어떻게 시작되어 발전했으며 어떤 특징을 갖고 있는지 설명하고 있으므로 (c)가 가장 적절하다. (b) Picasso를 중심으로 서술하긴 했지만 이는 그가 유명해진 이유를 설명하기 위한 것이 아니라 입체파를 설명하기

위한 것이었다.

어휘 **cubism** 입체파, 큐비즘　**object** 물건, 물체
appear 나타나다, 보이다　**abandon** 버리다
representation 표현　**reinvent** 다시 발명하다
break ~ down into ... ~을 ...로 분해하다, 쪼개다
geometrical 기하학적인　**rectangle** 직사각형
be made up of ~로 구성되다　**abstract** 추상적인

16 (a)

해석 스키는 눈이 내리는 겨울이 있는 국가에서 가장 인기 있는 스포츠 중 하나이다. 최근 몇 년 사이에 전통적인 스키는 스노보드의 도전을 받아왔다. 처음에, 많은 스키장은 너무 위험하다는 이유로 스노보드를 금지했다. 스노보드는 열렬한 스케이트보더들의 관심을 끌었다. 그들은 다른 사람들에게 해를 끼칠 수도 있는 위험한 스턴트나 곡예를 하는 것을 좋아하는 젊은 이들이었다. 점차 스노보드를 타는 사람들과 스키장의 주인들은 타협에 이르게 되었다. 많은 스키장은 스노보드 전용 특별 코스를 따로 떼어, 스노보드를 타는 사람들이 다른 스키 타는 사람들이나 스노보드 타는 사람들을 방해하지 않고 스턴트를 할 수 있는 공간을 만들었다. 사용된 지 거의 20년이 지난 지금, 스노보드는 일반 스키만큼이나 스키장에서 흔한 것이 되었다. 스노보드는 심지어 올림픽 종목이 되었는데, 이는 스포츠계가 한때 스키의 이단아와 같았던 것을 받아들였다는 신호이다.

Q: 지문의 목적은 무엇인가?

(a) 스노보드가 어떻게 주류가 되었는지 보여주기 위해
(b) 스노보드와 스키가 비슷하다는 것을 증명하기 위해
(c) 스노보드 타는 사람들만의 스키장이 필요하다는 것을 주장하기 위해
(d) 사람들이 스노보드보다 스키를 선호하는 이유를 설명하기 위해

해설 과거 위험하다는 인식으로 비주류에 머물렀던 스노보드가 현재 올림픽 종목이 될 정도의 주류로 부상하게 된 과정을 설명하는 글이다. 따라서 (a)가 정답이다. (c) 스노보드 타는 사람들만의 스키장이 있었다는 내용이 나오지만, 지문이 그 필요성을 주장하기 위한 글은 아니다.

어휘 **challenge** 도전하다　**slope** 비탈, 경사　**ban** 금지하다
avid 열광적인, 열렬한　**stunt** 스턴트 (위험한 연기)
maneuver 교묘한 책략, 곡예
reach a compromise 타협에 이르다
set aside (한쪽으로) 치워두다; 따로 떼어 놓다
run (스키 등의) 비탈 코스　**interfere with** ~을 방해하다
maverick 이단아, 괴짜　**mainstream** 주류, 대세

17 (c)

해석
서비스 변경: 35번, 54번, 67번 버스

다음과 같은 변경 사항이 지역 버스 운행 시간표에 있게 될 것입니다. 5월부터 35번, 54번 및 67번의 일요일 버스 운행 횟수가 30분 간격에서 한 시간 간격으로 줄어들 것입니다. 이 노선의 주중 및 토요일 운행 횟수에는 변동이

없을 것입니다. 변경의 주된 이유는 일요일에 해당 노선의 사용이 한정적이라는 것입니다. 거두어들이는 요금은 자주 운행되는 시간표를 유지하기에 필요한 비용에 미치지 못하고 있습니다. 3개월에 걸친 조사는 일요일에 시간당 20명 미만의 승객이 해당 노선을 이용하고 있음을 보여주었고, 이렇게 자주 운행을 하는 것은 수익을 내지 못하게 만듭니다. 이번 변경과 관련하여 불만 사항이나 건의 사항이 있으시다면 시청 교통 본부의 555-3201번으로 연락하시기 바랍니다.

시청 교통 본부

Q: 안내문에 따르면 다음 중 옳은 것은 무엇인가?

(a) 토요일 버스 운행에 일부 변경 사항이 있다.
(b) 버스 운행의 변경 사항은 이미 실시되고 있다.
(c) 버스 운행 변경은 경제적인 이유로 실시되고 있다.
(d) 이번 변경 사항과 관련된 질문은 버스 서비스 센터로 연락하면 된다.

해설 일부 버스 노선의 운행 시간표가 변경됨을 알리면서 주된 이유를 한정적인 사용으로 인한 저조한 요금 수입으로 들고 있으므로 (c)가 가장 적절하다. (a) 일요일 운행에만 변경이 있고, (b) 5월부터 줄어들 것이라고 했다. (d) 불만이나 질문 사항은 시청 교통 본부로 연락해야 한다.

어휘 **route** 노선; 길　**limited** 한정적인; 많지 않은
fare 요금, 운임　**expense** 비용, 경비　**maintain** 유지하다
passenger 승객　**unprofitable** 수익을 못 내는
complaint 불평, 불만　**direct to** ~로 향하다
transportation 교통; 운송　**implement** 시행하다

18 (a)

해석 경도란 물체가 표면의 마모나 변형에 저항하는 능력으로 정의된다. 간단히 말하자면, 부드러운 물체는 단단한 것보다 쉽게 흠집이 날 수 있다. 지질학에서, 물체의 경도는 모스 경도로 결정된다. 척도는 1부터 10까지 이른다. 인류에게 가장 단단한 물체로 알려진 다이아몬드는 10의 경도를 지니고 있다. 대단히 무른 암석인 활석은 경도가 1이다. 사람의 손톱은 2.5로 측정되며, 금은 척도상 대략 3으로 매겨진다.

Q: 지문에 따르면 다음 중 옳은 것은 무엇인가?

(a) 활석은 그것의 무른 성질로 경도가 1이다.
(b) 지리학에서, 물체의 경도는 모스 경도로 결정된다.
(c) 다이아몬드는 그것의 무른 성질로 경도가 10이다.
(d) 사람의 손톱이 금보다 더 단단하다.

해설 경도의 개념과 단위를 소개하며 몇 가지 물체를 예시로 설명하고 있다. 활석을 무른 암석이라고 말하면서 경도가 1이라 서술하고 있으므로 정답은 (a)이다. (b) 모스 경도로 물체의 경도를 결정하는 것은 지질학이고, (c) 다이아몬드는 인류에게 가장 단단한 물체로 알려져 있다. (d) 사람의 손톱은 경도 2.5, 금은 경도 3이므로 금이 더 단단하다.

어휘 **hardness** 단단함, 견고; 경도　**define** 정의하다
abrasion 긁힌 부분; 마모　**deformation** 변형
simply put 간단히 말해서　**geology** 지질학
scale 척도　**rating** 등급　**talc** 활석

rate 평가하다; (등급, 순위를) 매기다   **geography** 지리학

19 (b)

[해석] 엡스타인-바 바이러스는 단핵증으로 알려진 질병의 주된 원인이다. 이 바이러스는 전체 인구의 약 95%에 존재하지만, 특정 조건에서만 실제 질병으로 발현된다. 단핵증은 전염성이 있으며, 질병이 있는 경우 입의 타액을 통해 전염될 수 있는데, 이러한 이유로 종종 '키스' 병이라 불리는 것이다. 단핵증에 걸린 사람들은 목 부분의 림프절이 붓게 되며, 치료를 받을 때까지 말하거나 삼키는 데 어려움을 겪을 수 있다.

Q: 많은 사람들이 엡스타인-바 바이러스를 가지고 있음에도 단핵증에 걸리지 않는 이유는 무엇인가?

(a) 딱히 전염성이 있지 않다.
(b) 바이러스가 항상 활동하는 것은 아니다.
(c) 다른 사람들과 접촉하지 않는다.
(d) 의사가 대부분 환자들을 신속히 치료한다.

[해설] 엡스타인-바 바이러스가 있음에도 단핵증에 걸리지 않는 이유를 묻고 있다. 두 번째 문장에서 특정 조건에서만 질병으로 발현된다고 했으므로 정답은 (b)이다. (a) 단핵증은 전염성이 있는 질병이다.

[어휘] **mononucleosis** 단핵증   **for short** 줄여서
present 있는, 존재하는   **approximately** 대략
manifest 나타나다, 드러나다
contagious 전염되는, 전염성이 있는   **saliva** 침, 타액
come down with (병에) 걸리다   **swell** 붓다, 부풀다
lymph node 림프절   **swallow** 삼키다
come into contact with ～와 접촉하다

20 (d)

[해석] 유명하다는 것은 단점이 있는데, 그 중 하나가 계속 따라다니는 파파라치의 존재이다. 이러한 사진가들은 몇몇 사람들이 '스토킹한다'고 말하듯이 유명한 사람들을 밤낮으로 귀신처럼 쫓아다니며 자연스럽거나 당황스러운 상황에 놓인 사진을 찍고자 한다. 일부 스타들은 파파라치에 너무나도 둘러싸여 있기 때문에 심지어는 군중들을 끌어들이지 않고서는 집을 나설 수가 없게 된다. 한 가지 유명한 사건이었던 영국의 Diana 왕세자비의 죽음에 대해서 사람들은 파파라치의 존재가 그녀를 죽게 한 자동차 사고의 원인이라고 비난했으나, 이후 사실이 아닌 것으로 밝혀졌다. 한편으로, 파파라치 없이 어쩌면 유명인들은 절대로 유명해지지 않았을 것이다.

Q: 지문에 따르면 다음 중 옳은 것은 무엇인가?

(a) 파파라치는 유명인들이 집에 있는 모습을 사진에 담는다.
(b) 파파라치는 유명인들이 당황스러운 행동을 하도록 만든다.
(c) 유명인들은 오로지 파파라치 때문에 유명하다.
(d) 파파라치는 Diana 왕세자비의 죽음을 불러오지 않았다.

[해설] 옳은 사실을 찾는 문제는 지문과 선택지를 비교, 대조하며 읽어 나가는 것이 좋다. (a) 유명인들이 홀로 집을 나서게 되는 경우는 없다고 했으므로 이들이 집을 나서면 파파라치가 따라다니면서 사진을 찍는다는 것을 알 수 있고, (b) 파파라치는 당황스러운 상황에 놓인 유명인들을 찍는 것이지 이들이 당황스러운 행동을 하도록 만드는 것은 아니다. (c) 파파라치가 어느

정도 유명인들의 유명세에 일조했을 뿐이지 유명세를 얻게 하는 유일한 요인은 아니다. 선택지에 always, everyone, only와 같은 한정적인 표현이 나오면 오답일 가능성이 크다. (d) 지문 마지막 부분에 파파라치는 Diana 왕세자비의 죽음과 관련이 없다고 했으므로 (d)가 정답이다.

[어휘] **drawback** 단점, 결점   **constant** 끊임없는   **presence** 존재
haunt 귀신이 나타나다   **stalk** 몰래 접근하다, 스토킹하다
snap 사진을 찍다   **candid** 솔직한; 자연스러운
embarrassing 당황스러운, 난처한   **surround** 둘러싸다
incident 사건   **blame ～ for ...** ～을 ...로 비난하다

21 (a)

[해석]
> Kevin에게,
>
> 물어보고 싶지는 않지만, 몇 주 전에 네가 50달러 빌려간 것 기억나? 내 월급날이 일주일은 더 지나야 해서, 돈을 꼭 갚아줬으면 좋겠어. 현금이 떨어져가고 있거든. 큰 불편을 끼치는 것이 아니라면, 오늘까지 돈을 줄 수 있을까? 5시까지 사무실에 있을 테니 그때까지 언제든 들러도 돼. 고마워. 돈을 갚으라고 해서 미안해. 하지만 지금 상황이 좀 어려워서.
>
> Peter가

Q: Peter가 돈을 돌려받고자 하는 이유는 무엇인가?

(a) 돈이 떨어져가기 시작했다.
(b) Kevin이 그에게 돈을 갚기 위해 너무 오래 기다려 왔다.
(c) 오늘 저녁 식사 값을 지불하기 위해 돈이 필요하다.
(d) 청구서 몇 가지를 곧 납부해야 한다.

[해설] 지문 첫 부분에 현금이 떨어져서 어려운 상황이니 돈을 갚았으면 좋겠다는 내용이 나온다. 따라서 정답은 (a)이다.

[어휘] **payday** 급여일, 월급날
could use ～을 얻을 수 있으면 좋겠다, ～이 필요하다
run short on ～이 부족하다, ～이 떨어지다 (run out of)
inconvenience 불편   **drop by** 잠깐 들르다
in a bind 곤경에 처한   **bill** 청구서

22 (b)

[해석] 우주를 식민지화하고 지구 밖에 사람들이 영구적으로 정착할 곳을 만드는 것은 여러 가지 잠재적인 혜택을 가져다준다. 경제적으로, 우주 식민지화는 천문학적인 액수의 가치가 있을 수 있다. 다른 행성, 위성, 소행성, 심지어는 혜성에서 발견되는 원료도 지구에서 사용될 수 있다. 식민지에 사는 사람들은 이러한 재료를 획득한 후 지구로 보낼 수 있을 것이다. 이에 대한 보답은 어마어마할 것이다. 마찬가지로, 다른 천체를 식민지화하는 것은 분명 사람들이 지닌 과학적 지식을 향상시킬 것이다. 사람들은 새로운 환경에서 살게 될 것이며, 완전히 새로운 경험을 하게 될 것이다. 사람들이 잠재적으로 배울 수 있는 것은 경이로울 것이다.

Q: 지문에 따르면 다음 중 옳은 것은 무엇인가?

(a) 현재 우주 공간에 식민지가 존재한다.
(b) 식민지 개척자들은 다른 위성에 있는 재료를 활용할 수

있다.

(c) 몇몇 사람들은 우주 식민지로부터 많은 것을 배우고 있다.

(d) 사람들은 소행성을 식민지화할 계획을 세우고 있다.

해설 시제만으로도 답을 찾을 수 있는 문제다. (a) 이미 식민지를 가지고 있거나, (c) 식민지로부터 배우고 있는 것은 아니고, (d) 현재 식민지화 계획을 세우고 있는 것 또한 아니다. (b) 세 번째 문장에 보면 위성에서 발견되는 원료가 지구에서 사용 가능하다는 내용이 나오므로 (b)가 정답이다.

어휘 colonization 식민지화　establish 세우다, 설립하다
settlement 정착(지)　worth ~의 가치가 있는
astronomic 천문학적인　raw material 원재료, 원료
moon 달; 위성　asteroid 소행성　comet 혜성
utilize 활용하다　celestial body 천체
phenomenal 경이로운　exploit 이용하다, 착취하다

23 (c)

해설 극도로 추운 지역에서는 지면이 영구적으로 얼 수 있다. 과학자들은 이를 영구 동토층이라 부르는데, 이는 최대 수천 피트 두께의 층으로 되어 있을 수 있다. 표면에는 단 몇 피트 정도의 흙이 있으며, 이는 계절의 변화에 따라 녹았다가 얼게 된다. 이러한 층은 활동 지대라고 한다. 활동 지대에서는 식물이 자랄 수도 있지만, 작고 길이도 짧다. 전 세계 대부분의 영구 동토층 지역은 히말라야 산맥이 있는 티베트 고원과 같은 고산지대나 알래스카, 캐나다 북부 지방 및 러시아에 존재한다.

Q: 지문으로부터 추론할 수 있는 것은 무엇인가?

(a) 영구 동토층 지역은 땅에 흙을 가지고 있지 않다.
(b) 영구 동토층 지역에서는 식물이 아주 높게 자란다.
(c) 대부분의 영구 동토층 지역은 북반구에 위치해 있다.
(d) 매우 추운 지역에서 땅은 쉽게 언다.

해설 마지막 문장에 영구 동토층의 분포를 설명하고 있다. 티베트 고원이나 알래스카, 캐나다, 러시아 모두 북반구에 위치해 있으므로 대부분의 영구 동토층이 북반구에 있을 것이라 추론할 수 있다. 정답은 (c)이다. (a) 영구 동토층 표면에는 몇 피트의 흙이 있고, (b) 영구 동토층에서는 식물의 키가 크지 않다.

어휘 permanently 영구적으로　freeze 얼다
permafrost 영구 동토층　layer 층　soil 토양, 흙
thaw 녹다　plateau 고원　hemisphere (지구의) 반구

24 (d)

해설

당신이 더스트 볼로부터 배울 수 있는 것
Jennifer Clifford

1930년대에, 캐나다 중부와 미국 대부분의 지역에 더스트 볼(Dust Bowl)이라 불리는 것이 발생했다. 근본적으로, 장기간의 가뭄과 잘못된 농경 방식이 토지를 메마르게 만든 것이다. 그러고 나서, 약 6년이라는 기간 동안 심각한 모래 폭풍이 넓은 지역에 피해를 주었고, 그 땅을 농사에 부적합하게 만들었다. 오클라호마를 포함한 여러 주의 사람들은 그저 고향을 떠나게 되었고, 다수는 경제 상황이 훨씬 더 나았던 캘리포니아로 거주지를 옮겼다. 아이러니

하게도, 오늘날 캘리포니아의 경제가 약화되고 있어서 더스트 볼 기간에 떠났던 사람들의 후손을 포함한 많은 이들이 오클라호마로 이주하여 그곳의 안정적인 경제의 덕을 보려 한다.

Q: 뉴스 기사로부터 추론할 수 있는 것은 무엇인가?

(a) 캘리포니아는 전통적으로 미국에서 가장 좋은 경제를 자랑한다.
(b) 향상된 농사법으로 인해 더스트 볼이 다시는 발생할 수 없게 되었다.
(c) 오클라호마 주는 캐나다 몇몇 지역보다 경제 상황이 좋지 않은 경우가 많다.
(d) 여러 지역의 경제 상황은 시간이 지나면서 호황일 수도, 불황일 수도 있다.

해설 심각한 모래 폭풍을 불러온 더스트 볼로 인해 오클라호마의 주민들이 캘리포니아로 떠나게 되었으나 지금은 캘리포니아가 불황이어서 경기가 회복된 오클라호마로 다시 이동하고 있다고 했으므로 경기는 언제든 변할 수 있다는 내용을 추론할 수 있다. 따라서 (d)가 정답이다. (a) 캘리포니아의 경기가 좋았다고는 했으나 미국에서 가장 경기가 좋은 주라고 하지는 않았다.

어휘 essentially 본질적으로, 근본적으로　long-term 장기적인
drought 가뭄　dry out 완전히 말리다, 메마르게 하다
severe 극심한, 혹독한　plague 괴롭히다
render (어떤 상태가 되게) 만들다　unfit 부적합한
abandon 버리다　ailing 병든, 약화된
descendant 자손, 후손　take advantage of ~을 이용하다

25 (a)

해설

벤드 잇 코퍼레이션과 당신의 커리어를 시작하세요!

벤드 잇 코퍼레이션에서는 케노셔의 새로운 공장에서 일할 똑똑하고 야망 있는 지원자를 찾고 있습니다.

- 이번에 채용이 필요한 자리는 주로 공장 조립 라인이며, 기술부서와 사무직에도 직원 채용이 있습니다.
- 지원에 관심이 있는 모든 지원자들은 당사 웹사이트에서 상세 이력서를 온라인으로 제출하시기 바랍니다. 모든 직책에 대한 지원서 제출 기한은 이번 달 말일입니다.
- 저희가 면접을 하고자 하는 분들께는 전화 또는 이메일로 연락드릴 것입니다.

벤드 잇 코퍼레이션

Q: 필자가 가장 동의할 것 같은 문장은 무엇인가?

(a) 회사는 새로운 시설을 열었다.
(b) 신규 채용할 자리는 주로 관리직이다.
(c) 지원자들은 이력서를 우편으로 제출하면 된다.
(d) 다음 달 말까지 신청서를 제출해야 한다.

해설 필자는 첫 번째 문장에서 새로운 공장에서 일할 사람을 찾고 있다고 했다. 따라서 (a)가 정답이다. (b) 주로 채용이 필요한 자리는 공장의 조립 라인이고, (c) 이력서는 웹사이트에서 제출하라고 했다. (d) 신청서 제출 기한은 이달 말까지이다.

26-27 (c), (d)

해석
허리케인 분류

기상학자들은 허리케인을 강도, 풍속, 그리고 파괴력을 기준으로 분류한다. 대부분의 허리케인은 아프리카와 카리브해 사이 대서양에 있는 작은 소용돌이치는 회오리 구름으로 시작한다. 구름은 북서쪽으로 이동하면서, 수증기를 얻고 세력이 커지며 열대성 폭풍으로 발전한다. 열대성 폭풍은 일반적으로 시속 50~75마일의 풍속을 지닌다. 일단 크기가 커지고 바람이 세지면, 이는 허리케인이 된다. 기상학자들은 허리케인을 1등급부터 5등급으로 분류하는데, 5등급이 가장 강력하고 파괴적이다.

따뜻한 바닷물은 허리케인의 강도를 증가시키는 반면 차가운 바닷물과 육지로의 상륙은 강도를 약화시킨다. 가장 파괴적인 허리케인은 육지에 상륙하기 전에 멕시코 만의 잔잔하고 따뜻한 바닷물 위를 지나가는 허리케인이다. 2017년 휴스턴을 범람시켰던 허리케인 하비는 그저 4등급 허리케인에 불과했는데, 이는 결국 5등급 허리케인이 일으킬 수 있는 잠재적인 피해가 얼마나 클지를 보여주는 것이다. 그러나 1등급 허리케인조차도 심각한 위험을 가할 수 있다. 나무가 넘어져 차나 집, 심지어는 사람들을 내리칠 수 있다. 허리케인 경보는 심각하게 여겨져야 하는 것이다.

26 Q: 지문에 의하면, 허리케인이 육지에 도달하면 무슨 일이 일어나는가?

(a) 크기가 더 커진다.
(b) 수분을 흡수하여 더 강력해진다.
(c) 힘을 잃기 시작한다.
(d) 에너지를 잃지만 더 많은 비를 내린다.

27 Q: 지문에 의하면, 허리케인에 대해 다음 중 옳은 것은 무엇인가?

(a) 풍속이 시속 100마일 미만이다.
(b) 어디서든지 일 년에 1~5개의 허리케인이 발생한다.
(c) 가장 강력한 허리케인은 아프리카에 상륙하는 경향이 있다.
(d) 따뜻한 바닷물 위를 지날 때 더욱 강해진다.

해설 **26** 두 번째 문단 첫 부분에 보면 차가운 바닷물을 지나는 것과 육지로 상륙하는 것은 허리케인의 강도를 약화시킨다고 한다. 따라서 육지에 도달하면 힘을 잃는다는 (c)가 가장 적절하다. (a), (b) 지문의 내용과 상반된다.

27 옳은 사실을 찾는 문제는 지문과 선택지를 비교, 대조하며 읽어 나가는 것이 좋다. (a) 열대성 폭풍이 시속 100마일 미만의 풍속을 가지고 있고, 이보다 바람이 세지면 허리케인이 된다고 했다. (b) 언급되지 않은 내용이고, (c) 허리케인은 아프리

카와 카리브해 사이의 대서양에서 발생하여 북서쪽으로 이동하며 세력이 커진다. (d) 따뜻한 바닷물은 허리케인의 강도를 증가시킨다. 지문의 Warmer waters increase the intensity of a hurricane이 (d)의 They become more powerful when they are over warm water로 패러프레이징 된 셈이다.

28-29 (b), (a)

해석
새로운 모듈을 위해 이름 공모전을 연 NASA
Clay Matthews

최근 국제 우주 정거장의 한 모듈에 이름을 지어주려는 NASA의 시도가 난관에 부딪혔다. 미 항공우주국은 새로운 모듈의 이름으로 무엇이 좋을지 대중이 투표하도록 여론 조사를 실시하기로 결정했다. NASA는 사람들이 가장 마음에 드는 것을 투표할 수 있도록 사이트에 5개의 후보 이름을 올려놓았다. 선택지는 '어스라이즈', '레거시', '세레니티', 그리고 '벤처'를 포함했다. 결국 '세레니티'가 19만 표를 얻으면서 가장 인기 있는 것으로 선정되었다.

그러나 NASA는 사람들에게 스스로 후보를 써내는 것을 허용하였는데, 바로 이것이 문제가 된 것이다. 미국 코미디언 Stephen Colbert가 자신의 프로그램에서 투표에 대해 이야기한 후, 그의 팬들이 모듈 이름을 '콜베어(Colbert)'로 하는 데 23만 표를 던진 것이다. NASA는 결국 또 다른 써넣은 후보인 '트랜퀼리티'로 모듈의 이름을 정했다. 그러나 NASA는 여전히 '콜베어'를 다른 모듈에 적용할 것을 고려하고 있는데, 아마 이 코미디언은 그 계획을 좋아하지 않을 것이다. NASA는 우주 정거장의 화장실 시설 하나에 '콜베어'라는 이름을 붙이려 하고 있기 때문이다.

28 Q: 뉴스 기사는 주로 무엇에 관한 것인가?

(a) NASA가 온라인 투표를 실시하는 이유
(b) 우주 정거장 일부의 이름 선정을 둘러싼 문제
(c) '세레니티'와 '콜베어'라는 이름 사이의 논쟁
(d) NASA에서 실시한 최초의 온라인 투표

29 Q: 뉴스 기사로부터 추론할 수 있는 것은 무엇인가?

(a) Stephen Colbert는 대규모의 충성스러운 팬들이 있다.
(b) NASA는 일반 사람들의 의견에는 관심이 없다.
(c) Stephen Colbert는 자신의 이름을 딴 모듈을 가지려 했다.
(d) Stephen Colbert는 NASA의 프로젝트에 반대한다.

해설 **28** NASA가 국제 우주 정거장의 모듈에 붙일 이름을 투표를 통해 선정하고 있다. 그러나 사람들이 코미디언 Stephen Colbert의 이름을 써내면서 문제가 발생했으며, 이를 화장실

시설에 붙이려고 하면서 또한 문제가 발생할 것으로 보인다. 따라서 (b)가 가장 적절하다. (a) 투표를 실시하는 이유는 나와 있지만 세부 내용에 불과하고, (d) 온라인 투표를 실시한 것은 맞지만 최초인지는 알 수 없다.

29 코미디언 Stephen Colbert가 자신의 프로그램에서 투표에 대해 이야기한 후, 대략 23만 여명의 팬들이 투표에 참여했으므로 그에게 수많은 충성스러운 팬이 있을 것이라 추론할 수 있다. 정답은 (a)이다. (b) 지문의 내용과 상반되고, Stephen Colbert가 (c) 자신의 이름으로 된 모듈을 갖고 싶어 했다든지 (d) NASA의 프로젝트에 반대했다든지 하는 내용은 기사로부터 추론할 수 없다.

30-31 (a), (b)

해석

배고프시다면 오세요!

오늘날, 사람들이 외식할 때는 두 가지 선택지가 있는 것 같습니다. 이들은 그저 그런 음식을 많이 먹거나, 정말 맛있는 음식을 조금 먹는 것이죠. 그러나 어느 쪽이든 사람들은 종종 본래 계획했던 것보다 더 많은 돈을 저녁 식사에 쓰는 것으로 끝나기 마련입니다. 이는 구미가 당기는 방법은 아니겠죠! 다행히도, 여러분은 이러한 사람이 될 필요가 없습니다.

대신 브릭스 뷔페를 방문해 보십시오. 여러분은 훌륭한 음식이 많이 있는 곳에 있는 자신을 발견하게 될 것입니다. 여기 브릭스에서, 저희는 직접 만든 최고의 음식을 제공합니다. 여러분은 가장 신선한 과일 및 야채와 함께 제공되는 최고급의 쇠고기, 닭고기, 돼지고기 바비큐를 대접받을 것입니다. 그리고 여러분은 마치 처음부터 할머니 집에서 만든 것 같은 파이와 케이크에 놀라게 될 것입니다. 최고의 장점은요? 바로 저희의 재료 모두가 지역 농부들에게서 나온다는 사실입니다! 여러분은 매우 배고픈 상태로 브릭스에 와서, 배부르고 만족해하며 떠날 것입니다. 가격 또한 여러분의 지갑에 구멍을 내지 않을 것입니다. 그러니 브릭스 뷔페에서 양과 질을 모두 얻어 가십시오. 직접 와서 확인하세요.

브릭스 뷔페

30 Q: 광고의 목적은 무엇인가?

(a) 사람들에게 어떤 뷔페식 식당에 가라고 권하기 위해
(b) 너무 많이 먹어 과체중이 되는 것을 경고하기 위해
(c) 손님들에게 비위생적인 시설에 대해 사과하기 위해
(d) 사람들에게 다가오는 행사에 대해 알리기 위해

31 Q: 광고에 의하면, 브릭스 뷔페에 대해 다음 중 옳은 것은 무엇인가?

(a) 가격이 대부분 다른 음식점의 가격과 같다.
(b) 좋은 재료로 최고 품질의 음식을 제공한다.
(c) 손님들은 집에서 먹는 것과 같은 기분을 느낄 것이다.
(d) 손님들은 서빙하는 종업원들에게 팁을 줄 필요가 없다.

해설 **30** 양과 질을 모두 만족시킬 수 있는 뷔페식 음식점인 브릭스 뷔페를 홍보하는 광고이다. all-you-can-eat은 말 그대로 뷔페식 식당에 쓰이는 표현으로 정답은 (a)이다.

31 두 번째 문단에서 최고급의 고기와 신선한 과일 등을 언급하며 모든 재료가 지역 농부에게서 나옴을 강조하고 있으므로 (b)가 가장 적절하다. (a) 광고 마지막 부분에 가격 부담이 없을 것이라고 나와 있으므로 많은 돈을 쓰게 되는 다른 음식점보다 가격이 저렴할 것이고, (c) 직접 만든 음식을 제공하기는 하지만 기분까지 집에서 먹는 것과 똑같을 것이라 보기는 어렵다. (d) 언급되지 않은 내용이다.

32-33 (d), (c)

해석

Kennedy 씨께,

지난달 10월 19일에 귀하께서는 노비스 치과에서 사랑니를 제거하셨습니다. 총 수술비용은 1,200달러였고요. 수술 당시 귀하는 매달 초에 총 잔액의 10%씩을 송금하기로 동의하셨습니다. 귀하의 채무가 완전히 지불될 때까지 말이죠. 하지만, 귀하께서는 11월 15일까지 대금을 보내지 않으셨고, 이는 약속된 날짜에서 2주가 지난 시점입니다.

저희 노비스는 몇몇 환자분들께서 지불을 잊을 수도 있고, 지불을 미뤄야 하는 이유가 있을 수도 있다는 것을 이해합니다. 만일 그렇다면, 저희는 귀하와 함께 하길 원합니다. 저희는 귀하로부터 이유를 듣고 이번 부채를 정산할 방법을 찾기를 원합니다. 만일 귀하의 개인적인 사정으로 새로운 지불 조건을 제시해야 한다면, 기쁘게 돕겠습니다. 저희가 이 문제를 해결하기 위해 가능한 한 빨리 저희 사무실 431-8256으로 연락 주시기 바랍니다.

사무실 책임자 Shirley Randolph 드림

32 Q: 이메일에 의하면, 노비스 치과가 원하는 것은 무엇인가?

(a) 사랑니와 관련된 노비스 치과의 유명한 치료를 홍보하기
(b) Kennedy 씨가 금전적인 문제를 해결할 수 있도록 돕기

(c) Kennedy 씨를 고소할 수도 있다고 경고하기

(d) Kennedy 씨에게 대금을 어떻게 처리하기 원하는지 묻기

33 Q: 이메일로부터 추론할 수 있는 것은 무엇인가?

(a) Kennedy 씨는 자신의 최근 수술비용을 일부만 지불했다.

(b) Kennedy 씨는 경제적인 어려움을 겪고 있다.

(c) Shirley Randolph는 이메일보다 전화로 연락하는 것을 선호한다.

(d) 노비스 치과는 다음에 보내는 이메일에서 지불을 요구할 것이다.

해설 32 첫 번째 문단에서는 지불이 되지 않은 상황을 설명하고, 두 번째 문단에서는 지불하지 못해 생긴 Kennedy 씨의 부채를 어떻게 하면 좋을지 묻고 있으므로 (d)가 정답이다. (b) 우선 Kennedy 씨가 단순히 지불을 잊은 것인지, 경제적으로 어려운 것인지 알 수 없고, 경제적으로 어렵다 하더라도 치과 측에서는 납입해야 하는 금액을 조정할 수 있다고 했지 돈 문제 자체를 해결하도록 돕겠다고 한 것은 아니다.

33 마지막 문장 Please contact our office at 431-8256에서 사무실 전화로 연락해달라고 하고 있으므로 이메일보다 전화로 연락하는 것을 선호할 것이라 추론할 수 있다. (c)가 가장 적절하다. (a) Kennedy 씨는 첫 납입금부터 지불하지 않았고, (b) 지불하지 못한 이유는 아직 알 수 없다. (d) 지불 및 해명을 요구하는 것은 본 편지이다.

어휘 **wisdom tooth** 사랑니　**dental clinic** 치과
operation 수술　**remit** 송금하다　**balance** 잔액, 잔금
debt 빚, 부채　**pay off** 지불을 완료하다
due date 지불기일, 만기일　**settle a debt** 빚을 갚다
circumstance 환경, 상황; 사정
come up with ~을 생각해내다
condition 상황; (요구) 조건　**oblige** 의무적으로 ~하다; 돕다
at one's earliest convenience 되도록 빨리
work out ~을 해결하다　**coordinator** 조정하는 사람, 책임자
file a complaint against ~을 고소하다

34-35 (c), (d)

해석 페니가 23번지에 위치한 보너 자동차 정비소는 즉시 일할 수 있는 공인 자동차 정비공을 찾고 있습니다. 보너 자동차 정비소는 이 도시에서 25년간 영업해 온 가족 소유의 업체입니다. 따라서 지역 주민이 해당 자리에 선호됩니다. 모든 지원자들은 정비소에 들러 이력서를 제출해주시기 바랍니다. 이력서는 다음과 같은 사항을 포함해야 합니다.

• 어디서 교육을 받고 일했는지 나타내는 목록
• 최소 두 장의 직업 추천서
• 자동차, 트럭, 혹은 다른 비슷한 기계와 관련된 일을 했다는 최소 3년 경력의 증명서

임금 및 복지혜택은 경쟁력이 있으며 고용 과정이 마무리되면 최종 승인됩니다. 근무시간은 8시간 교대근무제로 월요일부터 금요일까지 오전 8시부터 오후 8시 사이입니다. 그러나 저희는 긴급 서비스를 제공하기 위해 주말에는 항상 최소 한 명의 정비공을 비상 대기로 둡니다. 정비

공들은 저희 정비소가 가지고 있는 중장비를 제외하고는 자기 자신의 공구를 준비해야 합니다. 모든 지원자들은 일자리에 고려되기 이전에 범죄 경력 조회를 마쳐야 합니다.

보너 자동차 정비소

34 Q: 지문은 주로 무엇에 관한 것인가?

(a) 정비소가 제공하는 새 배달 서비스
(b) 새 자동차 정비소의 개점 세일
(c) 자동차 기술이 있는 사람을 위한 일자리
(d) 한 가족 소유 기업의 성공담

35 Q: 제안된 일자리에 대해 다음 중 옳은 것은 무엇인가?

(a) 정비공들이 아침 8시부터 저녁 8시까지 일할 것을 요구한다.
(b) 도시 내의 다른 정비소보다 더 많은 월급을 준다.
(c) 이전에 체포된 적이 있던 사람에게 주어질 수 있다.
(d) 정비공이 일할 때 필요한 장비의 일부를 제공한다.

해설 34 전반적으로 Bonnar's Garage라는 이름의 자동차 정비소에서 정비공을 찾는다는 내용의 구인광고이므로 정답은 (c)이다. (d) Bonnar's Garage가 가족 소유의 기업이기는 하지만 그 성공담을 이야기하고 있지는 않다.

35 끝에서 두 번째 문장에서 개인적으로 장비를 가져 와야 하지만 with the exception of the heavy equipment라며 중장비는 제외된다고 했으므로 일부 장비를 제공한다는 (d)가 정답이다. (a) 정비공들은 아침 8시부터 저녁 8시 사이에 8시간 교대근무로 일하는 것이고, (b) 두 번째 문단에 Wages and benefits are competitive라며 임금이 경쟁력 있다고 했으나 이는 더 많은 월급을 준다는 것이 아니라 다른 곳에 뒤지지 않는다는 의미이다. (c) 마지막 문장에서 All applicants must complete a criminal record check라고 했으므로 범죄자는 채용에서 제외될 것이다.

어휘 **garage** 차고, 주차장; 자동차 정비소　**lane** 도로, 길
certified 증명된; 면허증을 가진, 공인의　**auto** 자동차
mechanic 정비공　**operate** 작동되다; 영업하다
drop off ~ at ... ~을 ...에 갖다 놓다, 내려주다
résumé 이력서　**professional** 직업의　**reference** 추천서
benefits (임금 이외의 보험 등의) 복지혜택
competitive 경쟁력 있는, 뒤지지 않는
shift 교대근무　**on call** (비상시를 위해) 대기 중인
be expected to ~해야 한다; ~할 것으로 기대되다
with the exception of ~은 제외하고
heavy equipment 중장비
criminal record check 범죄 경력 조회　**arrest** 체포하다

Actual Test 04

1 (b)	**2** (d)	**3** (a)	**4** (a)	**5** (c)
6 (c)	**7** (a)	**8** (d)	**9** (b)	**10** (b)
11 (d)	**12** (c)	**13** (b)	**14** (a)	**15** (d)
16 (c)	**17** (a)	**18** (d)	**19** (b)	**20** (a)
21 (c)	**22** (b)	**23** (d)	**24** (d)	**25** (a)
26 (b)	**27** (b)	**28** (d)	**29** (a)	**30** (c)
31 (b)	**32** (c)	**33** (a)	**34** (c)	**35** (d)

1 (b)

해석 일부 부모들은 공부에 관해 아이들을 지나치게 밀어붙인다. 사실, 많은 교육가들은 공부만 하는 아이들이 행동적 문제 및 다른 심리적 문제를 갖게 될 가능성이 더욱 높다고 주장한다. 쉼 없이 공부하는 아이들이 처음에는 자신의 또래 아이들보다 더 많은 것을 성취할 수도 있다. 하지만 궁극적으로는 반대의 경우가 종종 발생한다. 과도한 공부에 시달리는 아이들은 결국 완전히 지쳐버린다. 그리고 나서 그들은 공부와 놀이라는 더욱 합리적인 조합에 관여했던 다른 학생들로부터 _____.

(a) 괴롭힘과 조롱을 당한다
(b) 학업적으로 추월당한다
(c) 어쩔 수 없이 도움을 받게 된다
(d) 수업에서 배제된다

해설 글의 첫 부분에 주제가 나왔다. 부모들이 지나치게 아이들의 공부만 강조하는 경우 오히려 문제가 발생할 수 있다고 하며, 빈칸이 있는 마지막 문장에서 결국 어떤 문제점이 발생하는지 언급하고 있으므로 (b)가 가장 적절하다. (a) 대인 관계에 관한 언급은 없었고, (c), (d) 도움을 받거나 수업에서 배제될 정도로 학업 능력이 떨어지는 극단적인 상황을 서술하고 있으므로 논리적 비약이다.

어휘 with regard to ~에 관하여   do nothing but ~하기만 하다
develop 개발하다; (병, 문제가) 생기다
psychological 심리적인, 정신적인   initially 처음에
peer 또래; 동료   burn out 에너지를 소진하다
engage in ~에 관여하다   reasonable 타당한, 합리적인
combination 조합   taunt 조롱하다   overtake 추월하다

2 (d)

해석 20세기는 그 어느 때보다 많은 사람들이 민주주의 국가에서 살기 시작하는 것을 보게 된 시기였다. 하지만 이러한 자유를 향한 움직임에는 값비싼 대가가 따라왔다. 두 차례의 세계 대전은 수백만 명의 목숨을 앗아갔고, 크고 작은 무수한 다른 전쟁들도 사실상 지구의 모든 대륙에서 발발했다. 그럼에도 불구하고, 이러한 전쟁의 마지막 결과는 전쟁의 여파로 사람들이 _____ 살기를 열망하기 시작했다는 것과, 그에 따라 이러한 열망을 실현시키도록 조치를 취했다는 것이다.

(a) 전쟁 없는 삶을

(b) 수많은 다른 국가에서
(c) 다양한 방식의 삶을
(d) 자유롭고 개방된 사회에서

해설 역시 글의 첫 부분에 주제가 나왔다. 값비싼 희생으로 20세기에는 어느 때보다 많은 사람들이 민주주의 국가에서 살기 시작했다고 하며, 빈칸이 있는 마지막 문장에서 이러한 전쟁의 결과를 다시 한 번 언급하고 있으므로 민주주의의 기본 이념을 반영하는 (d)가 가장 적절하다. (a) 논리적으로는 답이 될 수 있겠지만 글의 주제는 전쟁이 아닌 전쟁으로 이뤄낸 민주주의이므로 (d)가 더 자연스럽다.

어휘 democracy 민주주의, 민주 국가
come with ~이 딸려 있다, ~이 따라오다
countless 수많은   virtually 사실상
continent 대륙   aftermath (전쟁, 재해 등의) 여파
aspire 열망하다, 동경하다   take action 조치를 취하다
fulfill 이루다, 성취시키다   warfare 전쟁

3 (a)

해설 여러 언어를 공부하는 사람들은 종종 흥미로운 사실을 발견한다. 두 번째 또는 세 번째 외국어를 배우는 것이 첫 번째 외국어를 배울 때보다 훨씬 더 쉽다는 것이다. 이런 현상이 일반적으로 생기는 데는 여러 가지 이유가 있다. 우선, 그 사람이 이제는 언어를 공부하는 법을 알고 있어서 또 다른 언어를 배우는 것이 그렇게 어렵지 않다는 것이다. 결국 처음으로 했던 것이 일반적으로 가장 어려운 것이라는 말이다. 게다가 한 언어를 이미 배웠기 때문에, 다른 언어를 말하기가 편하다는 것이다. 또한 다른 언어를 배우는 자신의 능력에도 자신감을 갖게 되어, 보다 쉽게 배운다는 것이다. 이러한 이유로, 여러 언어를 공부하는 학생들은 보통 _____ 것을 깨닫는다.

(a) 공부가 이전보다 더 쉽다는
(b) 즐겁게 언어를 배운다는
(c) 언어를 가르치는 것에도 관심을 갖게 된다는
(d) 발음 또한 좋아진다는

해설 첫 번째 문장에서 여러 언어를 공부하는 사람들이 언어 학습을 쉽게 느낀다는 주제 문장을 제시하고, 이후 이를 부연하는 이유 3가지를 나열했다. 빈칸이 있는 마지막 문장에서 주제를 다시 한 번 강조하고 있으므로 정답은 (a)이다. (b) 언어 학습이 쉽게 느껴져 재미있게 배울 것이라 추론할 수 있겠지만, 글은 언어 학습의 난이도에 초점을 두고 있으므로 (a)가 더 적절하다.

어휘 multiple 다수의; 다양한   notice 알아차리다, 깨닫다
typically 일반적으로, 전형적으로   additionally 게다가
comfortable 편한, 편안한   confidence 자신감
pronunciation 발음   improve 향상시키다, 개선하다

4 (a)

해설 Robert Louis Stevenson은 _____의 거장 중 한 사람이었다. 1850년 스코틀랜드의 등대 기술자 집안에서 태어난 그는 가업을 멀리하고 작가가 되기 위해 일을 시작했다. 그는 활동적인 삶을 추구하며 멀리, 주로 아메리카와 남태평

양 지역을 여행했다. Stevenson의 첫 작품은 단편 소설과 일기로 적어둔 시 모음집이었다. 가장 유명한 그의 작품인 〈보물섬〉은 1883년 출판되었고, 너른 바다에서 해적 일당과 함께 하는 한 소년의 모험담을 다루었다. 이는 그가 가장 다작하던 시기의 시작을 나타냈다. Stevenson은 1984년 그가 사망하기까지 이 시기에 몇 권의 모험 소설을 더 썼는데, 이는 〈유괴〉와 〈지킬 박사와 하이드〉를 포함한다.

(a) 모험 소설
(b) 단편 소설
(c) 서사시 집필
(d) 다양한 여행 이야기를 기록하는 것

해설 Stevenson이 무엇의 대가인지 알아야 풀 수 있는 문제이다. 글의 마지막 부분에 〈보물섬〉, 〈유괴〉, 〈지킬 박사와 하이드〉와 같은 모험 소설을 예시로 들었으므로 (a)가 정답이다. (b) Stevenson의 첫 작품이 단편 소설이라고 했다.

어휘 lighthouse 등대　　shun 피하다, 멀리하다
profession (전문적인) 직업　　set out 시작하다, 착수하다
collection 수집품; (시, 노래의) 모음집　　publish 출판하다
deal with ~을 다루다　　high sea 공해, 망망대해
company 동료, 일행　　mark 표시하다; 나타내다
prolific 다작의

5　(c)

해석

경제에 관한 연설을 한 대통령

Johnny Carson
　　오늘 저녁 텔레비전으로 방송된 국가 연설에서 대통령은 국가가 경제적으로 어려운 시기에 직면하고 있음을 인정했다. 그러나 그는 국민들이 용기를 잃지 말아야 하며, 이러한 시기를 낙관적인 전망으로 ＿＿＿＿＿＿＿＿＿ ＿＿＿＿＿＿＿＿ 말했다. 대통령은 국가가 과거에도 어려운 시기에 직면하였지만 가까스로 살아남았음을 언급했다. 그는 국가가 다시 한 번 그렇게 해낼 수 있다고 설명했다. 그리고 나서 그는 국가가 경기 침체로부터 벗어나도록 도울 경제 계획을 금주 후반에 제시할 것이라고 발표했다.

(a) 아직 마주할 수 없다고
(b) 마주해야 할 것이라고
(c) 대신 마주해야 한다고
(d) 마주하지 않을 것이기 때문이라고

해설 경기 침체의 상황에서 국민들을 안심시키면서 경제 계획을 발표하겠다는 대통령의 대국민 연설이 실린 저널이다. 빈칸 이후에 과거처럼 다시금 어려운 시기를 이겨낼 수 있다는 내용이 나오므로 빈칸에는 낙관적인 전망을 갖자는 내용이 가장 적절하다. 'should not be discouraged'로 이야기했으므로 동일하게 should로 'not A but B'를 사용한 (c)가 정답이다. (a), (d) 글의 내용과 상반되고, (b) 답이 될 수 있지만 should를 사용하여 좀 더 부드럽게 격려하는 (c)가 더 적절하다.

어휘 deliver 배달하다; (강연, 연설을) 하다
acknowledge 인정하다　　discouraged 낙담한
optimistic 낙관적인　　outlook 전망
note 언급하다　　encounter 맞닥뜨리다, 부딪히다

---

manage to ~하는 데 (가까스로) 성공하다
state 말하다, 진술하다　　present 제시하다
recession 경기 침체, 불경기

6　(c)

해석

Greg에게,

난 필리핀의 세부를 다시 가게 돼서 너무 신나. 내가 기대했던 것 이상으로 훨씬 즐거웠거든. 난 그곳에 있는 동안 그냥 해변에서 쉬면서 맛있는 음식을 먹을 거라 생각했는데, 내 생각은 완전히 틀렸어. 세부에는 모래 해변이 없어서 난 스쿠버 다이빙을 배웠어. 총 10번을 잠수했고, 심지어 오래 전에 그곳에 가라앉은 낡은 배 주변을 헤엄치며 돌아다녔어. 한 달 후면 아내와 그곳에 다시 가게 되니까, 난 꼭 ＿＿＿＿＿＿＿＿＿＿＿＿ 좋겠어. 그곳에 있는 매일 매일 함께 스쿠버 다이빙을 할 수 있도록 말이야.

Lewis가

(a) 우리가 그냥 해변을 많이 돌아다니면
(b) 아내가 책을 많이 가져가면
(c) 아내도 스쿠버 다이빙을 배우면
(d) 우리가 너무 위험한 일은 하지 않으면

해설 빈칸 이후의 문장을 잘 이해하는 것이 관건이다. to do that은 스쿠버 다이빙하는 것을 의미한다. 따라서 아내와 함께 스쿠버 다이빙을 하고 싶다는 말이므로 그 이전에 아내도 스쿠버 다이빙을 배웠으면 좋겠다고 말하는 것이 가장 자연스럽다. 정답은 (c)이다.

어휘 completely 완전히　　absence 부재
prompt 촉구하다, (어떤 일이 일어나도록) 하다
scuba dive 스쿠버 다이빙을 하다
make sure 반드시 ~하다
hang out 시간을 보내다; 어울리다

7　(a)

해설 가톨릭 교회의 대표는 교황으로, 로마에 거주한다. 교황이 사망하면 추기경회는 가능한 후보 명단에서 새로운 교황을 선출한다. 후보가 교황으로 선출되기 위해서는 반드시 3분의 2의 과반수를 득표해야 한다. 각 투표가 끝난 다음, 추기경들은 특별 난로에서 투표용지를 불태운다. 투표가 성공적이지 못한 경우, 이들은 난로에 특별한 화학 물질을 넣는다. 이는 굴뚝을 통해 외부로 나가는 연기를 검은색으로 바꾼다. 만일 투표가 성공적이라면, 그들은 화학 물질을 추가하지 않고, 올라가는 연기는 흰색이 된다. 이러한 방법으로 추기경들은 밖에서 지켜보는 사람들에게 ＿＿＿＿＿＿＿＿＿＿ 시기를 알릴 수 있다.

(a) 새로운 교황을 선출한
(b) 다시 투표를 할
(c) 선출 과정이 곧 시작되는
(d) 가능한 후보에 대해 논의하는

해설 교황을 선출하는 과정에 관한 글이다. 투표 결과에 따라 투표

용지를 태울 때 화학 물질을 넣거나 넣지 않음으로 굴뚝 연기의 색을 구별 짓는 것은 밖에 있는 사람들에게 투표 결과를 알리기 위함일 것이다. 따라서 (a)가 정답이다. (b) 검은색 연기가 나오면 재투표를 할 테지만, 연기 자체가 재투표의 시기를 알리는 것은 아니고, (c), (d) 투표용지를 태우는 것은 투표 이후의 일이므로 오답이다.

어휘 **pope** 교황   **the College of Cardinals** 추기경회
potential 가능한, 가능성 있는   **candidate** 후보
ballot 투표용지   **chemical** 화학 물질
chimney 굴뚝   **process** 과정

8   (d)

해석 주식 시장이란 주식, 채권 및 다른 상품이 _____ 곳이다. 주식 시장의 기본 개념은 사람들이 회사에 투자를 하여, 수익을 공유하거나 회사가 실패하는 경우 돈을 잃게 된다는 것이다. 주식은 회사에 대한 소유권의 표시이며 회사의 실적과 경제 상황에 기초하여 오르거나 내릴 수 있는 가치를 보유하고 있다. 초창기에, 거래인들은 주식 시장에 물리적으로 참여하고 있어야 했다. 하지만 시간이 지나면서, 기술이 이를 변화시켰다. 처음에는 전보와 주식 티커테이프를 이용하여, 나중에는 전화와 컴퓨터를 이용하여, 전 세계의 사람들은 거래인 또는 거래 대리인이 실제로 주식 시장에 참여하지 않고도 주식을 사고 팔 수 있게 되었다.

(a) 설립되는
(b) 자주 물물교환되는
(c) 수입되는
(d) 거래될 수 있는

해설 마지막 문장을 토대로 사람들이 주식 시장에서 주식을 사고판다는 것을 알 수 있으므로 주식 시장은 주식, 채권 및 기타 상품이 거래되는 곳임을 알 수 있다. 정답은 (d)이다. (b) 글 첫 부분에 수익을 공유하거나 돈을 잃게 된다는 내용이 나오므로 물건이 교환되는 곳이 아님을 알 수 있다.

어휘 **stock** 주식   **bond** 채권
commodities 상품   **invest** 투자하다
representation 대표   **present** 참석한   **telegraph** 전보
tickertape 티커테이프 (과거 주가를 알려주던 종이테이프)
representative 대표자, 대리인   **found** 설립하다
barter 물물교환하다   **import** 수입하다

9   (b)

해석 거인증이란 어떤 사람의 몸이 성장을 멈췄어야 할 시기가 한참 지나고도 통제할 수 없을 속도로 자라는 드문 질환이다. 거인증은 주로 뇌하수체에 있는 종양의 결과인데, 종양이 있는 경우 뇌하수체는 비정상적인 양의 성장 호르몬을 분비하며, 분비가 멈췄어야 하는 시기 이후까지도 계속해서 분비하게 된다. 사람들은 한동안 이러한 증상을 진단받지 않는데, 이는 사회적으로 키가 큰 것이 매력적으로 여겨지기 때문이다. _____ 일단 누군가가 평균 신장을 훨씬 넘어 성장한다면, 거인증이 원인으로 의심될 수 있다.

(a) 결과적으로
(b) 그러나

(c) 따라서
(d) 그러므로

해설 연결사 문제의 경우 빈칸 앞뒤 문장의 관계를 파악해야 한다. 빈칸 앞 문장에서는 거인증이 잘 진단되지 않는다고 했고, 뒤 문장에서는 거인증이 의심된다고 했다. 따라서 거인증을 인지하지 못하는 경우가 많지만, 특정한 현상이 나타나면 의심해 볼 필요가 있다는 이야기이므로 '그러나'로 연결하는 것이 가장 자연스럽다. 정답은 (b)이다.

어휘 **gigantism** 거인증   **condition** 병, 질환
uncontrolled 억제되지 않는   **rate** 속도; 비율
tumor 종양   **pituitary gland** 뇌하수체   **secrete** 분비하다
cease 그치다, 그만두다   **diagnose** 진단하다
average 평균의, 보통의   **suspect** 의심하다

10   (b)

해석 좋아 보이지만 결과적으로 체중은 빠지지 않는 다이어트를 따라가는 데 지겨우신가요? 체중을 빼고 나서 유지하고 싶으신가요? 잭슨 리플렉스 쉐이크는 지방 세포를 공격하고, 신체 에너지를 증가시키며, 충분한 영양을 공급한다는 _____ 다른 다이어트 보조제와 다릅니다. 다른 다이어트 보조제는 이 중 한두 가지를 해낼 수 있겠지만, 리플렉스 쉐이크만이 세 가지 역할을 모두 할 수 있습니다. 지금 등록하세요. 그러면 시간에 따라 체중 감소를 체크해 주는 체중 관리기를 무료로 보내드립니다.

(a) ~이기는 하지만
(b) ~라는 점에서
(c) 반면에
(d) 그럼에도 불구하고

해설 빈칸 앞 문장에서는 잭슨 리플렉스 쉐이크가 다른 다이어트 보조제와는 다르다고 했고, 뒤 문장에서는 구체적으로 무엇이 다른지 세 가지 특징을 열거하고 있다. 따라서 제품의 차별 요소를 설명하고 있는 것이므로 '~라는 점에서'로 연결하는 것이 가장 자연스럽다. 정답은 (b)이다.

어휘 **be tired of** ~하는 데 질리다, 신물 나다
result in (결과적으로) ~을 낳다, 야기하다
take off 벗다, 벗기다; 빼다   **dietary** 식이 요법의
supplement 보충; 보조제   **boost** 증진시키다
sufficient 충분한   **nutrition** 영양
sign up 등록하다, 신청하다   **tracker** 추적기

11   (d)

해석 모든 차는 동일한 식물 종에서 나오지만, 특색 있는 종류의 차를 만들기 위해서는 다른 방식으로 가공된다. (a) 우선, 찻잎을 따고 가공 공장으로 운반한다. (b) 녹차를 만들기 위해서, 찻잎은 최소한으로 가공되는데, 찻잎을 약간 말리고 누르는 것이 포함된 방법이 사용된다. (c) 홍차는 가공하는 데 가장 오랜 시간이 걸리며, 찻잎이 열로 산화되기에 더 오랜 건조 시간을 수반한다. **(d) 녹차는 동아시아에서 인기가 있는 반면, 홍차는 유럽과 북미에서 더 인기가 있다.**

해설 차의 가공방식에 관한 글로, 동일한 종의 식물을 가지고 (a) 똑같이 찻잎을 따서 공장으로 운반하지만 (b) 녹차는 최소한으

로 가공되고, (c) 홍차는 가장 오랜 시간 동안 가공된다고 설명한다. 보기 중에서 (d)만 녹차와 홍차의 인기 지역을 이야기하고 있으므로 글의 흐름상 어울리지 않는다.

어휘 **process** 가공하다 **produce** 만들다, 생산하다
distinctive 독특한, 특색 있는 **involve** 포함하다, 수반하다
black tea 홍차 **oxidize** 산화시키다

12 (c)

해석 대부분의 치과의사들은 적어도 6개월마다 정기검진을 받으라고 권고하는데, 그렇게 짧은 기간 동안에도 많은 양의 플라크가 치아에 쌓일 수 있다. (a) 이는 사람들에게 충치뿐만 아니라 잇몸 질환 또한 일으킬 수 있다. (b) 치과의사들은 정기적으로 병원을 방문함으로써, 간단한 세척 과정을 통해 대부분의 플라크가 제거될 수 있다고 주장한다. (c) 사람들은 최대 32개의 치아를 가질 수 있지만, 많은 사람들은 살면서 어느 시점에 4개의 사랑니를 뽑아낸다. (d) 치과의사들은 또한 환자의 치아에 충치나 다른 문제점은 없는지 확인할 수 있으며, 그 사람이 건강한 치아를 갖도록 확실히 해 줄 수 있다.

해설 치과 정기검진의 필요성에 대해 설명하는 글이다. 플라크로 인해 (a) 충치나 잇몸 질환이 생길 수 있지만 (b) 병원을 정기적으로 방문하면 이를 간단히 제거할 수 있고, (d) 뿐만 아니라 다른 문제점까지 확인할 수 있음을 서술하는 나머지 문장과 달리 (c)는 치아 개수에 대해 설명하고 있으므로 글의 흐름에서 벗어나 있다.

어휘 **recommend** 추천하다, 권하다 **regular checkup** 정기검진
plaque 플라크, 치석 **cavity** 충치
gum disease 잇몸 질환; 치주염 **clinic** 병원
remove 제거하다 **process** 과정 **wisdom tooth** 사랑니
irregularity 불규칙; 부정 (행위); 이상
ensure 확실히 ~하다, 보장하다

13 (b)

해석

솔트 리버 브리지를 구해주세요

Sherina Jenkins

　다리에 있던 몇몇 균열이 지난 주 시 기술자에 의해 발견된 이후, 솔트 리버 브리지의 보수 공사가 내일부터 시작된다. 보수 공사는 3~4개월 소요될 것으로 예상되는데, 추가적인 테스트에서 어떤 손상이 발견되는지에 따라 다르다. "실제 대참사가 일어나기 전에 이러한 문제를 발견하게 되어 기쁘게 생각합니다. 오래된 다리이기 때문에 보수 공사가 조금 필요한 것은 전혀 놀라운 일이 아닙니다."라고 Sam Gavin 시장은 말했다. 다리를 보수하는 데는 약 2~3백만 달러의 비용이 들 것이다.

Q: 뉴스 기사의 주제는 무엇인가?

(a) 최근 붕괴된 다리
(b) 다리에 필요한 보수 공사
(c) 다리에 대한 시장의 생각
(d) 문제가 있는 다리를 보수하는 비용

해설 다리에 균열이 발견되어 보수 공사에 착수하게 되었다는 내용

이므로 (b)가 정답이다. (c), (d) 기사 마지막 부분에 나오는 내용으로 세부 정보에 불과하다.

어휘 **reconstruction** 복원; 재건 **crack** (갈라져 생긴) 금; 틈
estimate 추정하다, 어림잡다 **repair** 수리, 보수
depending upon ~에 따라 **turn up** 나타나다; 찾게 되다
catastrophe 참사 **mayor** 시장
collapse 붕괴되다, 무너지다 **faulty** 결함이 있는

14 (a)

해석 집이나 자동차를 일시불로 구매하는 것은 거의 모든 사람들의 재정적인 수단으로는 불가능하다. 따라서 그들은 구매를 하기 위해 은행에서 돈을 빌려야 한다. 대출을 보증하기 위해서는, 은행 대출금을 갚지 못하는 경우 몰수당하게 되는 특정 형태의 담보물이 제공되어야 한다. 대부분의 경우, 은행은 구매되는 물건이 대출의 담보 역할을 하도록 한다. 만일 사람들이 자신의 대출에 대한 채무를 이행하지 않는 경우, 은행은 이러한 소유물들을 압류하려는 것이다.

Q: 필자의 요지는 무엇인가?

(a) 은행은 충분한 담보가 없는 사람에게 대출을 하려 하지 않는다.
(b) 대출은 다수의 사람들이 큰 지출을 할 때 필요하다.
(c) 소유주가 지출에 있어 채무를 이행하지 않을 경우 은행이 집의 소유권을 갖는 것은 일반적이다.
(d) 사람들은 대출을 받을 때 자산에 대한 소유권을 몰수당하는 데 동의해야 한다.

해설 큰 지출을 할 때 사람들은 은행에서 돈을 빌리려 하지만, 필자는 담보물 없이는 은행이 돈을 빌려주지 않을 것이라 말하고 있다. 따라서 정답은 (a)이다. (b) 올바른 정보이지만 첫 문장에만 언급된 글의 개관일 뿐이고, (d) 역시 담보에 대한 올바른 정보이지만 화자가 하고자 하는 말은 아니다. (c) 소유주가 채무를 이행하지 않을 경우 구매하려는 물건을 담보로 잡는다. 따라서 집이 아닌 다른 물건의 소유권을 갖게 될 수도 있는 것이다.

어휘 **financial** 재정적인 **means** (pl.) 수단, 방법
secure 안전하게 하다; 확보하다; 보증하다
collateral 담보물 **forfeit** 몰수하다, 박탈하다
in case ~하는 경우에 **serve as** ~의 역할을 하다
seize 붙잡다; 압류하다 **possessions** (pl.) 재산; 소유물
default (채무를) 이행하지 않다 **sufficient** 충분한

15 (d)

해석 콘크리트는 지구상에서 사용되는 가장 일반적인 인공 건축 재료이다. 그럼에도 불구하고, 많은 사람들은 콘크리트와 시멘트 사이의 관계를 알지 못한다. 시멘트는 물과 섞이게 되면 굳어져 그것이 접촉하는 다른 물체에 영구적으로 들러붙을 수 있는 혼합물이다. 이런 점에서 시멘트는 접착제와 비슷하지만, 먼저 물에 의해 활성화되어야 한다. 시멘트의 형태는 일반적으로 고운 분말이다. 반면에 콘크리트는 모래와 자갈과 같은 다른 재료와 혼합된 시멘트이다. 시멘트 없이 콘크리트는 본질적으로 쓸모가 없을 것인데, 이는 시멘트가 콘크리트를 다른 물체와 굳어지게 만들어주기 때문이다. 결국 콘크리트가

더 자주 사용되지만, 주요 재료는 바로 시멘트라고 할 수 있는 것이다.

Q: 지문은 주로 무엇에 관한 것인가?

(a) 사람들이 시멘트보다 콘크리트를 선호하는 이유
(b) 시멘트와 콘크리트의 사용
(c) 시멘트와 콘크리트의 구성 요소
(d) 시멘트와 콘크리트의 차이

해설 지문 전반적으로 콘크리트와 시멘트의 차이를 설명하고 있으므로 (d)가 가장 적절하다. (a) 콘크리트와 시멘트 중에서 무엇이 더 좋은지를 설명하려는 것이 아니라 단순히 그 둘이 다른 점만을 열거하고 있고, (c) 콘크리트의 원료에 관한 내용만 언급되었다.

어휘 manmade 인공의, 사람이 만든　**material** 재료
be unaware of ~을 알지 못 하다, 모르다
compound 혼합물, 화합물　**solidify** 굳어지다
in this regard 이런 점에서, 이것과 관련하여
activate 활성화하다　**gravel** 자갈
bind 묶다; (시멘트가) 굳어지다　**ingredient** 재료; 성분
component (구성) 요소

16 (c)

해설 민주주의 국가에서, 대다수 성인은 투표권을 가지고 있다. 일반적으로 수감 중이거나 중죄를 저지른 시민들만 투표할 자격이 없다. 이상하게도 많은 사람들은 단순히 투표에 참여하지 않음으로써 이러한 권리를 포기한다. 어떤 민주주의 국가에서도 투표가 강제적이어서는 안 되지만, 사람들은 여전히 투표권을 행사해야 한다. 투표는 사람들이 정부에 대한 이해관계를 가지며 자신의 목소리를 낼 수 있도록 한다. 뿐만 아니라, 많은 선거가 박빙의 승부로 끝나기 때문에, 말 그대로 모든 표가 중요한 것이다. 최근 몇몇 선거에서는 실제로 10여 표 미만의 차이로 승부가 결정된 바 있다.

Q: 민주주의 국가에 대해 다음 중 옳은 것은 무엇인가?

(a) 유권자들에게 선거에서 투표할 것을 요구한다.
(b) 유죄 선고를 받은 사람들도 투표하도록 허용한다.
(c) 대부분의 성인이 선거에 참여할 수 있게 한다.
(d) 모든 사람들의 표를 집계하지 못한다.

해설 옳은 사실을 찾는 문제는 지문과 선택지를 비교, 대조하며 읽어 나가는 것이 좋다. (a) 민주주의 국가에서 투표는 의무가 아니며, 투표권을 포기하는 사람들도 있다. (b) 유죄 선고를 받은 사람들은 투표 자격이 없고, (c) 첫 번째 문장에서 대다수의 성인이 투표권을 가지고 있다고 했으므로 (c)가 정답이다. (d) 민주주의 국가에서는 모든 표가 중요하게 여겨지므로, 이를 모두 집계해야 할 것이다.

어휘 democracy 민주주의; 민주주의 국가
felony 중죄, 흉악 범죄　**ineligible** 자격이 없는
compulsory 강제적인　**exercise** (권리를) 행사하다
guarantee 보증하다, 보장하다
have a stake in ~에 이해관계가 있다
literally 글자 그대로　**count** (수를) 세다; 중요하다
cast a ballot 투표하다　**convict** 유죄를 선고하다

17 (a)

해석
> ### 피자 먹을 시간입니다!
>
> 마리오 피자리아는 최고 품질의 피자로 도시 전역에서 유명합니다. 저희는 매일 아침 일찍 만든 신선한 밀가루 반죽을 사용하며, 이를 최고급 이탈리아 토마토소스와 합칩니다. 저희는 또한 이 지역에서 입수한 고기와 치즈만을 이용하여 피자를 토핑합니다. 마지막으로 저희는 모든 피자를 치즈가 황금 갈색이 될 때까지 직접 만든 나무 벽돌 오븐에서 굽습니다.
>
> • 마리오 피자리아는 브론윈 백화점 바로 옆에 있는 서머사이드 쇼핑몰 2층에 위치하고 있습니다.
> • 예약이 필수는 아니지만 저녁 시간과 주말에는 권장됩니다.
> • 저희는 매일 11시부터 10시까지 엽니다.
>
> ### 마리오 피자리아

Q: 광고에 따르면 마리오 피자리아에 대해 다음 중 옳은 것은 무엇인가?

(a) 고객들은 그곳에서 식사하기 위해 예약할 필요가 없다.
(b) 쇼핑몰에 있는 백화점 내에 위치하고 있다.
(c) 포장과 배달 서비스를 모두 제공한다.
(d) 사용되는 고기와 치즈는 이탈리아에서 수입된다.

해설 광고 마지막 부분에서 저녁 시간과 주말에는 예약을 권장하고 있지만 필수는 아니라고 했으므로 (a)가 정답이다. (b) 마리오 피자리아는 백화점 옆에 있는 쇼핑몰 2층에 위치하고 있고, (d) 사용되는 고기와 치즈는 마리오 피자리아가 위치한 지역에서 나온다. (c) 언급되지 않은 내용이다.

어휘 renowned 유명한　**dough** 도우, 밀가루 반죽
combine 결합하다　**acquire** 얻다, 획득하다
top 1위를 하다; 토핑하다　**handmade** 손으로 만든
brick 벽돌　**locate** 위치시키다　**department store** 백화점
dine 식사를 하다　**import** 수입하다

18 (d)

해석 상속은 이를 받는 사람에게 긍정적일 수도 있고 부정적일 수도 있다. 나라에 따라, 상속인은 사망한 친족으로부터 상속받은 돈이나 부동산에 부과된 상당한 양의 세금을 지불해야 할지도 모른다. 만약에 집과 같이 부동산이 관련되어 있을 경우, 집은 현 시가로 가치가 매겨진다. 그러면 세금은 그 집의 가치에 따라 지불되어야 한다. 결과적으로, 집을 상속받은 사람들은 종종 그저 부과된 상속세를 지불하기 위해 집을 팔아야 한다는 사실을 알게 된다.

Q: 지문에 따르면 상속받은 집을 팔아야 하는 이유는 무엇인가?

(a) 상속인이 실제로 그 집에서 사는 것에 흥미가 없다.
(b) 정부가 상속인에게 집을 팔 것을 요구한다.
(c) 상속인이 집의 담보대출금을 지불할 여력이 없다.
(d) 상속인이 세금을 내기에 충분한 현금이 없다.

해설 상속세에 관해 집을 예로 들어 설명하고 있다. 만약 집을 상속받는 경우, 시가로 상속세가 산정이 되는데, 이는 상속인에게

부담이 될 수 있고, 결국 그는 집을 팔아 이를 지불해야 한다. 따라서 (d)가 정답이다.

어휘 inheritance 상속 depending on ~에 따라
heir 상속인 substantial 상당한 property 재산; 부동산
inherit 상속받다, 물려받다 market price 시장 가격
levy (세금 등을) 징수하다, 부과하다 mortgage 주택담보대출

19 (b)

해석 나이트 브리지 쇼핑몰 관리부는 연례 점검을 실시할 필요에 따라 7월 10일 토요일 서쪽 엘리베이터의 운행을 중단함을 알립니다. 메인 로비의 에스컬레이터는 계속 운행되오니, 고객님들께서는 쇼핑몰 1층에서 3층 사이를 쉽게 이동하실 수 있습니다. 장애가 있으시거나 연로하신 고객님들께는 쇼핑몰 뒤쪽 입구에 있는 직원 전용 엘리베이터를 이용하시면 됩니다. 쇼핑몰 직원이 항시 대기하면서 고객님들께서 이 엘리베이터를 사용하시는 것을 도와드릴 것입니다. 이번 엘리베이터 점검은 24시간이면 완료될 것으로 예상됩니다. 점검이 더 길어지게 된다면, 가능한 한 빨리 고객님들께 알려드리겠습니다.

Q: 안내문에 따르면 다음 중 옳은 것은 무엇인가?

(a) 7월 10일 토요일에는 쇼핑몰의 어떤 엘리베이터도 운행되지 않을 것이다.
(b) 폐쇄된 엘리베이터를 보충하기 위해 특별 조치가 취해질 것이다.
(c) 추가 공지가 있을 때까지 엘리베이터는 수리를 위해 폐쇄되고 있다.
(d) 엘리베이터와 에스컬레이터 모두에 대한 점검이 곧 실시될 것이다.

해설 엘리베이터 점검과 관련된 안내문으로, 점검을 위해 엘리베이터 일부를 폐쇄하니 이에 따라 에스컬레이터나 직원용 엘리베이터를 이용할 것을 알리고 있다. 따라서 (b)가 정답이다. (a), (d) 서쪽에 있는 엘리베이터만 운행을 중단할 것이고, (c) 현재 엘리베이터를 폐쇄한 것은 아니다.

어휘 an elevator bank 일렬로 늘어선 엘리베이터
conduct (특정 활동을) 하다 inspection 점검, 검사
foyer (호텔 등의) 로비, 현관
in operation 작동 중인, 운행 중인 disabled 장애가 있는
a service elevator 직원용 엘리베이터 rear 뒤쪽의
stand by 대기하다 patron 후원자; 고객
take measures 조치를 취하다
compensate 보상하다; 보완하다

20 (a)

해석 우주 탐험에 드는 비용은 엄청나다. 미국이나 러시아와 같은 일부 국가들은 매년 수십 억 달러를 우주 프로그램에 지출한다. 하지만 몇몇 사람들은 최근 정부가 우주 탐험에 그렇게 많은 돈을 사용하는 것을 중단하라고 촉구하고 있다. 우주 프로그램이 가져다주는 수많은 혜택에도 불구하고, 이들은 돈을 이곳 지구상에서 사용하는 데 더 관심을 두고 있다. 그들은 우주 프로그램의 혜택은 무형의 것이며 사람들에게 딱히 도움이 되지 않는다고 주장한다. 나아가 그들은 우주 프로그램에 사용되는 돈이 지구상의 가난한 사람들, 노인들, 또는 장애인들

을 돕는 데 더욱 잘 사용될 수 있다고 주장한다. 이들 중 많은 사람들은 우주 개발이 너무 위험하여 단순히 그러한 위험성만큼의 가치가 없다고도 생각한다.

Q: 뉴스 보도에 따르면 다음 중 옳은 것은 무엇인가?

(a) 일부 사람들은 우주 탐험에 지나치게 많은 돈이 사용되고 있다고 생각한다.
(b) 몇몇 정부는 우주 프로그램을 포기하는 것을 고려하고 있다.
(c) 대부분 국가들의 우주 프로그램은 아무런 혜택도 제공하지 못한다.
(d) 우주 탐험은 가난한 사람들, 노인들 그리고 장애인들에게 도움이 되어 왔다.

해설 However로 시작하는 세 번째 문장부터 우주 탐험에 많은 돈을 쓰는 것을 반대하는 사람들의 이야기가 나와 있으므로 (a)가 정답이다. (c) 지문 중간 부분에서 우주 프로그램이 주는 수많은 혜택이 있다고 했다.

어휘 space exploration 우주 탐험
staggering 비틀거리는; 깜짝 놀라게 하는
urge 촉구하다 myriad 수많은, 무수한
be concerned with ~에 관심이 있다 intangible 무형의
worth ~의 가치가 있는 abandon 버리다

21 (c)

해석

> ### 리차드슨가의 한 주택에 닥친 불행
> Miranda Clark
>
> 월요일 오전 늦게, 세 대의 소방차가 119 신고를 받고 리차드슨가의 한 주택으로 달려갔다. 마침내 불은 끌 수 있었지만, 그 집은 거의 전부 불에 탄 잿더미가 되었다. 집 주인인 Charles Powers는 병원으로 이송되어 연기 흡입 치료를 받았다. 그의 아내와 두 딸들은 무사한 것으로 알려졌으며, 사고 현장에서 간단한 치료만 받았다. 소방대장은 현재 화재 원인을 조사하고 있지만, 방화가 의심되고 있다. 관계자에 따르면 어떤 이웃 주민이 화재가 나기 몇 분 전 Powers의 집 뒤뜰에서 수상한 사람을 목격했다고 한다.

Q: 뉴스 기사에 의하면, 화재에 대해 다음 중 옳은 것은 무엇인가?

(a) Powers 가족 전원이 병원에 입원하게 되었다.
(b) 집이 완전히 전소되기 전에 진화되었다.
(c) 누군가 고의로 불을 지른 것일 수 있다.
(d) 정확한 화재가 왜 일어났는지 알아내는 데 일주일 정도 걸릴 것이다.

해설 지문의 마지막 부분에 화재 원인을 조사 중에 있긴 하지만 방화로 의심되고 있다는 내용이 나온다. 따라서 정답은 (c)이다. arson이라는 단어를 모르더라도 수상한 사람을 목격했다는 마지막 문장이 있으므로 쉽게 답을 찾을 수 있다. (a) Charles Powers만 입원하게 되었고, (b) 불은 진화되었지만 집이 이미 전소된 이후였다.

어휘 strike 치다; (재난, 질병이) 발생하다, 덮치다

fire engine 소방차　make one's way to ~로 가다
manage to ~하는 데 (가까스로) 성공하다
extinguish (불을) 끄다 (put out)
burn to the ground 완전히 전소되다, 잿더미가 되다
inhalation 흡입　fire marshal 소방대장
investigate 조사하다　arson 방화
break out 발생하다, 발발하다　intentionally 의도적으로

22 (b)

해석 인간은 자신이 할 수 있는 일에 육체적으로나 정신적으로나 한계가 있다. 그러나 몇몇 사람들은 자신의 마음과 몸을 혹사시킨다. 이는 그들로 하여금 정신적, 그리고 육체적 고통을 겪게 만들 수 있다. 정신적으로, 그들의 감정은 통제하기 어려워질 수 있다. 어떤 사람이 주변에 있는 것에 짜증을 내거나 불쾌해할 수 있다. 이는 당연히 개인의 사회생활에 부정적인 영향을 끼치게 될 것이다. 한편 육체적으로는 몸이 쇠약해진다. 일반적으로는 노화와 관련 있는 많은 신체 문제들이 과로로 인해 발생될 수 있다. 사람들은 피로뿐만 아니라 다양한 피부 질환과 같은 신체상의 문제 또한 겪을 수 있다. 이러한 정신적, 육체적 피로를 극복하는 가장 좋은 방법은 휴식이다. 이는 개인의 능력을 재충전하고 신체적 문제를 극복하는 데 역시 도움이 될 것이다.

Q: 필자가 가장 동의할 것 같은 문장은 무엇인가?

(a) 노화와 관련된 문제는 휴식을 통해 극복할 수 있다.
(b) 휴식은 사람들의 감정을 더욱 긍정적으로 만들어 줄 것이다.
(c) 대부분의 직장인들은 스트레스에 시달린다.
(d) 지나치게 일을 많이 하는 것은 결국 몸을 망가뜨린다.

해설 필자는 인간이 자신의 마음과 몸을 혹사시키면 정신적, 육체적 고통을 겪게 된다고 하며, 이를 극복하는 가장 좋은 방법이 휴식이라고 한다. 이처럼 휴식은 정신적으로도, 육체적으로도 도움이 되는 것이므로 필자는 휴식이 사람의 감정을 긍정적으로 만들어 줄 것이라는 (b)에 가장 동의할 것이다. (a) 피로로 인해 나타나는 신체적 문제들이 주로 노화와 관련 있는 문제들이고, 이를 극복하기 위해서는 휴식을 취하라고 했다. 따라서 노화와 관련된 문제 자체를 휴식을 통해 극복할 수 있는 것은 아니다. (d) 지나치게 일을 많이 하면 신체적인 문제를 겪을 수 있다고 했지만 이것이 몸을 망가뜨린다는 해석은 지나친 비약이다.

어휘 physically 신체적으로　overwork 과로하다, 혹사시키다
controllable 통제할 수 있는　irritable 짜증내는, 화가 난
unpleasant 불쾌한　be associated with ~와 관련이 있다
bring about ~을 야기하다, 초래하다
condition 상태; 질환　fatigue 피로 (wearliness)
recharge 재충전하다　overcome 극복하다
break down 고장 나다; 아주 나빠지다

23 (d)

해석 새로운 컴퓨터를 원하는데 가격이 너무 비싼 것 같습니까? 그렇다면 맥스 중고 컴퓨터 가게로 오세요. 저희는 여러분이 필요로 하는 바로 그것을 가지고 있습니다. 이곳 맥스 중고 컴퓨터 가게에서, 여러분은 판매하고 있는 모든 종류의 중고 컴퓨

터를 찾을 수 있습니다. 저희 컴퓨터 중 일부 제품은 단 두 어 달 밖에 되지 않아서, 절대 실망하지 않으실 겁니다. 새로운 컴퓨터가 끊임없이 시장에 출시되고 있지만, 그것이 중고 제품이 좋지 않다는 뜻은 아닙니다. 사실, 저희 컴퓨터 대부분은 고품질 모델입니다. 하지만 저희가 책정한 가격은 여러분이 새로운 컴퓨터를 구매할 때 지불하는 가격의 최대 70% 덜 나갑니다. 하이랜드가 14번지에 위치한 맥스 중고 컴퓨터 가게로 오셔서, 여러분이 찾고 있는 품질 좋고 저렴한 컴퓨터를 구입하십시오.

Q: 맥스 중고 컴퓨터 가게에 대해 추론할 수 있는 것은 무엇인가?

(a) 높은 가격으로 중고 컴퓨터를 매입한다.
(b) 새 컴퓨터를 전문으로 한다.
(c) 중고 컴퓨터를 파는 새 가게이다.
(d) 사람들은 그곳에서 저렴한 가격으로 컴퓨터를 살 수 있다.

해설 지문 마지막 부분에 가격에 대한 내용이 나온다. 새 컴퓨터보다 최대 70% 저렴하게 컴퓨터를 살 수 있다고 했으므로 저렴한 가격으로 컴퓨터를 살 수 있을 것이라 추론하는 (d)가 가장 적절하다. (a) 중고 컴퓨터 매입에 관한 내용은 없었고, (b) 중고 컴퓨터를 전문으로 한다. (c) 새로 생긴 가게인지는 알 수 없다.

어휘 used 중고의　for sale 판매 중인　disappointed 실망한
constantly 끊임없이, 계속　come out 나오다, 출시되다
no good 쓸모없는, 저급의　charge (비용을) 부과하다
up to ~까지　quality 양질의, 고급의
brand-new (제품이) 새로운　previously 이전에
affordable (가격이) 알맞은; 저렴한

24 (d)

해석

> Fred에게,
>
> 내일 오전 10시에 있을 회의에 대해 들었어? 그랬기를 바라지만, 확신할 수가 없네. 네가 이것에 대해 알아야 하는 이유는 바로 Smithers 씨가 부서 내 모든 직원은 내일 반드시 참석해야 하고, 그렇지 않으면 큰 곤경에 처할 거라고 말했기 때문이야. 지난 이틀 동안 네가 사무실에 없었으니, 난 네가 회의에 대해 확실히 알고 있도록 하려고. 네가 어려움을 겪는 걸 보고 싶지 않아. 내일 아침 일찍 만나자.
>
> Steve가

Q: 이메일로부터 추론할 수 있는 것은 무엇인가?

(a) Steve는 Fred가 회의에 대해서 들었을 것이라고 확신한다.
(b) 회의 참석은 자발적이다.
(c) Fred는 지난 며칠간 아팠다.
(d) Smithers 씨는 부서를 관장한다.

해설 Smithers 씨가 부서 내의 모든 직원들이 회의에 참석해야 한다고 지시했으므로 그가 부서를 관장한다고 추론하는 (d)가 가장 적절하다. (a) Steve는 Fred가 회의에 대해 들었을 것이라 확신하지 못하기에 이메일을 보내고 있는 것이고, (b) absolutely must be in attendance라고 했으므로 회의 참석

은 강제적이다. (c) Fred가 며칠간 사무실에 없었던 것은 사실이지만 그 이유는 알 수 없다.

25 (a)

해석
지하의 샘에서 나오는 기분 좋은 물

오아시스는 사막의 한 지역으로 충분한 물이 지표면에 도달하여 식물의 생장을 돕는 곳이다. 대개, 지하로부터 나오는 압력이 물을 지하의 샘에서 지표면으로 졸졸 흐르게 한다. 지나가는 새는 멈춰서 물을 마시고 그곳에 배설물을 남긴다. 배설물 속의 씨는 발아하여 나무와 풀이 된다. 어떤 오아시스는 아주 작지만 어떤 것은 매우 넓어서 많은 수의 사람과 동물을 부양할 수 있다. 오아시스는 근본적으로 그렇지 않으면 메말랐을 땅에 존재하는 생명의 섬이기 때문에 중요하다. 오아시스는 여행로와 무역로에 있는 중요한 지점이며 많은 사막 여행자들에게 잘 알려져 있다.

Q: 지문으로부터 추론할 수 있는 것은 무엇인가?

(a) 몇몇 오아시스는 많은 양의 지표수를 보유하고 있다.
(b) 오아시스는 일부 사막에서 매우 빈번하게 나타난다.
(c) 사람들은 종종 오아시스에서 거래를 한다.
(d) 대부분의 오아시스 주변에는 숲이 있다.

해설 지문 중간 부분에 while others are extensive and can support large human and animal populations라는 내용이 나온다. 따라서 사람과 동물을 부양할 수 있는 정도로 많은 양의 지표수를 보유한 오아시스가 있을 것이라 추론하는 (a)가 가장 적절하다. (b) 오아시스의 출현 빈도는 언급되지 않았고, (c) 오아시스가 여행로와 무역로에서 중요한 지점이 된다고는 했으나 오아시스에서 거래한다고 하지 않았다. (d) 오아시스 주변에 나무와 풀이 자라지만 숲이 될 정도는 아니다.

26-27 (b), (b)

해석
아동보육 서비스에 있어 새로운 이름이 등장했습니다. 이름하여 해피 핸즈 어린이집입니다. 저희는 여러분이 일을 하거나, 볼일을 보고, 혹은 그저 느긋한 당일 여행을 즐기는 동안 여러분의 자녀들을 돌봐드립니다. 해피 핸즈 어린이집에서는 여러분의 아이들이 안전할 것입니다. 저희는 네 명의 교사를 보유하고 있으며, 모두 아동학 분야에서의 상급 학위와 어린 아이들을 다뤄본 경력을 지

니고 있습니다.

저희는 원내 모든 아이들에게 교육과 놀이 모두를 위한 안전하고 따뜻한 장소를 제공합니다. 또한 저희는 모든 사람들이 대부분의 어린이집에서 제시되는 높은 가격을 감당할 수 없다는 것을 이해합니다. 그래서 저희 해피 핸즈 어린이집 요금이 도시 내 다른 어린이집의 평균 비용보다 20% 낮은 것입니다. 저희는 비용을 줄였지만, 보육의 질을 줄이지는 않았습니다. 저희는 아침 6시에 시작하여 밤 10시까지 엽니다. 부모님들의 요구를 더 잘 충족시키기 위해서이죠. 여러분 자신의 삶을 돌보기 위해 저희가 여러분 자녀를 돌보도록 허락해 주십시오.

해피 핸즈 어린이집

26 Q: 광고는 주로 무엇에 관한 것인가?

(a) 산아 제한과 가족계획
(b) 맞벌이 부부를 위한 보육 시설
(c) 경제적으로 어려운 가정을 위한 교육 시설
(d) 최신식 어린이집의 개원

27 Q: 해피 핸즈 어린이집에 대해 다음 중 옳은 것은 무엇인가?

(a) 다른 어린이집보다 학생이 20% 더 많다.
(b) 보다 낮은 가격을 위해 품질을 희생하지는 않았다.
(c) 아이들이 수준 높은 과목을 배우도록 돕는다.
(d) 저녁 6시까지 아이를 돌본다.

해설 26 새로 개장한 어린이집에 관한 광고이다. 아침 6시부터 밤 10시까지 운영을 하는 것으로 보아 볼일을 보고, 여행을 즐기는 부모를 위한 시설이기도 하지만, 주로 일을 하는 맞벌이 가정을 위한 시설임을 알 수 있다. 따라서 정답은 (b)이다. (d) 새로운 어린이집이 개원한 것은 맞지만 최신식인지는 알 수 없다.

27 (a) 비용이 20% 저렴하다고 했고, (b) We cut back on the expenses but not the quality of care에서 비용은 줄였지만 교육의 질을 줄이지는 않았다고 했으므로 (b)가 정답이다. (c) 언급되지 않은 내용이고, (d) 운영 시간은 아침 6시부터 저녁 10시까지이다.

28-29 (d), (a)

해석
독립기념일(Fourth of July)이 이번 주 목요일로 코앞에 다가왔으니 여러분과 여러분의 가족들이 재미를 놓치지 않으려면 랭글리 공원에 오셔야 합니다. 이번 해의 행사는 모두가 즐길 수 있는 게임과 활동으로 역대 가장 큰 규모

일 것을 약속드립니다. 하이라이트는 다음과 같은 사항을 포함합니다.

- 오전 10시의 연례 퍼레이드 – 저희 퍼레이드를 보면서 주말을 시작하십시오. 100대 이상의 퍼레이드 수레가 이번 년도에 참가할 것입니다. 유명한 행군 악단과 댄서들, 그리고 만화가들도 등장할 것입니다.
- 라이브 음악 공연 – 와서 훌륭한 지역 및 국내 연주가들이 연주하는 여러분이 가장 좋아하는 곡에 맞춰 춤을 추십시오.
- 바비큐 파티 – 돼지고기, 쇠고기, 닭고기, 심지어 양고기까지 제공되는 저희의 유명한 바비큐를 먹어보십시오.
- 아이들을 위한 많은 행사 – 페이스페인팅, 체험 동물원, 모든 어린이들이 참여할 수 있는 게임이 준비되어 있습니다.

축제는 아름다운 불꽃놀이로 끝날 것입니다. 이번 주 토요일 독립기념일 행사를 위해 랭글리 공원으로 온 가족을 데려와 잊지 못할 추억을 만드십시오.

28 Q: 독립기념일은 어떻게 마무리되는가?

(a) 사람들은 바비큐 파티를 즐길 수 있을 것이다.
(b) 사람들은 많은 퍼레이드 수레의 행진을 볼 것이다.
(c) 대규모 라이브 음악 공연이 있을 것이다.
(d) 멋진 불꽃놀이 공연이 있을 것이다.

29 Q: 안내문으로부터 추론할 수 있는 것은 무엇인가?

(a) 행사는 퍼레이드로 시작할 것이다.
(b) 대부분의 행사는 성인에게 맞춰져 있다.
(c) 축제는 이전에 양고기 바비큐를 제공한 적이 없었다.
(d) 행사는 7월 4일에 있을 것이다.

28 행사 항목을 설명한 뒤 불꽃놀이로 축제가 끝난다고 했으므로 (d)가 정답이다. (a), (b), (c) 모두 축제에 포함되어 있는 행사이다.

29 퍼레이드가 첫 번째 항목으로 나왔고, 오전 10시라는 것과 퍼레이드를 보면서 주말을 시작하라는 말에서 퍼레이드로 행사가 시작됨을 유추할 수 있다. 따라서 정답은 (a)이다. (b) 마지막 항목에 보면 아이들을 위한 행사도 많음을 알 수 있다. (c) 유명한 바비큐 파티라고 했고, 양고기에 대한 특별한 언급이 없으므로 양고기 바비큐를 제공한 적이 있을 것이다. (d) 독립기념일(Fourth of July)은 7월 4일 목요일이고, 행사는 주말에 있다.

be around the corner 코앞에 있다. 임박하다
highlight 하이라이트, 가장 흥미로운 부분
kick off 시작하다; 시작되다   **float** (퍼레이드의) 장식 수레
renowned 유명한   **marching band** 행군 악단
make an appearance 출연하다; (잠깐) 얼굴을 내밀다
boogie 춤을 추다   **barbecue pit** 바비큐용 화덕
cookout 야외 파티
sink one's teeth into ~에 몰두하다; ~을 한입에 먹다
a petting zoo 아이들이 동물을 만질 수 있는 동물원
festivity 축제 행사   **cap off** 끝마치다
spectacular 장관을 이루는
gear ~ towards ... ...에 적합하도록 ~을 맞추다
take place 개최되다, 일어나다

30-31 (c), (b)

사설: 의심의 여지없이 성장하고 있는 작은 마을 존슨빌

전체 기사 읽기 ▼

댓글
Kellyanne Watt, 9월 17일

내가 처음 작은 마을인 존슨빌에 새로운 쇼핑몰이 들어온다는 기사를 읽었을 때, 나는 신이 났다. "우리가 드디어 성장하고 있구나,"라고 나는 생각했다. "우리는 대도시에 있는 사람들과 똑같은 것을 쇼핑하고 가질 수 있겠어." 이제 나는 그것에 신이 나지는 않는다. 그 이유는 내가 존슨빌 밸리 쇼핑몰이 우리 지역에 문제를 야기할 것이라고 생각하기 때문이다.

존슨빌 밸리 쇼핑몰은 986,000제곱피트에 달하는 지역에 200개 이상의 상점 및 식당과 함께 실내 롤러코스터와 워터 슬라이드를 특징으로 할 것이다. 이는 정말 대규모인 것이고, 지역 환경에 좋지 않을 것이다. 이는 많은 나무를 잘라내어 동물들을 서식지에서 쫓아낼 것이다. 이는 또한 우리 지역을 오고 가는 방문객들에게 주요 관광지가 될 것으로 예상된다. 이는 우리의 조용한 마을이 교통 체증으로 시달릴 것이라는 의미이다. 많은 사람들이 이곳의 조용하고 느긋한 삶의 속도 때문에 우리 지역으로 이사를 왔다. 이제 그들은 실망할 것이다. 그들은 심지어 이사를 떠날지도 모른다. 분명, 쇼핑몰은 돈을 가져올 것이다. 그러나 어떤 대가가 있는가?

30 Q: 존슨빌 밸리 쇼핑몰에 관한 필자의 요지는 무엇인가?

(a) 마을의 지역 사업에 활력을 불어넣을 것이다.
(b) 많은 관광객을 끌어들여 돈을 벌 것이다.
(c) 쇼핑몰이 가져오는 경제 성장은 주민들에게 도움이 되지 않을 것이다.
(d) 방문객들이 즐길 만한 흥미로운 놀이기구가 있을 것이다.

31 Q: 댓글로부터 존슨빌 밸리 쇼핑몰에 대해 추론할 수 있는 것은 무엇인가?

(a) 국내의 다른 어떤 쇼핑몰보다 상점과 식당이 더 많다.
(b) 다양한 동물들이 사는 자연 지역을 대체할 것이다.
(c) 지금으로부터 약 2년 후에 개장할 예정이다.
(d) 쇼핑몰 안에 들어올 대규모 놀이공원을 특징으로 할 것이다.

30 필자는 존슨빌 밸리 쇼핑몰이 들어온다는 소식을 들었을 때, 처음에는 기뻤지만 현재는 그것이 야기할 환경 파괴와 교통 체증을 이유로 이를 부정적으로 생각하고 있다. 따라서 경제 성장은 있겠지만 그것이 주민들에게 도움이 되지 않을 것이라는 (c)가 가장 적절하다. (a), (b), (d) 모두 올바른 정보이지만 필자가 하고자 하는 말은 아니다.

31 두 번째 문단 처음 부분을 보면 쇼핑몰이 많은 나무를 잘라내어 결국 동물들을 쫓아낼 것이라는 내용이 나온다. 따라서 동물들이 살던 곳에 쇼핑몰이 들어올 것이라 추론하는 (b)가 정답이다. (a) 국내 다른 쇼핑몰과 비교한 내용은 없었고, (c) 개장 시점은 언급되지 않았다. (d) 쇼핑몰 안에 롤러코스터와 워

터 슬라이드가 있지만 놀이공원이 들어오는지는 알 수 없다.

32-33 (c), (a)

해석
미국-캐나다 국경과 미국-멕시코 국경간의 차이는 두드러진다. 캐나다 쪽 국경은 숲으로 뒤덮여 있는 반면, 멕시코 쪽 국경은 거의 완전 사막이다. 그러나 가장 큰 차이는 보안에 있다. 미국과 캐나다는 세계에서 가장 긴 무방비의 담장 없는 국경을 공유한다. 세관 직원들이 주요 횡단 지점에서는 양쪽에 위치하고 있긴 하지만, 담장도 없고, 감시 초소도 없으며, 대부분의 지역에서는 국경을 따라 사람이 존재하지도 않는다.

세계에서 가장 빈번하게 넘나드는 국경 중 하나인 미국-멕시코 국경은 이와 정반대이다. 미국은 국경을 따라 일련의 담장과 장벽을 세웠지만, 이것이 전 지역을 덮는 것은 아니어서 그 사이에는 많은 틈이 있다. 미국 국경 순찰대는 미국 영토에 들어오려는 불법 이민자와 마약 밀수범을 잡기 위해 그 지역을 수색한다. 이러한 순찰 대원들의 노력에도 불구하고, 많은 이가 국경 안으로 들어오는 데 성공한다. 아마도 이러한 담장이나 순찰대가 곧 캐나다 쪽 국경을 따라서도 존재할 수 있는데, 외국인들이 캐나다의 느슨한 이민법과 여행법을 이용하여 일단 캐나다에 입국한 다음 미국에 불법적으로 입국하기를 시작했기 때문이다.

32 Q: 지문의 주제는 무엇인가?

(a) 미국과 캐나다의 국경 순찰대가 다른 점
(b) 국경선에 강경 노선을 취하는 몇몇 정부
(c) 미국, 캐나다, 멕시코 간의 국경
(d) 국가 안보가 큰 중요성을 가지는 이유

33 Q: 지문에 따르면 다음 중 옳은 것은 무엇인가?

(a) 미국의 불법 이민자 모두가 멕시코 국경으로 넘어오는 것은 아니다.
(b) 미국-캐나다 국경은 세계에서 가장 빈번하게 넘나드는 국경이다.
(c) 미국-멕시코 국경 전역에 담장이 설치되어 있다.
(d) 미국-캐나다 국경 전역에 걸쳐 세관 직원들이 있다.

해설 32 전반적으로 미국-캐나다 국경과 미국-멕시코 국경을 비교하면서, 미국-캐나다 국경도 앞으로는 미국-멕시코 국경과 같이 경비가 삼엄해질 수 있음을 시사하는 글이다. 따라서 (c)가 가장 적절하다.

33 (a) to enter Canada first and then to enter America illegally에서 볼 수 있듯이 오늘날 미국의 불법 이민자들은 멕시코 국경으로만 넘어오는 것이 아니라 캐나다를 통해 미국으로 넘어오기도 한다. 따라서 (a)가 정답이다. (b) 세계에서 가장 빈번하게 넘나드는 국경은 미국-멕시코 국경이고, 담장이나 세관 직원들 모두 (c) 전 지역에 설치되어 있지 않고(yet they do not cover the entire area), (d) 일부 주요 지점(at key crossing points)에만 존재한다.

34-35 (c), (d)

해석
안녕하세요, Mia. 온라인에 세일 품목으로 올려놓은 상품에 관해 물어보려고 보냅니다. 저는 특히 침대와 서랍장에 관심이 있어요. 광고에서는 침대가 퀸 사이즈라고 했지만, 혹시 제게 전체 프레임의 정확한 치수를 알려주실 수 있나요? 마찬가지로 서랍 사이즈도 얼마인지 말씀해 주실 수 있나요? 두 가지를 사기 전에, 제 침실에 맞는지 확실히 해야 하니까요. 그리고 가격에 대해서 말하자면, 제가 두 가구를 모두 샀을 때 약간의 할인을 해주실 수는 없으신가요? 알려주시면 감사하겠습니다!

Kumar, 안녕하세요. 침대에 대해 답해드리자면, 프레임은 세로 198cm, 가로 156cm에요. 서랍은 세로 45cm, 가로 105cm에 높이는 93cm이고요. 이 가구들이 침실에 맞으실까요? 가격으로는 두 가지를 함께 175$에 팔게요. 무료 배송을 포함해서요. 만약에 가지러 오실 수 있으면, 추가로 할인을 해드릴게요. 사실 의향이 있으시면 메시지 주세요.

34 Q: 왜 Kumar는 가구의 정확한 수치를 물어보았는가?

(a) 가구를 어떻게 운반할지 결정하기 위해
(b) 해당 가구가 자신의 집에 맞는지 알아보기 위해
(c) 가구가 자신의 방에 너무 큰지 알아내기 위해
(d) 가구가 올바른 크기인지 확실히 하기 위해

35 Q: 메시지로부터 추론할 수 있는 것은 무엇인가?

(a) Kumar는 가구 전체 비용을 지불할 수 없다.
(b) Mia는 혼자서 가구를 배송해 줄 수 없다.
(c) Kumar는 추가 할인을 받기 위해 가구를 가지러 갈 의향이 있다.
(d) Mia는 가격에 배송비를 포함하고 있다.

해설 34 Kumar의 메시지 마지막 부분에 보면 두 가구가 자신의 침실에 맞는지 확실히 하고 싶다는 내용이 나온다. 따라서 정답은 (c)이다. (b) 집이 아니라 침실에 맞는지 알아보고 싶다고 했으므로 (c)가 더 적절하다.

35 Mia는 자신의 메시지에서 두 가구의 치수와 가격을 설명하고 있다. 가격 설명 부분을 보면, 무료 배송으로 총 175$에 판다고 하고 있으므로 그녀가 비용에 배송비를 포함하고 있을 것이라 추론하는 (d)가 가장 적절하다. (a) Kumar가 할인을 요청했다고 해서 비용 지불이 불가능할 것이라 보기는 어렵고, (b) 배송비에 대해 설명하는 것으로 보아 Mia는 가구를 배송해 줄 수 있을 것이다. (c) 직접 배송으로 추가 할인을 해주겠다는 Mia의 제안에 대한 Kumar의 답변은 아직 알 수 없다.

어휘 regarding ~에 관하여　list (목록을) 작성하다, 나열하다
be interested in ~에 관심이 있다　dresser 서랍
ad 광고 (advertisement)　dimension 크기, 치수
commit 저지르다; 약속하다　fit (모양, 크기가) 맞다
include 포함하다　free shipping 무료 배송
additional 추가적인　determine 알아내다 (ascertain)
transport 운송하다　be willing to 기꺼이 ~하려 하다

Actual Test 05

1	(b)	**2**	(c)	**3**	(c)	**4**	(a)	**5**	(d)
6	(d)	**7**	(b)	**8**	(c)	**9**	(a)	**10**	(b)
11	(b)	**12**	(a)	**13**	(c)	**14**	(b)	**15**	(a)
16	(c)	**17**	(b)	**18**	(d)	**19**	(d)	**20**	(d)
21	(b)	**22**	(b)	**23**	(a)	**24**	(c)	**25**	(d)
26	(b)	**27**	(d)	**28**	(b)	**29**	(a)	**30**	(c)
31	(d)	**32**	(b)	**33**	(c)	**34**	(d)	**35**	(a)

1　(b)

해석 일시적 유행이란 여러 사람들에게 즉각 인기를 얻게 되는 사소한 무언가를 말한다. 하지만 일시적 유행은 결코 오래 지속되지 않는다. 이는 대개 몇 달, 심지어는 몇 주 이내에 인기가 없어지게 된다. 일시적 유행은 다른 사람과 비슷해지고 싶은 사람들로 인해 발생한다. 예를 들어, 어떤 영화배우가 지나치게 큰 선글라스를 쓰기 시작할 수 있다. _____ 많은 일반 사람들은 동일한 선글라스를 구매하여 그 선글라스의 인기가 갑자기 사라질 때까지 쓰고 다닌다. 그리고 그 유행은 시작했던 것만큼 빠르게 사그라진다.

(a) 그와 같이 보인다는 이유로
(b) 그를 따라 하려고
(c) 그가 그것을 알지 못한 채로
(d) 얼마나 영화배우가 되고 싶은지 보여주기 위해

해설 일시적 유행의 정의와 특징, 발생 원인을 설명하고 있다. 일시적 유행은 다른 사람과 비슷해지고 싶어 하는 사람들에 의해 발생한다고 했으므로 (b)가 가장 적절하다. (a) 영화배우를 따라 해서 그와 비슷해 보이는 것이지, 비슷해 보이기 때문에 따라 하는 것은 아니고, (c), (d) 관련 없는 내용이다.

어휘 fad (일시적인) 유행　instantly 즉시, 곧바로
last 계속하다, 지속하다　typically 일반적으로, 전형적으로
oversized 특대의, 매우 큰　a bunch of 다수의

in an effort to ~하려는 노력으로　imitate 모방하다
be aware of ~을 알다

2　(c)

해석 정치인에 대한 임기 제한은 십여 년마다 인기 있는 주제가 된다. 사람들은 특정 정치인들, 이를테면 부패한 것으로 보이거나 실제로 범죄 행위에 가담한 이들이 수년, 심지어는 수십 년 동안 선출된 자리를 유지하고 있다는 것을 알아차리기 시작할 수 있다. 이러한 정치인들을 몰아내려는 시도로, 걱정하는 시민들은 임기 제한을 의무화하는 법안을 통과시키려 할 수 있다. 비록 이러한 시도가 항상 성공하는 것은 아니지만, 일부 정치 직무는 임기 제한이 있어서, 정치인들이 _____ 방지한다.

(a) 재선에 나가게 하는 것을
(b) 교도소에 수감되는 것을
(c) 평생의 공직자가 되는 것을
(d) 선거에서 패배하는 것을

해설 지문에 의하면, 임기 제한은 부패하거나 범죄를 저지른 정치인이 오랫동안 자리를 유지하지 못하도록 하기 위해 생겨난 제도다. 글의 결론이 되는 마지막 문장에 빈칸이 있으므로 임기 제한이 정치인들로 하여금 평생 공직자로 사는 것을 방지하게 해 준다는 (c)가 정답이다. (a) 임기 제한은 재직 기간에 제한을 두는 것이므로 재선과는 관련이 없다.

어휘 term limits 임기 제한　corrupt 부패한, 부정직한
engage in ~에 관여하다, 참여하다
office 사무실; (정부의) 공직
in an attempt to ~하기 위해, ~하려는 시도로
rid ~ of ... ~에서 ...을 없애다
pass legislation 법안을 통과시키다
mandate 명령하다; 권한을 주다
prevent ~ from ...ing ~이 ...하는 것을 막다, 방지하다
suffer defeat 패배하다　poll 여론 조사, 투표

3　(c)

해석 태즈메이니아 서커스가 다음 주 우리 마을에 옵니다. 서커스에 오셔서 커다란 지붕 아래의 황홀한 쇼를 감상하십시오. 여러분은 사자, 코끼리, 원숭이와 같은 야생 동물을 보실 수 있습니다. 또한 공중 그네, 고공 줄타기를 비롯한 여러 가지 볼 만한 묘기도 있습니다. 서커스 텐트 밖에서는 몇몇 흥미롭고 신비한 쇼를 구경하실 수 있습니다. 수염 있는 여성, 세계에서 힘이 가장 센 남자 차차, 무엇이든 먹을 수 있는 어린 소년, 그리고 세계에서 가장 유연성 좋은 자매인 추 시스터즈가 있습니다. 가족과 함께 서커스에 오셔서 _____ 하루를 만끽하십시오.

(a) 곧 다가 올
(b) 큰돈이 들지 않을
(c) 결코 잊을 수 없을
(d) 영원히 지속될

해설 앞으로 있을 서커스 공연에 대해 홍보하는 광고이다. 볼거리를 설명한 뒤 가족과 함께 올 것을 권하고 있으므로 잊을 수 없는 하루가 될 것이라는 (c)가 가장 적절하다. (a) 답이 될 수는 있

지만 광고에서 행사를 홍보하기에는 (c)가 더 적절하다.

어휘 **fascinating** 매력적인, 흥미진진한 　**flying trapeze** 공중 그네
high-wire act 고공 줄타기 　**bearded** 수염이 있는
flexible 유연한, 잘 구부러지는 　**sibling** 형제자매
cost (비용이) ～이다, ～이 들다

4　(a)

해석 속담이란 ＿＿＿＿＿＿＿＿＿＿＿＿＿＿ 위해 사용되
는 짧은 격언이다. 이는 사람들로 하여금 중요한 충고를 기억
하도록 하는 쉽고, 간략한, 효율적인 방법이다. 잘 알려진 속
담 하나는 '유리 집에 사는 사람은 돌을 던져서는 안 된다'이
다. 이는 자신 역시 비난을 받을 수 있는 입장일 때 다른 사람
을 비난하지 말아야 한다는 의미이다. 이 속담에서 중요한 이
미지는 유리 집과 돌이다. 유리는 쉽게, 특히 벽돌과 같은 것으
로 깨질 수 있기 때문에 자신이 공격받기 쉬운 입장이라면 다
른 사람을 공격, 즉 비난하는 것에 주의해야 한다는 의미다. 이
충고에 신경 쓰는 사람들은 다른 사람들을 비난하지 않으로
자신들도 비난받지 않을 거라 기대한다.

(a) 실생활의 교훈을 전하기
(b) 설명을 위한 이미지를 만들기
(c) 사람들에게 도덕을 가르치기
(d) 사람들에게 비판의 기술을 가르치기

해설 주제 문장인 첫 문장에 빈칸이 나왔다. 두 번째 문장에서 속담
이 중요한 충고를 기억하도록 하는 방법이라고 했으므로 (a)
가 가장 적절하다. (c) 지문에서 제시된 예시와 같이 속담은 도
덕 이상의 교훈을 전한다.

어휘 **proverb** 속담, 격언 　**criticize** 비판하다, 비난하다
brick 벽돌 　**wary of** ～을 경계하는, 조심하는
vulnerable 취약한; 공격받기 쉬운 　**heed** 주의를 기울이다
real-life 실제의, 실생활의
descriptive 서술적인, 설명적인 　**morality** 도덕(성)
instruct ~ in ... ～에게 ...을 가르치다 　**art** 미술, 예술; 기술

5　(d)

해석 오늘날, 경매장에서 수백만 달러에 팔린 그림에 대해 듣는 것
은 더 이상 놀라운 소식이 아니다. 그러나 과거의 예술가들은
이런 호사를 누리지 못했고, 따라서 생계를 유지할 다른 방법
을 찾아야 했다. 작품을 계속해서 창작하기 위해, 그들은 근본
적으로 자신들을 후원해 주는 후원자를 찾는 경우가 많았다.
돈과 양식을 제공받는 ＿＿＿＿＿＿＿＿＿, 예술가들은
이런 부자들을 위해 다양한 예술 작품을 창작했다.

(a) ～을 보충하기 위해
(b) ～에 대한 약속으로
(c) ～을 목표로
(d) ～에 대한 답례로

해설 과거 예술가들이 어떻게 생계유지를 하며 창작 활동을 했는지
가 지문의 핵심 내용이다. 후원자로부터 돈과 양식을 제공받
고, 예술 작품을 창작했으므로 그 답례로 한 것이라는 (d)가 정
답이다. (a), (c) 지문의 내용으로 예술가들이 돈과 양식을 위해
부자들을 겨냥하여 창작 활동을 했다고 보기는 어렵다. 후원
을 받고 난 이후 답례로 주는 것이 더 자연스럽다. (b) 마찬가

지로 예술가들이 찾았던 것은 후원이므로 이를 약속을 바탕으
로 한 계약관계로 보기는 어렵다.

어휘 **auction house** 경매 회사, 경매장 　**luxury** 사치, 호사
patron 후원자 　**sponsor** 지원하다, 후원하다
supplies (pl.) 필수품, 양식; 보급품
make up for ～을 보충하다 　**in return for** ～에 대한 답례로

6　(d)

해석
> 전 직원에게,
>
> 저는 위스콘신 데어리 팜의 CEO직에서 사임하는 것을
> 알리기 위해 이 편지를 씁니다. 이 발표가 대부분의 직원
> 들에게는 놀라움으로 다가올 수 있다는 것을 알고 있습
> 니다. 하지만 저는 이것이 지금 시기에 제가 해야 할 일이
> 라고 느낍니다. 저는 우리 회사에는 훌륭한 고위 관리자
> 들이 있고, 그 중 많은 분들이 제가 없는 빈자리를 대신
> 할 수 있는 능력이 있다고 생각합니다. 저는 인사위원회
> 와 함께 해당 자리에 적절한 후임자를 찾도록 기꺼이 일
> 할 것이며, 후임자가 지명되기까지는 현직에 계속 남아 있
> 을 것입니다. 저는 새로운 CEO가 사내 후보자 중에서 될
> 것이라고 확신하고 있습니다. 따라서 신임 CEO는 우리가
> ＿＿＿＿＿＿＿＿＿＿＿ 누군가가 되어야 할 것입
> 니다.
>
> John Sanders 드림

(a) 아직 만난 적이 없는
(b) 이미 결정을 내린
(c) 익명으로 남고자 하는
(d) 이미 알고 신뢰하고 있는

해설 CEO가 사퇴를 발표하면서 향후 계획을 알리는 내용의 이메
일이다. 빈칸 바로 앞에 신임 CEO는 사내 인물 중에서 선정되
었으면 좋겠다는 내용이 나오므로 정답은 (d)이다. (a) 지문의
내용과 상반되며, (b) 아직 결정되지 않았다.

어휘 **resignation** 사퇴, 사임
chief executive officer 최고경영자 (CEO)
take over 인수하다; 인계받다 　**spot** 직위, 지위
committee 위원회 　**replacement** 교체(물); 후임자
name 이름 짓다; (직책에) 임명하다, 지명하다
in-house (회사, 조직의) 내부의 　**candidate** 후보자
have yet to 아직 ～하지 않았다 　**anonymous** 익명의

7　(b)

해석
> ### 연례 윙가 윙가 캠프에 참여하세요!
>
> 윙가 윙가 캠프로 매년 있는 여행을 떠날 시기가 되었습
> 니다. 학교 전체와 대부분의 선생님들이 이번 여행에 참
> 가할 것이며, 이는 2박 3일간 진행됩니다. 여러분의 자녀
> 는 떠나기 전에 학부모 중 한 분의 서명이 적힌 허가증을
> 제출해야 합니다. 여기에 예외는 없습니다. 모든 허가증은
> 다음 주 수요일까지 제출되어야 합니다. 두 번째로, 모든
> 학생들은 다음 물건을 가져와야 합니다. 침낭, 작은 베개,
> 배낭, 갈아입을 속옷과 여분의 양말, 수영복, 모자, 자외선

차단제, 반바지 한 벌, 여분의 티셔츠, 비누, 수건, 칫솔, 치약이 해당됩니다. _____ 제 사무실에 연락해 주시기 바랍니다. 여러분이 알고 싶어 하는 무엇이든 알려 드리겠습니다.

(a) 여행이 끝난 후
(b) 질문이 있으시면
(c) 여행 마지막 날에
(d) 기회가 있을 때

해설 학부모들에게 연례 캠프 행사에 관해 알리는 안내문이다. 빈칸이 있는 문장을 보면 사무실에 연락해 달라고 이야기한 뒤, 무엇이든 알려 주겠다고 했으므로 정답은 (b)이다. (a), (c), (d) 궁금한 무엇이든 대답해주겠다는 빈칸 뒤의 내용과 어울리지 않는다.

어휘 annual 연례의, 매년 있는   submit 제출하다
permission 허가   slip (작은) 종이 조각, 쪽지
hand in 제출하다   following 다음의, 이하의, 아래의
sleeping bag 침낭   pillow 베게   underclothes (pl.) 속옷
bathing suit 수영복   sunscreen 선크림, 자외선 차단제

8 (c)

해설 밴드왜건 효과란 _____ 현상이다. 이는 스포츠, 사업, 정치, 연예, 또는 거의 모든 다른 분야에서 발생할 수 있지만, 주로 정치에서 일어난다. 예를 들어, 한 정치인이 특정 정책을 지지할 수 있다. 처음에는 그가 해당 정책에 대해 이야기하는 유일한 사람일 수 있다. 그러나 정책은 점차 다른 사람들의 지지를 얻기 시작하고, 이들은 그에 대해 좋게 이야기하기 시작한다. 곧, 더 많은 사람들이 '시류에 편승'하는데, 이는 그들이 정책을 칭찬하는 대열에서 빠지고 싶어 하지 않기 때문이다. 이는 밴드왜건 효과를 만들어내며, 많은 정치인들은 특정 법안의 통과를 확실히 하거나 심지어 자신이 재선되도록 하는 데 이를 효과적으로 이용한다.

(a) 정치 영역에만 연관되는
(b) 그렇게 자주 발생하지 않는
(c) 성공적인 것과 관련이 있는
(d) 선거에서 승리하는 결과를 낳는

해설 주제 문장인 첫 문장에 빈칸이 나왔지만 밴드왜건 효과라는 어려운 개념이 나와 전체를 잘 읽어봐야 하는 문제다. 마지막 문장에 밴드왜건 효과의 예시로 법안 통과와 재선이 나온다. 따라서 무엇인가 성공적인 결과를 얻기 위해 사용되고 있으므로 (c)가 가장 적절하다. (a), (b) 정치뿐만 아니라 모든 분야에서 있을 수 있다고 했으므로 자주 발생할 것이고, (d) 밴드왜건 효과의 예시에 불과하다.

어휘 bandwagon effect 밴드왜건 효과, 편승 효과
phenomenon 현상   take place 일어나다, 발생하다
in favor of ~에 찬성하여, ~을 지지하여
jumping on the bandwagon 시류에 편승하다
leave out 빼다, 생략하다   ensure 반드시 ~하다
legislation 법안   reelect 재선하다   realm 영역, 범위

9 (a)

해설 취업 면접은 종종 대부분의 사람들에게 신경을 곤두서게 하는 경험이다. 낯선 사람이 당신의 학력과 경력을 심사하고 회사에서 함께 일할 만한 자격을 갖추었는지 아닌지 물어본다. 많은 사람들은 면접 전날에 잠을 이루지 못하고, 이는 면접을 보는 동안 집중하는 데 어려움을 겪게 되는 결과를 낳는다. 어떤 사람들은 땀을 흘리거나 자신도 모르게 몸을 떨어 긴장한 표시를 나타낸다. _____, 이러한 모든 것들이 그 사람을 자격 미달로 보이게 만들 수 있다.

(a) 안타깝게도
(b) 이례적으로
(c) 합리적으로
(d) 매력적으로

해설 연결사 문제의 경우 빈칸 앞뒤 문장의 관계를 파악해야 한다. 빈칸 앞 문장에서는 면접을 보는 사람이 땀을 흘리거나 몸을 떠는 경우를 이야기했고, 뒤 문장에서는 이것이 자격 미달로 보이게 한다고 했다. 따라서 '안타깝게도'로 연결하는 것이 가장 자연스럽다. 정답은 (a)이다. (c) reasonably는 논리적인 타당함을 주장할 때 사용하는 부사이므로, 땀을 흘리거나 몸을 떨어서 당연히 자격 미달로 보여진다는 설명보다 그로 인해 안타깝게도 자격 미달로 보인다는 서술이 더 자연스럽다.

어휘 nerve-wracking 신경을 괴롭히는, 피곤하게 하는
examine 조사하다, 검토하다
qualified 자격이 있는, 자격을 갖춘
having trouble ~ing ~하는 데 어려움을 겪다
nervousness 초조함, 긴장감   sweat 땀을 흘리다
uncontrolled 조절되지 않는
extraordinarily 이례적으로, 비상하게
reasonably 상당히; 합리적으로   personably 매력적으로

10 (b)

해설 석궁의 유래는 분명하지 않지만, 중세 유럽에서 석궁의 중요성은 명확했다. 석궁은 15세기의 시작 무렵 전통적인 발사 무기인 큰 활을 대체했다. 석궁은 발사하기 더 쉬웠으며, 군인은 단 일주일의 훈련으로 사용법을 배울 수 있었다. _____ 석궁의 화살은 더 많은 운동 에너지를 가지고 있어서, 기사가 입고 있던 판금 갑옷을 화살보다 더욱 쉽게 관통할 수 있었다.

(a) 그럼에도 불구하고
(b) 게다가
(c) 결과적으로
(d) 빈번하게

해설 빈칸 앞 문장에서 화살과 비교한 석궁의 장점을 이야기하고, 뒤 문장에서 역시 석궁의 장점을 덧붙이고 있으므로 '게다가'로 연결하는 것이 가장 자연스럽다. 정답은 (b)이다.

어휘 crossbow 석궁   obscure 불분명한, 애매한
significance 중요성   medieval 중세의
missile 미사일; 던지는 무기   longbow 큰 활
fire 발사하다   bolt 볼트; (석궁의) 화살
kinetic energy 운동 에너지   penetrate 꿰뚫다, 관통하다
plate mail armor 판금 갑옷

11 (b)

해석 트레이더 밥 잡화점은 이번 주말 다양한 제품들을 할인 판매합니다. (a) 트레이더 밥 잡화점은 남성복, 여성복, 아동복을 최대 70%까지 할인된 가격으로 제공합니다. **(b) 의류 코너는 가게 바로 앞에 위치해 있습니다.** (c) 뿐만 아니라 다양한 유명 브랜드의 전자제품은 반값으로 구매하실 수 있습니다. (d) 트레이더 밥 잡화점은 또한 단행본, 잡지, 장난감, 요리 기구를 20%에서 40%까지 할인해 드립니다.

해설 할인 판매에 들어간 잡화점의 광고이다. 무엇이 얼마나 할인되는지 설명하고 있는 나머지 문장과 달리 (b)는 의류 코너의 위치를 알려 주고 있으므로 흐름상 어색하다.

어휘 general store 잡화점   have a sale on ~을 할인 판매하다
a variety of 다양한, 여러 가지의   up to ~까지
locate 위치시키다   name-brand 유명 브랜드의
electronics item 전자제품
available 이용할 수 있는, 구매 가능한
range from ~ to ... (범위가) ~에서 ...에 이르다
ware (언급된 목적의) 도구, 용품

12 (a)

해석 3년 전 압승으로 당선된 Wilson 주지사는 주 입법부를 상대하는 데 지쳐서 남은 임기를 채우고 나면 주지사가 되면서 떠났던 의료계로 돌아가겠다고 주장했다. **(a) Wilson 주지사는 20년도 더 전에 주에서 최고 의과대학을 졸업했다.** (b) 사람들에게 매우 인기가 많은 그 주지사는 입법부가 중요한 프로그램들을 실시하는 것을 막으려 했다고 주장했다. (c) 그는 나아가 입법부는 세금을 올리기를 원했지만 자신은 이를 낮추길 바랐다고 언급했다. (d) 또한 그는 정부에 부패가 너무 심각하여 더 이상 그 일원이 되고 싶지 않다고 말했다.

해설 정계를 떠나 이전에 몸담았던 의료계로 돌아가겠다고 주장하는 Wilson 주지사에 관한 글로, 이러한 결심을 하게 된 이유인 주 입법부와의 갈등에 대한 내용을 서술하는 나머지 문장과 달리 (a)는 의사로서의 Wilson에 관한 내용이므로 글의 흐름과 어긋난다.

어휘 governor 주지사   landslide (선거에서) 압도적 승리
be tired of ~하는 것에 싫증이 나다
deal with 다루다, 처리하다   the state legislature 주 입법부
remainder 나머지   term 임기, 기간
medical practice 의료 행위; 의료업
implement 실시하다, 이행하다   corruption 부패

13 (c)

해석 큰부리새는 중남미산의 새이다. 큰부리새는 크고 알록달록한 부리로 구별되는데, 이는 몸통 길이의 3분의 1까지 달할 수 있다. 큰부리새의 부리는 손톱과 머리카락에서 발견되는 것과 같은 물질인 케라틴으로 만들어져 있으며, 작은 6각형 모양의 뼈판이 중첩된 층으로 구성된다. 부리는 딱딱한 스펀지에 비교할 수 있는데, 어떤 곳은 빈 부분이 있고 다른 부분은 기둥과 막으로 만들어져 있다. 큰부리새의 부리는 매우 가벼우면서 놀라울 정도로 강하고 엄청나게 큰 압력을 견딜 수 있다.

Q: 지문의 주제는 무엇인가?

(a) 큰부리새가 부리를 사용하는 방식
(b) 큰부리새 몸통의 특징
(c) 큰부리새의 부리의 구조
(d) 큰부리새가 주로 서식하는 곳

해설 큰부리새 특징을 설명하는 글로, 특히 부리에 초점을 두어 서술하고 있으므로 (c)가 가장 적절하다. (a) 부리에 대해 이야기하고 있지만 그 사용법은 나와 있지 않다.

어휘 native to ~ 토종의, ~ 원산의
distinguish 구별하다, 구분 짓다   beak (새의) 부리
be made of ~로 만들어지다, ~로 이루어지다 (consist of)
keratin 케라틴, 각질   layer 층   hexagonal 6각형의
plate 판; (동물의) 뼈판   hollow 속이 빈
beam 빛줄기; 기둥   membrane (얇은) 막
withstand 견디다

14 (b)

해석

> 귀하께,
>
> 다시금 동물보호센터의 연례 기금 마련 행사 시기가 돌아왔습니다. 다른 어느 때보다도 올해 저희는 협회 운영을 지속하는 데 도움이 될 지원을 필요로 하고 있습니다. 지난 6개월 동안, 저희는 기록적인 수의 동물들을 수용했으며, 그 중 다수는 주인으로부터 버림받은 애완동물이었습니다. 이로 인해 저희는 계획했던 것보다 25% 더 많은 돈을 사료에 지출했습니다. 저희는 현재 기금 모금 운동으로 15,000달러 이상을 모으기를 희망합니다. 아무쪼록 여러분이 내주실 수 있는 무엇이든 기부해주시겠습니까? 저희가 버림받은 개, 고양이, 토끼 그리고 다른 동물들을 될 수 있는 한 많이 돌볼 수 있도록 말이죠.
>
> 동물보호센터 회장 David Chun 드림

Q: 편지의 목적은 무엇인가?

(a) 사람들에게 구조된 동물을 입양하라고 요청하기 위해
(b) 사람들에게 돈을 기부하도록 권하기 위해
(c) 센터에 동물 사료가 필요한 이유를 설명하기 위해
(d) 센터의 자원봉사 활동을 홍보하기 위해

해설 연례 기금 마련 행사 기간이니 더 많은 돈을 기부해 줄 것을 요청하는 동물보호센터의 편지이므로 (b)가 가장 적절하다. (c) 센터에 더 많은 동물 사료가 필요하게 된 이유를 언급하기는 하지만 이를 설명하는 것이 편지의 목적은 아니다.

어휘 fundraising 모금, 기금 마련   support 지원, 후원
accept 받아들이다   a record number of 기록적인 수의
household 가정의   abandon 버리다   drive (조직적인) 운동
be so kind as to 아무쪼록 ~해주다; 친절하게도 ~해주다
contribute 기부하다   spare (시간, 돈을) 할애하다, 내주다
rescue 구조하다

15 (a)

해석 사람들은 종종 한 국가에서 다른 국가로 이민을 간다. 그들이 그런 행동을 하는 것에는 많은 이유가 있다. 그 중 가장 큰 이유는 자신의 현재 상태를 개선하는 기회가 되기 때문이다. 가

장 흔한 경우에, 사람들은 좋지 않은 경제 상황이나 정치적 억압 때문에 고국을 버린다. 이들은 현재 상황이 나아질 수도, 나아질 리도 없다는 것을 알게 되고는, 단순히 자신들의 삶을 더 낮게 만들 수 있는 더 좋은 기회가 있다고 생각되는 다른 곳으로 이동한다.

Q: 필자의 요지는 무엇인가?

(a) 사람들은 여러 가지 이유로 이민자가 된다.
(b) 이민 갈 나라를 정하는 것은 중요하다.
(c) 이민 가는 것에 대해 용인할 수 없는 몇몇 이유가 있다.
(d) 단 몇 명의 이민자들만이 자신의 삶을 개선시킬 수 있다.

해설 필자는 사람들이 이민을 선택하는 데 여러 이유가 있음을 설명하고 있으므로 정답은 (a)이다. (b) 이민 갈 나라를 선택하는 경우나, (c) 이민 가는 것을 용납할 수 없는 경우는 언급되지 않았고, (d) 이민자들이 자신을 삶을 개선하기 위해 이민을 간다고만 언급되어 있다.

어휘 emigrate (다른 나라로) 이주하다, 이민을 가다
foremost 가장 중요한   improve 개선시키다
abandon 버리다   oppression 억압
determine 알아내다, 밝혀내다; 결정하다
immigrant 이민자   unacceptable 받아들일 수 없는

16 (c)

해석 대낮에 노스 아메리카 은행을 털려는 과감한 시도가 어제 실패로 돌아갔다. 여기서 실패란 절도가 실패했다는 말이다. 20대 후반의 젊은 남성이 은행 직원들과 고객들을 향해 총을 뽑아들었다. 그는 약 3만 달러를 들고 도망갔다. 경찰은 몇 분 안에 현장에 도착했고, 은행에서 두 블록 떨어진 곳에서 걸어가던 도둑을 붙잡았다. 그는 경찰과 총격전을 벌였지만, 아무도 다치지 않았다. 그 남자는 강도 행위, 체포 불응, 그리고 흉기로 인한 폭행으로 기소되었다. 경찰은 현장에서 도둑맞은 현금을 모두 되찾았다.

Q: 기사에서 주로 언급되고 있는 것은 무엇인가?

(a) 도둑이 은행을 턴 후 경찰에게 총격을 가한 이유
(b) 도둑이 은행에서 훔친 금액
(c) 은행 강도가 경찰에 의해 체포된 과정
(d) 한 용감한 고객이 은행 강도 체포를 도운 과정

해설 노스 아메리카 은행의 강도사건에 관한 기사이다. 첫 문장부터 went wrong이라고 하면서 강도사건이 실패했다는 것을 내세우고 있으며, 강도가 잡힌 경위를 토대로 기사가 진행되고 있으므로 (c)가 정답이다. 강도가 (b) 3만 달러를 훔친 뒤, (a) 경찰에 붙잡히게 되자 총격전을 벌였다는 내용이 나와 있지만 세부 내용에 불과하다.

어휘 daring 대담한, 과감한   daylight 대낮; (낮의) 햇빛
pull a gun on 총을 뽑아 ~에게 들이대다
make off with ~을 가지고(훔쳐서) 달아나다
approximately 대략   scene 현장
exchange shots 총격전을 벌이다
be charged with ~로 기소되다   resist 저항하다
assault 폭행; 습격   deadly weapon 흉기
apprehend 체포하다

17 (b)

해석
> ### 주목해 주세요
>
> 윌로우데일 쇼핑센터에서는 고객님께 향후 몇 주 동안 시행될 몇 가지 변경 사항에 대해 알려드리고자 합니다.
>
> - 1층에 있는 중앙 홀은 리모델링될 것입니다. 따라서 중앙 홀의 에스컬레이터는 대략 3~4일 동안 운행이 중단될 것입니다.
> - 정문 입구는 장비로 가로막힐 것이니 모든 고객님께서는 다비스가의 출입문을 이용하시길 바랍니다.
> - 중앙 홀 구역의 몇몇 상가는 리모델링 기간 동안 문을 닫기로 결정했습니다. 여기에는 애완동물 가게, 상품권 가게, 약국 및 서점이 포함됩니다.
>
> 소중한 고객님께 불편을 끼치게 되어 사과드립니다.
>
> **윌로우데일 쇼핑센터**

Q: 안내문에 따르면 다음 중 옳은 것은 무엇인가?

(a) 중앙 홀은 리모델링 기간 동안 2층에 위치하게 될 것이다.
(b) 본 안내문은 윌로우데일 쇼핑센터의 고객들을 위한 것이다.
(c) 윌로우데일 쇼핑센터는 막 리모델링을 끝마쳤다.
(d) 리모델링에도 불구하고 모든 상가가 정상 영업을 할 것이다.

해설 옳은 사실을 찾는 문제는 지문과 선택지를 비교, 대조하며 읽어 나가는 것이 좋다. (a) 중앙 홀이 이동한다는 내용은 없다. (b) 전반적으로 쇼핑센터 고객을 위한 안내문임을 알 수 있고, 마지막 문장에서 고객에게 불편을 끼쳐 사과드린다고 이야기하고 있으므로 (b)가 정답이다. (c) 향후 몇 주간 있을 리모델링에 대한 안내문이고, (d) 마지막 항목에 문을 닫는 몇몇 상가가 언급된다.

어휘 advise 조언하다; 알리다   patron (단골) 고객
implement 시행하다, 이행하다   concourse 중앙 홀
undergo 겪다, 받다   shut down 문을 닫다, (기계가) 멈추다
block (지나가지 못하게) 막다, 차단하다   equipment 장비
drugstore 약국   inconvenience 불편

18 (a)

해석 18세기와 19세기에, 민족주의적 감정이 전 세계 사람들 사이에서 발달하기 시작했다. 민족주의에서, 한 무리의 사람들은 자신들을 어떤 특정 국가의 시민으로 보기 시작했다. 이것은 대개 민족성에 기반을 두기에, 종교만큼 포괄적이지도 않고, 지역주의적 감정만큼 배타적이지도 않다. 민족주의는 사람들을 통합하는 데 도움이 될 수 있지만, 부정적인 결과를 낳는 경우도 빈번하다. 너무도 자주, 민족주의는 '우리 아니면 적'이라는 감정을 일으키고, 몇몇 경우는 전쟁을 직접적으로 유도했다. 제1차 세계 대전은 민족주의적 감정이 유럽 전역에서 조장되어 일어났다. 게다가 유럽 남동부에서 한때 유고슬라비아였던 지역은 민족주의적 감정 때문에 진행 중인 여러 분쟁에 휘말려왔다.

Q: 지문에 따르면 다음 중 옳은 것은 무엇인가?

(a) 민족주의가 아닌 힘도 사람들을 통합할 수 있다.

(b) 제1차 세계 대전은 민족주의의 증가를 낳았다.

(c) 유럽 남동부는 민족주의 때문에 결코 통합되지 못할 것이다.

(d) 전 세계 전쟁의 대부분은 민족주의 때문에 시작했다.

해설 세 번째 문장에 민족주의 말고도 사람을 통합하는 것으로 종교와 지역주의가 제시되었다. 범위의 차이는 있지만 둘 다 사람들을 모은다는 데 근거를 두고 민족주의와 비교하고 있는 것이므로 (a)가 가장 적절하다. (b) 제1차 세계 대전이 민족주의로 인해 촉발된 것이지, 이로 인해 민족주의가 증가한 것은 아니다. (c) 구 유고슬라비아 지역이 민족주의 때문에 분열된 상태이기는 하지만, 앞으로도 통합되지 못할 것이라 할 수는 없고, (d) 일부 전쟁이 민족주의로 인한 것이다.

어휘 **nationalism** 민족주의 **be based upon** ~에 근거를 두다
ethnicity 민족성 **inclusive** 포괄적인 **exclusive** 배타적인
regionalism 지역주의 **serve to** ~하는 데 도움이 되다
unite 통합하다 **incite** 선동하다, 조장하다
be engulfed in ~에 말려들다; ~에 휩싸이다
ongoing 진행 중인 **result in** ~라는 결과를 낳다

19 (d)

해석

인도주의자 상 후보 지명을 받은 Christopher Reid 박사

Michelle Collins

  오렌지 카운티에서 가장 유명한 내과의사 중 한 명인 Christopher Reid 박사는 올해 우리 주의 인도주의자 상 후보로 지명되었다. Reid 박사는 머시 병원에서 전임의사로 일하고 있지만, 동시에 시간을 내서 다양한 자원봉사 활동을 한다. 그는 수도의 노숙자 쉼터에서 주말을 보내고, 종종 노인 분들이나 바깥출입이 어려운 분들을 검진하기 위해 종종 양로원을 방문하곤 한다. Reid 박사는 자주 무료 진료소에 들러, 의료비를 지불할 수 없는 불우이웃을 위해 진료를 해준다. 주에서는 7월 22일에 인도주의자 상 수상자를 발표할 것이다.

Q: 뉴스 기사에 따르면 Reid 박사에 대해 다음 중 옳은 것은 무엇인가?

(a) 최근에 자선 의료 행위로 상을 수상했다.

(b) 오렌지 카운티에서 가장 큰 병원의 소유주이다.

(c) 그의 환자들이 의료비를 지불할 수 있도록 돕는다.

(d) 시간이 날 때마다 진료소에서 자원봉사를 한다.

해설 끝에서 두 번째 문장에 무료 진료소에서 불우이웃을 위해 진료를 해준다는 내용이 나와 있으므로 정답은 (d)이다. (a) 의료 봉사로 수상 후보가 되었지만 아직 수상한 것은 아니고, (b) 머시 병원이 언급되기는 했지만 오렌지 카운티에서 가장 큰 병원인지는 알 수 없다. 만일 그렇다 해도 Reid 박사는 해당 병원의 소유주가 아닌 전임의사이다. (c) Reid 박사는 의료비를 내주는 것이 아니라 의료비를 낼 수 없는 사람들을 무료로 진료해준다.

어휘 **humanitarian** 인도주의자 **nominee** 후보자
physician (내과) 의사 **county** 카운티, 군
nominate (후보자로) 지명하다, 임명하다
work full time 전임으로 일하다
homeless shelter 노숙자 쉼터

retirement home 퇴직자용 집; 양로원
check up on ~의 건강 진단을 하다
shut-in (질병, 장애로) 바깥출입을 못하는
administer (약을) 투여하다, (치료를) 해주다
less-fortunate 불우한 **charity** 자선 (행위)

20 (d)

해석 마을에 새로운 종류의 식품점이 있습니다. 맥킨리는 미래의 슈퍼마켓입니다. 저희는 높은 가격표가 붙어 나오지 않는 유기농 및 화학성분이 없는 식품을 판매합니다. 맥킨리는 여러분께서 기다려오셨던 선택 사항을 제공해 드립니다. 저희 가게에서는 절대 어떤 식품도 첨가제, 방부제, 혹은 기타 화학물질로 처리되지 않았습니다. 그리고 여러분께서 방문하신다면, 가격을 보고 눈을 믿으실 수 없을 것입니다. 저희 가게의 가격은 도시 내의 다른 모든 슈퍼마켓의 가격과 비교해도 손색이 없습니다. 하지만 저희 제품은 여러분의 건강에 더 좋습니다. 맥킨리에서 물건을 사세요. 그러면 곧 여러분과 여러분의 가족 모두는 더 좋은 음식을 먹으며 더 건강해짐을 느낄 것입니다.

Q: 광고에 의하면, 손님들이 맥킨리로 가야 하는 이유는 무엇인가?

(a) 경쟁 가게보다 음식을 더 잘 보존한다.

(b) 가격이 다른 슈퍼마켓의 가격보다 더 적당하다.

(c) 위치가 직장에서 집으로 가는 손님들에게 이상적이다.

(d) 판매되는 제품이 다른 가게에서 팔리는 것보다 건강에 좋다.

해설 맥킨리라는 식품 가게에 대한 광고이다. 유기농 및 화학성분이 없는 식품을 판매한다고 하며, 마지막 부분에 보면 건강에 좋다고 홍보하고 있으므로 (d)가 가장 적절하다. (a) 방부제로 처리하지 않으므로 음식 보존 기간이 짧을 것이고, (b) 가격은 comparable하다고 했으므로 다른 슈퍼마켓의 가격과 비슷할 것이다.

어휘 **organic** 유기농의 **chemical** 화학 물질 **attach** 붙이다
absolutely 전적으로 **treat ~ with ...** ~을 ...로 처리하다
additive 첨가제 **preservative** 방부제
comparable 비교할 만한, 비슷한
competitor 경쟁자 **ideal** 이상적인

21 (b)

해석 웨스턴 대학의 의과대학은 심장병과 그 영향에 대해 열리는 세미나가 다가오고 있음을 알려드리게 되어 기쁘게 생각합니다. 세미나의 초청 연사는 Philip Peters 박사님으로, 세인트 유다 병원의 심장학과 과장이십니다. Peters 박사님은 이 분야의 전문가이시며, 직접 발견하신 것을 포함하여 심장병에 대한 최신 연구 및 발견을 논의하실 것입니다. 세미나 참석이 의무 사항은 아닙니다만, 모든 의대 학생들은 시간이 난다면 참석할 것을 권장합니다.

Q: 안내문에 따르면 다음 중 옳은 것은 무엇인가?

(a) Philip Peters 박사는 웨스턴 대학에서 가르친다.

(b) 학생들은 세미나에 참석할지 안 할지 선택권이 있다.

(c) Peters 박사는 세미나에서 몇 가지 연구를 할 것이다.

(d) 의과대학은 Peters 박사에게 교수직을 제안했다.

해설 마지막 문장에 Attendance at the seminar is not mandatory라고 했으므로 학생들이 세미나 참석에 선택권을 가지고 있다는 (b)가 가장 적절하다. (a) Philip Peters 박사는 웨스턴 대학에서 열리는 세미나의 초청 연사이고, (c) 세미나에서 연구한 것을 발표할 것이다.

어휘 School of Medicine 의과대학　upcoming 다가오는
hold 열다, 개최하다　**heart disease** 심장병
guest speaker 초청 연사　**cardiology** 심장학
latest 최신의　**findings** (pl.) 연구 결과
attendance 출석, 참석　**mandatory** 의무적인, 강제의
option 선택(권)　**conduct** (특정 활동을) 하다

22　(b)

해석

도시의 삶을 바꾸는 고층 건물

고층 건물은 현대 기술의 상징이며 종종 그것들이 세워져 있는 도시를 대표한다. 이는 또한 도심 지역에 사는 주민들의 생활 방식을 급격하게 변화시켰다. 고층 건물은 엄청난 수의 사람들이 비교적 작은 크기의 땅에 살 수 있게 한다. 이는 지역의 인구 밀도를 증가시키기는 하지만, 여전히 많은 유익을 가져온다. 첫째로, 사람들은 직장에 더 가까이 살 수 있는데, 이는 대부분의 고층 건물이 많은 일자리가 있는 도심에 있기 때문이다. 고층 건물의 중앙화된 난방, 냉방, 배관 및 우편 시스템 또한 매우 효율적이며 소규모의 독립적인 건물들보다 훨씬 더 저렴하다. 마지막으로, 고층 건물은 상당히 적은 공간을 차지하므로, 많은 수의 사람들을 지원하기 위해 사용되는 땅이 적게 필요하다.

Q: 지문에 의해 고층 건물에 대해 다음 중 지지를 받는 문장은 무엇인가?

(a) 건설하는 데 비용이 많이 든다.
(b) 사람들은 종종 고층 건물을 특정 도시와 연관시킨다.
(c) 사람들이 사는 곳이 아니라 일하는 곳이다.
(d) 그곳에 사는 사람들에게 종종 무료 서비스를 제공한다.

해설 고층 건물의 이점에 관해 설명한 글이다. 첫 문장에 보면 Skyscrapers are ~ often representatives of the cities in which they stand라는 말이 나오므로 사람들이 고층 건물을 특정 도시와 연관시킨다는 (b)가 가장 지지를 받을 것이다. (a) 건설 비용에 관한 내용은 없었고, (c) 고층 건물이 있는 지역에 살면 직장과 더 가까워진다고 했으므로 사람들이 살기도 한다는 것을 알 수 있다. (d) 중앙화된 서비스를 통해 냉난방 등의 비용이 절감되기는 하지만 무료라고 하지는 않았다.

어휘 skyscraper 초고층 빌딩　representative 대표물; 대표자
enormous 어마어마한　**relatively** 상대적으로, 비교적으로
population 인구　**density** 밀도　**centralize** 중앙화하다
plumbing 배관, 수도 시설　**independent** 독립적인
structure 구조(물)　**take up** (시간, 장소를) 차지하다
associate ~ with ... ~을 ...와 연관시키다

23　(a)

해설 중세 시대에, 기사들은 기사도 정신으로 알려진 행동 강령을 따랐다. 이는 영국에서뿐만 아니라 프랑스와 이탈리아에서도 보편적인 것이었다. 기사는 신과 교회, 동료 기독교인, 여성 이 셋을 존경하고 섬겨야 했다. 이 중 가장 중요한 것은 신에 대해 봉사하는 것이었다. 기사는 기독교가 자신의 삶을 다스리도록 해야 했다. 나아가, 동료 기독교인을 보호하고 어려움에 처한 사람들을 도와줌으로써 기사는 신에게 복종해야 했다. 마지막으로 대개 기사도 정신을 지닌 기사는 한 여성을 위해 싸웠지만, 동시에 모든 여성을 잘못된 행위로부터 보호하는 일도 해야 했다.

Q: 기사에 대해 추론할 수 있는 것은 무엇인가?

(a) 기독교를 믿었다.
(b) 결혼이 허락되지 않았다.
(c) 교회에서 성직자로 봉사할 수 있었다.
(d) 다양한 국가로 여행했다.

해설 기사도 정신에서 가장 중요한 것은 신에 대해 봉사하는 것이었으며, 이에 따라 기사들은 기독교가 다스리는 삶을 살았으므로 기독교를 믿었을 것이라 추론하는 (a)가 가장 적절하다.

어휘 a code of conduct 행동 강령　chivalry 기사도 정신
institution 기관; 잘 알려진 것　**Christianity** 기독교
obey 복종하다　**in need** 어려움에 처한, 궁핍한
as a general rule 일반적으로
in honor of ~에게 경의를 표하여　**defend** 방어하다
wrongdoing 잘못된 행동, 범법 행위　**priest** 신부, 목사

24　(c)

해설 많은 사람들은 자신의 신체적 외모의 다양한 부분을 바꾸고 싶어 한다. 이들이 일반적으로 깨닫지 못하는 것은 이것이 실제로 가능하다는 것이다. 사람의 옷 입는 스타일이나 패션 감각 역시 사람의 신체적 외모에 영향을 미치는 데 도움이 된다. 예를 들어, 키가 작은 사람은 종종 실제보다 더 커 보이기를 바란다. 수직 줄무늬가 들어간, 즉 위아래로 난 줄무늬가 있는 셔츠를 입음으로써 이들의 몸은 실제보다 더 키가 커 보일 것이다. 수직 줄무늬는 또한 날씬해 보이고 싶어 하는 과체중인 사람들에게도 효과적이다. 수직 줄무늬가 몸을 수직으로 늘리는 것처럼 보여서, 과체중인 사람을 더 날씬해 보이게 하는 것이다. 당연히, 수평 줄무늬는 반대의 효과를 낳을 수 있다. 이는 키 큰 사람이 실제보다 작아 보이게 하고, 마른 사람이 실제보다 더 커 보이게 한다.

Q: 지문으로부터 추론할 수 있는 것은 무엇인가?

(a) 대부분의 사람들은 의도적으로 자신을 더 크거나 작아 보이게 하는 옷을 입는다.
(b) 옷 제조업체는 사람의 겉모습을 바꾸기 위해 줄무늬가 있는 의상을 만든다.
(c) 모든 사람들이 옷이 자신의 신체가 보이는 방식을 바꿀 수 있다는 것을 아는 것은 아니다.
(d) 대부분의 과체중인 사람들은 수평 줄무늬가 있는 옷을 구매하는 것을 선호한다.

해설 지문 첫 부분에 따르면, 많은 사람들이 외모를 바꾸고 싶어 하면서도 실제로 그럴 수 있다는 것을 깨닫지 못한다고 한다. 따

라서 모든 사람들이 옷이 자신의 외모를 바꿀 수 있다는 사실을 아는 것은 아니라고 추론할 수 있다. 정답은 (c)이다. (a) 대부분의 사람들은 옷의 효과를 깨닫지 못하고 있으므로 의도적으로 옷을 입는다고 추론할 수 없고, (b) 제조업체에 관한 언급은 없었다. (d) 과제중인 사람들이 옷의 효과를 안다면, 수직 줄무늬가 있는 옷을 선호할 것이다.

> **어휘** **aspect** 측면, 양상 **physical** 육체의, 신체의 **sense** 감각
> **affect** 영향을 미치다 **vertical** 수직의 **thin** 얇은; 마른
> **slim** 날씬한 **horizontal** 수평의 **opposite** 반대의
> **intentionally** 의도적으로 **outfit** (한 벌의) 옷, 의상

25 (d)

> **해석**
>
> ### 월요일, 사고로 입원한 한 시민
>
> Lilian Harvey
>
> 9월 23일 월요일, 월셔대로와 선셋길이 만나는 교차로에서 교통사고가 있었다. 경찰 보도에 따르면, 세 대의 자동차가 사고에 연루되었다. 이는 한 대의 차량이 다른 차량을 뒤에서 받으면서 발생했다. 보아하니, 뒤에 있던 차량의 운전자는 노란 불이 빨간 불로 바뀌기 전에 교차로를 지나가려고 했고, 앞에 있던 차량의 운전자는 신호를 보고 멈추려 했다. 충돌로 인한 충격이 너무 커서 뒤에서 추돌 당한 차량은 교차로까지 밀려가, 거기서 또 다른 차량과 충돌했다. 뒤에서 받은 차의 운전자는 병원에 입원했지만, 이것이 진료가 필요한 유일한 부상이었다.

Q: 뉴스 기사로부터 추론할 수 있는 것은 무엇인가?

(a) 기사에서 언급한 사고가 발생한 곳에서 최근 몇 건의 사고가 있어 왔다.
(b) 받힌 차의 운전자는 무모한 운전을 하고 있었다.
(c) 구급차 몇 대가 사고 현장에 도착했다.
(d) 사고를 유발한 차량의 운전자는 심하게 다치지 않았다.

> **해설** 기사 마지막 부분에 보면 처음에 뒤에서 받은 차의 운전자만 병원에 입원했다고 했으므로 다른 차량의 운전자들은 경미한 수준의 부상만을 입었을 것이라 추론할 수 있다. 따라서 정답은 (d)이다. (a) 뉴스 기사의 내용만으로는 해당 교차로가 상습적으로 사고가 나는 곳인지 알 수 없고, (b) 처음 뒤에서 사고를 일으킨 차량의 운전자가 무모한 운전을 했다. (c) 구급차에 관한 언급은 없었다.

> **어휘** **hospitalize** 입원시키다 **crash** 사고
> **intersection** 교차로 **boulevard** 대로 **lane** 길, 도로
> **be involved in** ~와 관련이 있다, ~에 연루되다
> **slam into** ~에 쾅 하고 부딪히다, 충돌하다 (ran into)
> **apparently** 보아하니 **make it through** ~을 통과하다
> **impact** 충격 **collision** 충돌 **reckless** 무모한

26-27 (b), (d)

> **해석**
>
> 담당자분께,
>
> 저는 최근 온라인 도서목록을 보고 책을 몇 권 구매하였습니다. 저는 분명 빠른 배송 사항을 요청했으며, 이는

다음날 도착을 보장하는 대신 추가 10달러가 더 들었습니다. 그러나 제 책은 5일이 지나도 오지 않았습니다. 저는 3일 후 있을 기말 시험을 대비하여 공부하려고 구매했으니, 책이 저희 집 주소로 도착했을 때는 이미 무용지물이 되었습니다. 게다가, 그 중 두 권은 앞표지가 찢어진 채로 배달되었습니다. 이는 하드커버로 되어있어 일반 책보다 값이 더 나갔고, 따라서 저는 아주 깨끗한 상태로 배달될 것이라 생각했는데 말이죠.

귀사가 반품 불가 정책을 가지고 있더라도, 저는 이 다섯 권의 책을 반품해 갈 뿐만 아니라, 제가 지불한 추가 배송 요금을 배상해 줄 것을 요구합니다. 저는 귀사의 헌신적인 장기 고객입니다. 만일 제 프로필을 훑어보시면, 제가 지난 10년 넘게 수백 권의 책을 샀음을 아실 수 있습니다. 앞으로는 이러한 일이 일어나지 않기를 바랍니다. 그렇지 않으면 저는 다른 회사와 거래할 수밖에 없습니다. 곧 답변받기를 기다리겠습니다.

Mark Bonanca 드림

26 Q: 이메일에서 필자가 주로 쓰고 있는 것은 무엇인가?

(a) 온라인 서점에 대한 그의 추천
(b) 좋지 않은 서비스에 대한 항의와 반품 요청
(c) 웹사이트에 쓴 고객 리뷰
(d) 며칠 전에 했던 고객 설문 조사

27 Q: 이메일로부터 Mark Bonanca에 대해 추론할 수 있는 것은 무엇인가?

(a) 하드커버 표지의 책을 자주 구매하지 않는다.
(b) 이 회사에서 더 이상 책을 구매하지 않을 것이다.
(c) 온라인으로 책을 자주 구매한다.
(d) 현재 학생으로 등록되어 있다.

> **해설** 26 온라인 도서목록을 보고 급행으로 책을 주문했지만, 배송이 늦었고 책의 표지도 훼손되었기 때문에 이에 대해 항의하며 반품 및 배상을 요구하는 편지글이다. 따라서 정답은 (b)이다.
>
> 27 첫 문단에 보면 기말 시험을 대비하여 공부하기 위해 급행으로 책을 구매했다는 내용이 나오므로 Mark Bonanca는 현재 학생일 것이라 추론할 수 있다. 따라서 (d)가 가장 적절하다. (a) 알 수 없는 내용이고, (b) Mark Bonanca는 자신의 요구가 받아들여지지 않는 경우에 거래를 중단할 것이라 했으므로 아직 알 수 없다. (c) 10년 동안 수백 권의 책을 샀다고 했지만 이를 온라인으로 구매한 것인지는 알 수 없다.

> **어휘** **catalog** 목록, 카탈로그 **specifically** 분명히; 특히
> **express** 급행의, 신속한 **shipping** 선적; 배송, 운송
> **extra** 추가의 **tear** 찢다 **hardback** 하드커버로 된
> **pristine** 새 것 같은, 아주 깨끗한 **insist** 주장하다
> **take back** 반품받다, 회수하다 **reimburse** 배상하다
> **charge** 요금 **browse** 둘러보다, 훑어보다
> **be forced to** ~하도록 강요받다
> **look forward to ~ing** ~하기를 기대하다, 고대하다
> **complaint** 불평, 항의 **enroll** (강의, 강좌에) 등록시키다

28-29 (b), (a)

지난 세기 동안 인류는 지구를 걷는 것에서부터 우주의 깊이를 탐험하는 것까지 이루어 왔습니다. 당사 Richter International은 인류 탐험의 발전에 있어서 중요한 역할을 해 왔습니다. 저희 워싱턴의 레드몬드 본사에서는 과학자, 기술자, 혁신가로 이루어진 팀에 함께 할 매우 숙련된 추진체 기술자를 찾고 있습니다.

추진체 기술부는 Richter의 상업용 항공기의 추진체에 해결책을 제공합니다. 추진체 기술자로서, 당신은 다음과 같은 사항을 담당할 것입니다.
– 통합 엔진, 엔진실, 버팀대, 및 연료 시스템 개발
– 제품 무결함 검사 및 기능 분석
– 추진체 안전, 인증, ETOPS를 위한 기술 지원

해당 자리에 따른 기본 자격 요건은 다음과 같습니다.
– 인증된 대학에서 기술, 전기, 토목 및 항공 우주공학과 관련하여 받은 과학 학사, 석사, 박사 학위

해당 자리에 선호되는 요건은 다음을 포함합니다.
– 항공 우주공학 분야에서 최소 5년의 경력
– 대규모의 기술 프로젝트를 마친 실적
– 기술 문제에 대해 혁신적인 해결책을 제시하기 위한 데이터 수집, 정리, 통합의 능력

요건을 갖춘 지원자는 지원 과정을 시작하기 위하여 아래의 링크를 클릭해 주시기 바랍니다.

28 Q: 광고의 목적은 무엇인가?

(a) 지원자들에게 구직 절차를 알려주기 위해
(b) 구직자들에게 가능한 일자리를 공고하기 위해
(c) 회사의 업적을 강조하기 위해
(d) 기술자가 되는 법을 설명하기 위해

29 Q: 광고에 따르면 다음 중 옳은 것은 무엇인가?

(a) 직업 경력이 없는 사람들도 해당 일자리에 고려될 것이다.
(b) 기술자들은 우주선의 구조 개발을 담당할 것이다.
(c) 더 높은 학위를 지닌 지원자들은 우대받을 것이다.
(d) 기술자들은 여러 원천으로부터 데이터를 수집할 것이다.

해설 28 우주공학에 관련된 회사인 Richter International에서 숙련된 추진체 기술자를 찾고 있다는 구인광고이므로 쉽게 답을 찾을 수 있다. 정답은 (b)이다.

29 광고에 항공 우주공학 분야에서의 경력이 언급되기는 하지만, 기본 요건이 아닌 선호 요건으로 나와 있다. 따라서 직업 경력이 없더라도 해당 일자리에 고려될 것이라는 (a)가 가장 적절하다. (b) 엔진에 관련한 개발을 담당할 것이고, (c) 학위의 수준별로 차이를 둔다는 내용은 없었다. (d) 데이터 수집에 관한 내용은 선호 요건으로 나와 있지, 업무 설명에서 언급되지 않았다.

어휘 explore 탐구하다, 탐험하다
play a major role in ~에서 중요한 역할을 하다
advancement 발전, 진보   **propulsion** 추진(력)
headquarter 본사   **commercial** 상업의   **aircraft** 항공기
be responsible for ~에 책임이 있다; ~을 담당하다

integrate 통합시키다   **nacelle** 엔진실, 기관실
strut 버팀대   **integrity** 진실성; 온전한 상태; 무결성
ETOPS 2개의 엔진 중 하나가 고장 났을 때 나머지 엔진 하나로 운항할 수 있는 시간을 나타낸 인증제도
qualification 자격 요건   **accredit** 승인하다
civil engineering 토목 공학
aerospace engineering 항공 우주공학
track record 실적   **synthesize** 합성하다; 통합하다
preferential treatment 우대

30-31 (c), (d)

허리케인 마이클로 황폐해진 플로리다
Alex Corner

허리케인 마이클은 소멸했지만 플로리다 사람들에게는 결코 잊히지 않을 것이다. 잭슨빌에서 플로리다 키스에 이르는 플로리다 동부 연안은 24시간 전에 플로리다에 상륙한 이 3등급 허리케인에 의해 파괴되었다. 마이애미에서 건물은 지붕이 사라졌고, 나무는 뿌리째 뽑혔고, 모든 곳에서 송전선이 땅에 떨어졌다. 반면 잭슨빌에서는 전 도시가 물에 잠겼다. 교통은 주 곳곳에서 엉망이 되었고, 몇몇 철도 시스템 역시 중단되었다.

최근 보도는 전기가 끊긴 사람들의 수를 대략 백만 명 정도로 보았다. 지금까지 사망자 수는 23명이고, 167명이 부상당했으며, 최소 10명이 실종으로 보고되었다. 이들 중 한 명은 허리케인이 한창일 때 서핑을 하려고 시도했던 한 젊은 남성을 포함한다. 사람들은 그가 거대한 파도에 정면으로 맞서 자신의 서핑보드에 올라타는 것을 마지막으로 보았다고 한다. 복구는 시간이 좀 걸릴 예정이지만, 플로리다 사람들은 이에 익숙해져 있다. 마이클은 지난 3년간 이 지역에 닥친 네 번째 대규모 허리케인이기 때문이다.

30 Q: 젊은 서퍼에 대해 알려진 것은 무엇인가?

(a) 그의 배는 허리케인을 만나 사라졌다.
(b) 서핑을 잘 하지 못해 일찍 바다를 떠날 수 없었다.
(c) 허리케인이 있을 때 서핑을 하려다 실종되었다.
(d) 허리케인 속에서 서핑을 했지만 살아남았다.

31 Q: 뉴스 기사로부터 추론할 수 있는 것은 무엇인가?

(a) 허리케인 마이클은 재산상의 피해만 입혔다.
(b) 허리케인 마이클은 3년 전 플로리다를 파괴했던 태풍을 상기시킨다.
(c) 플로리다 사람들은 극한의 기후에서도 서핑을 즐기는 용감한 서퍼들이다.
(d) 플로리다는 허리케인에 가장 취약한 지역 중 하나에 속한다.

해설 30 두 번째 문단 가운데 부분에 젊은 서퍼에 관한 내용이 나온다. 사람들이 그를 마지막으로 본 것은 거대한 파도에 정면으로 맞서는 장면이었으므로 그는 실종되었을 것이다. 정답은 (c)이다.

31 기사의 마지막 부분을 보면, 플로리다 사람들은 이러한 상황에 익숙해져 있는데, 이는 최근 3년 사이에 4건의 대형 허리

케인이 발생했기 때문이라는 내용이 나온다. 따라서 플로리다가 허리케인에 취약한 지역임을 추론할 수 있다. 정답은 (d)이다. (a) 재산 피해뿐만 아니라 인명 피해도 있었고, (b) 알 수 없는 내용이다. (c) 허리케인에 도전한 한 젊은 서퍼를 보고 플로리다 사람들이 전부 그러한 성향을 가졌다고 보기는 어렵다.

어휘 devastate 파괴하다; 황폐화시키다   make landfall 상륙하다
roof 지붕   uproot 뿌리를 뽑다   power line 송전선
mess 엉망인 상태   shut down 멈추다; 폐쇄하다
death toll 사망자수   missing 실종된   attempt 시도하다
at the height of ~이 한창일 때
in the face of ~의 정면에서; ~와 마주하여
massive 대규모의   be accustomed to ~에 익숙하다
run into ~와 우연히 마주치다   in the middle of ~의 도중에
deal a blow to ~에 큰 피해를 주다   property 재산, 소유
be reminiscent of ~을 연상시키다
vulnerable 취약한, 연약한

32-33 (b), (c)

해석

Dave Thomas의 패스트푸드 성공 스토리

Dave Thomas는 미국에서 가장 성공한 패스트푸드점 사업가 중 한 사람으로 유명했다. 한국 전쟁 중 미 육군에 복무한 이후, Thomas는 켄터키 프라이드치킨(KFC)에서 일함으로써 그의 패스트푸드 사업을 시작했다. 젊은 시절, 그는 다양한 메뉴가 있었던 KFC 본점에서 일했다. 메뉴 중 하나였던 프라이드치킨은 다른 어떤 것보다 더욱 인기 있었다. 그는 소유주였던 Harlan Sanders 대령에게 메뉴를 바꾸자고 설득했다. 그들은 단순히 프라이드치킨, 샐러드, 감자튀김만으로 메뉴를 간소화했다. 이것이 그 가게를 살렸고, KFC는 세계적인 체인점이 되기 시작했다.

1969년, Thomas는 KFC를 그만두고, 딸의 이름을 따서 그의 첫 번째 가게인 웬디스 햄버거 가게를 열었다. 웬디스의 얼굴로서 Thomas는 800회 이상의 텔레비전 광고 대부분에 출연했으며, 이는 그를 미국에서 유명하게 만들었다. 광고에서 평범한 사람이라는 인상을 주었기 때문에 인기가 많았던 것이다. 2002년 그가 암으로 사망했을 때 웬디스는 전 세계에 6,000개 이상의 매장을 가지고 있었다.

32 Q: Dave Thomas가 유명해진 이유는 무엇인가?

(a) 다른 가게의 사람들보다 더 맛있는 햄버거를 만들었다.
(b) 광고에서 평범한 사람처럼 보였다.
(c) KFC를 문 닫을 위기에서 구해냈다.
(d) Sanders 대령보다 더 잘생겼다.

33 Q: 필자가 가장 동의할 것 같은 문장은 무엇인가?

(a) Dave Thomas는 너무 많은 패스트푸드를 먹었다.
(b) Dave Thomas는 미국인들에게 영웅이었다.
(c) KFC는 그것의 세계적인 성공을 Dave Thomas에게 빚지고 있다.
(d) KFC는 그 이름을 웬디스 프라이드치킨으로 바꿨어야 했다.

해설 32 두 번째 문단에 보면 Dave Thomas는 800회 이상의 TV

광고에 출연하며 유명해졌고, 이처럼 그가 인기 있었던 이유는 광고에서 평범한 사람이라는 인상을 주었기 때문임을 알 수 있다. 따라서 정답은 (b)이다. (a) 웬디스가 6,000개 이상의 매장을 가질 정도로 성공했으니 맛있는 햄버거를 만들었을 것이라 추론할 수 있지만, 이것이 Dave Thomas를 유명하게 만든 것은 아니다. (c) KFC를 세계적으로 성공시킨 것은 맞지만 원래 KFC가 문 닫을 위기에 있었던 것은 아니다.

33 첫 번째 문단에 보면 Dave Thomas가 KFC에서 처음 일할 때 Harlan Sanders 대령에게 인기 메뉴였던 프라이드 치킨 위주로 메뉴를 개편하자고 했고, 이로 인해 KFC가 세계적인 체인점이 되었음을 알 수 있다. 따라서 필자는 KFC가 그것의 성공을 Dave Thomas에게 빚지고 있다는 (c)에 가장 동의할 것이다. (b) Dave Thomas가 유명하기는 했지만 영웅으로까지 대우받은 것은 아니었다.

어휘 achieve fame 명성을 얻다   entrepreneur 사업가, 기업가
convince 납득시키다   cut back ~을 줄이다
French fries 감자튀김   go on 시작하다   quit 그만두다
name after ~의 이름을 따서 짓다   commercial (TV) 광고
household 가정   come across as ~라는 인상을 주다
ordinary 평범한, 보통의(unremarkable)
consume 먹다; 소비하다   owe 빚지다, 신세를 지다

34-35 (d), (a)

해석

여러분은 열심히 일했고, 휴식을 취할 자격이 있습니다. 그러니 지중해 주변을 도는 크루즈 여행으로 스스로에게 한 턱 내는 것은 어떻습니까? 그리스의 섬들을 항해하고, 이탈리아 해안을 이리저리 여행하고, 이국적인 스페인의 도시에 내리는 것을 상상해 보십시오. 이 모든 것은 여러분이 홀리데이 크루즈 라인즈 여행을 떠나면 현실이 될 수 있습니다. 경치가 지루해질 경우를 대비하여, 저희 크루즈는 24시간 오락시설 또한 갖추고 있습니다. 가수, 댄서, 그리고 코미디언을 특징으로 하는 쇼를 관람하시거나 선상 카지노에서 저녁을 보내십시오.

저희 크루즈는 베니스, 아테네, 이스탄불과 같은 도시에서 출항합니다. 저희는 유럽과 아프리카 모두에 있는 지중해의 가장 인기 있는 도시에 입항합니다. 3일, 5일, 일주일, 또는 2주짜리 크루즈 여행을 떠나십시오. 저희의 모든 크루즈선은 현대적인 편의시설을 갖추고 있어서, 항해 중에 여러분은 어떤 것도 부족하다고 느끼지 않을 것입니다. 저희는 각양각색의 객실을 가지고 있으며, 일 년 내내 특가 상품을 제공합니다. 지금 사정이 걱정되는 사람들을 위한 저렴한 여행을 포함해서 말이죠. 홀리데이 크루즈 라인즈에 (202) 400-1298로 연락하셔서 일생일대의 여행이 될 것에 대해 더 알아보세요.

홀리데이 크루즈 라인즈

34 Q: 광고의 목적은 무엇인가?

(a) 독자들이 배에 오르는 것을 만류하기 위해
(b) 독자들에게 새로운 크루즈와 그 특징에 대해 알리기 위해
(c) 크루즈 휴가의 위험성에 대해 경고하기 위해
(d) 지중해에서 보내는 크루즈 휴가를 홍보하기 위해

35 Q: 광고로부터 추론할 수 있는 것은 무엇인가?

(a) 큰돈을 쓰지 않고도 크루즈 여행을 떠날 수 있다.
(b) 크루즈에는 아이 동반 가족들을 위한 특별 활동이 있다.
(c) 몇 개의 크루즈는 지중해를 벗어나 다른 지역으로 간다.
(d) 보름 이상의 기간 동안 크루즈 여행을 떠나는 것이 가능하다.

해설 **34** 광고 전반적으로 지중해 크루즈 여행을 홍보하고 있음을 쉽게 알 수 있다. 정답은 (d)이다.

35 두 번째 문단 마지막 부분에 보면 including budget trips for people concerned about their finances라는 말이 나온다. 저렴한 여행을 의미하는 budget trip을 모르더라도 뒤에 이어지는 말로 돈이 많이 들지 않는 여행 상품 또한 제공한다는 것을 유추할 수 있다. 따라서 (a)가 가장 적절하다. (b) 24시간 오락시설, 공연, 카지노 등에 관한 언급은 있지만 아이를 위한 활동은 언급되지 않았고, (c) 광고는 지중해를 도는 크루즈 여행에 관한 것이다. (d) 3일, 5일, 일주일, 2주 여행이 제공되고 있으므로 보름 이상의 여행은 불가능할 것이다.

어휘 **deserve** ~할 만하다, ~을 받을 만하다
treat 대접하다, 한 턱 내다   **cruise** 크루즈 여행
the Mediterranean Sea 지중해
land (땅에) 도착하다, 착륙하다   **exotic** 이국적인
round-the-clock 24시간의   **onboard** 선상의
embark 출항하다; 승선시키다   **make port** 입항하다
amenities (pl.) (생활) 편의시설   **cabin** 선실, 객실
special deal 특가 상품   **budget** (품질보다) 저렴한, 저가의
dissuade ~ from ... ~가 ...하지 않도록 만류하다
feature 특색, 특징   **holiday** 휴일; 휴가

Actual Test 06

1	(d)	**2**	(c)	**3**	(b)	**4**	(c)	**5**	(d)
6	(a)	**7**	(b)	**8**	(c)	**9**	(d)	**10**	(a)
11	(d)	**12**	(b)	**13**	(c)	**14**	(a)	**15**	(c)
16	(c)	**17**	(a)	**18**	(b)	**19**	(c)	**20**	(d)
21	(b)	**22**	(a)	**23**	(c)	**24**	(d)	**25**	(b)
26	(d)	**27**	(b)	**28**	(b)	**29**	(c)	**30**	(d)
31	(b)	**32**	(a)	**33**	(d)	**34**	(c)	**35**	(b)

1   (d)

해설 Rudyard Kipling은 영국 문학의 거장 중 한 사람으로 유명하다. 제1차 세계 대전에서, 그의 아들인 Jack이 전투 중에 실종되어 사망한 것으로 추정되었다. 군은 아들의 시신을 찾지 못했고, Kipling과 그의 아내는 아들의 죽음을 애도하기 위한 묘지조차 없었다. 전쟁 말엽 Kipling은 유명한 비문인 '하나님이 알고 계심'을 창작했으며, 영국 정부는 이를 신원을 찾을 수 없는 군인들의 묘비와 ＿＿＿＿＿＿＿ 여전히 실종된 사람들의 기념비에 새겼다.

(a) 영국에서 사망한
(b) 그가 글에서 썼던
(c) 문학 거장과 같은
(d) 그의 아들처럼

해설 빈칸은 그 앞에 나온 those still missing을 수식하고 있다. 지문에서 실종된 사람은 Kipling의 아들 Jack 이외에는 등장하지 않았으므로 (d)가 정답이다. (a) 전투 중에 사망한 사람들을 실종되었다고 할 수는 없다.

어휘 **literary** 문학의   **master** 장인, 거장
missing 없어진, 실종된   **presume** 추정하다, 가정하다
gravesite 묘지   **mourn** 슬퍼하다; (죽음을) 애도하다
inscription 비문; (새겨진) 어구   **gravestone** 묘비
identify (신원을) 확인하다; 찾다   **memorial** 기념비

2   (c)

해석 6단계 분리 이론이란 지구상의 모든 인류가 최대 여섯 사람으로 연결되었다는 개념이다. 기본적으로 세계의 한 지역에 사는 사람은 다른 곳에 있는 사람과 연결되어 있는데, 이는 그가 누군가를 알고 있으면 그가 누군가를 알고, 또 그가 누군가를 알기 때문이다. 하지만 사람 간에 존재하는 지리적, 문화적, 언어적인 장벽 때문에, 모든 사람들이 다른 모든 사람들과 6단계의 분리에 의해 연결되어 있다는 이 생각은 ＿＿＿＿＿＿＿＿＿＿이다.

(a) 고려해볼 만한 것
(b) 흥미진진한 개념
(c) 가치가 없는 이론
(d) 대체로 사실일 것 같은

해설 역접 연결어 however로 시작하는 문장에 빈칸이 나왔다. 따라서 글의 전반적인 흐름과 반대되는 내용이 나와야 한다. 6단계 분리 이론을 설명한 뒤 however가 등장했으므로 해당 이론의 한계나 단점이 나올 것이다. 따라서 (c)가 가장 적절하다. (a), (b), (d) 모두 긍정적인 서술이다.

어휘 **degree** 도, 정도; 등급   **separation** 분리   **notion** 개념
geographic 지리(학)적인   **linguistic** 언어(학)적인
barrier 장벽, 장애물   **fascinating** 매료시키는
merit 가치; 장점

3   (b)

해석 초기 미국인들은 자신의 먹을 것과 살 곳에 관하여 주민들을 의지하던 상비군에 의심을 품고 있었다. 이러한 불신은 미국 가정에 군대를 숙박시키는 영국의 관행에서부터 시작되었고, 이는 미국 혁명을 이끌었던 주요 문제점 중 하나였다. 독립 이후 미국은 ＿＿＿＿＿＿＿＿＿＿＿, 대신 필요 시 소집되고 장교와 병사로 구성된 소규모의 자원 직업 군인들이 이끄는 시민군에 의존했다. 그러나 제2차 세계 대전 이후, 미국의 세계적인 군사 수요는 광범위해졌고, 이에 따라 미국은 오늘날의 대규모 자원군 체제로 정착하기 전까지 한동안 징병 제도에 의존했다.

(a) 영국과의 긴밀한 접촉을 피했고
(b) 상비군 유지를 거부했고
(c) 군사력 증대를 기대했고
(d) 육군을 해산했지만 해군은 유지했고

해설 빈칸이 있는 문장에 instead가 나오고 있으므로 미국이 앞의 내용과는 다른 행동을 취했음을 추측할 수 있다. 상비군 제도였던 미국이 독립 이후 시민군 제도에 의존하기 시작했다고 했으므로 (b)가 정답이다.

어휘 be suspicious of ~을 의심하다   standing army 상비군
depend on ~에 의지하다, 의존하다
population 인구; 주민
house 살 곳을 주다, 거처를 제공하다
stem from ~에서 유래하다, 시작되다
quarter 숙박하다   troops (pl.) 군대, 병력
call on 요청하다; 소집하다   professional 직업의
conscription 징병제   disband 해체하다, 해산하다

4   (c)

해석 에펠탑은 전 세계에 프랑스를 상징하는 것이지만, _____. Gustave Eiffel은 대회에서 우승하여 에펠탑을 디자인하고 건축하게 되었다. 작업자들이 에펠탑 공사를 시작하자, 많은 파리 시민들은 에펠탑을 눈에 거슬리는 것이자 프랑스의 골칫거리라 부르며 비판했다. 심지어 에펠탑이 완성된 이후에도, 많은 사람들은 이를 여전히 경멸했다. Eiffel은 본래 그 탑을 20년 동안만 세워 두기로 계획했고, 이는 그가 우승했던 대회의 조건이었다. 그러나 1909년 이를 철거할 시기가 다가왔을 때, 프랑스 정부는 에펠탑이 무선 통신에 있어 중요하다는 것을 알고 그대로 두었다. 그 이후로 프랑스의 상징으로서 에펠탑의 위상은 커져갔으며, 3억 명 이상의 관광객이 이곳에 방문했다.

(a) 건축하는 데 엄청난 액수의 돈이 들었다
(b) 세우는 데 오랜 시간이 걸렸다
(c) 항상 사랑받는 구조물은 아니었다
(d) 처음에는 관광객 사이에서 그렇게 인기 있지 않았다

해설 첫 문장이 주제 문장으로 제시되었고, 이후 부연설명이 이어지고 있다. 빈칸이 있는 문장 뒤에 에펠탑이 처음에는 골칫거리로 여겨지며 사랑받지 못했다는 내용이 나오고 있으므로 (c)가 정답이다. (d) 처음에 인기 있지 않았다는 것은 파리 시민들의 반응을 설명할 때 적합하고, 관광객들의 처음 반응은 알 수 없다.

어휘 crew (특정한 기술을 가지고 함께 일하는) 팀, 반
eyesore 눈에 거슬리는 것   embarrassment 골칫거리
complete 완성하다   despise 경멸하다; 몹시 싫어하다
condition 상태; 조건   tear down (건물을) 헐다, 부수다
erect 똑바로 선; 세우다   radio communication 무선 통신
stature 위상, 지명도   tremendous 엄청난, 어마어마한

5   (d)

해석 몇몇 회사들은 직원에 대해 엄격한 복장 규정을 갖고 있다. 예를 들어 몇몇 회사에서는, 직원들이 데님 청바지를 입는 것이 결코 허락되지 않는다. 어떤 색상이든 말이다. 반바지 역시 금지되는 경우가 많다. 다른 회사들은 나아가 더 격식 있는 복장을 고집한다. 따라서 남자들은 정장과 와이셔츠를 입고 넥타이를 매야 하며, 여자들은 치마나 원피스를 입고 출근해야 한다. 일부 회사들이 이와 같은 엄격한 복장 규정을 가지고 있는데도 불구하고, 많은 보고에 따르면 직원은 이에 _____, 실제로 캐주얼한 복장 대신 정장을 선호한다.

(a) 화가 나 있고
(b) 무관심하고
(c) 의견이 없고
(d) 신경 쓰지 않고

해설 빈칸이 있는 문장이 despite로 시작함에 유의해야 한다. '~에도 불구하고'라는 역접의 의미를 가진 연결어이므로 엄격한 복장 규정을 가지고 있다는 내용과 상반된 내용이 빈칸에서부터 전개될 것이다. 따라서 별로 신경 쓰지 않는다는 (d)가 가장 적절하다. (b), (c) 빈칸만으로 문장이 끝난다면 답이 될 수 있겠지만, 이후에 정장을 선호한다는 내용이 나오므로 (d)가 더 적절하다.

어휘 stringent 엄격한   dress code 복장 규정
firm 회사   at no time 결코 ~않는   ban 금지하다
insist upon ~을 요구하다, 고집하다   garb 복장; 의상
dress shirt 와이셔츠   outfit (한 벌로 된) 의상
disinterested 관심이 없는; 객관적인
mind 꺼리다, 신경 쓰다; 싫어하다

6   (a)

해석 화성의 메마른 땅 위에, 두 대의 작은 기계가 있었다. 이들은 화성 탐사 로봇 스피릿(Spirit)과 오퍼튜니티(Opportunity)로, 미국 항공 우주국 NASA가 2004년 화성에 보낸 것이다. 이들의 임무는 여기저기 돌아다니면서 화성에 대한 데이터를 수집하는 것이다. 3개월 동안만 생존할 것으로 예상되었지만, 그중 한 탐사 로봇은 여전히 활발하다. _____ 탐사로봇은 오랫동안 지속하기에 충분한 에너지를 유지해 왔으며, 이미 행성에 얼음과 물이 존재할 가능성을 비롯한 화성에 관한 많은 놀랄 만한 발견을 해냈다. 안타깝게도 2년 동안 자신을 잡아두었던 모래 구덩이로 인해, 스피릿은 태양 전지판에 먼지가 쌓이게 되고 에너지를 모두 잃어버렸다.

(a) 태양 에너지로 작동되는
(b) 오래 지속되는 배터리를 사용하는
(c) 원자력 발전기를 보유한
(d) 서로에게 연료를 주입해줌으로써

해설 화성 탐사 로봇이 충분한 에너지를 유지하기 위해 어떤 방식을 사용했는지 찾아내야 하는 어려운 문제이다. 마지막 문장에 보면, 모래 구덩이에 빠지게 된 스피릿이 태양 전지판에 먼지가 쌓이게 되었고 그로 인해 에너지를 모두 잃게 되었다는 내용이 나온다. 따라서 정답은 (a)이다.

어휘 barren 메마른   rover 탐사 로봇
the red planet 붉은 행성 (화성의 별칭)
remarkable 놀랄 만한, 주목할 만한
trap 덫, 함정   develop 개발하다; (병, 문제가) 발생하다
buildup 축적   solar panel 태양 전지판
operate (기계가) 작동되다, 가동되다
nuclear 원자력의; 핵(무기)의   generator 발전기
refuel 연료를 재공급하다

7 (b)

해석

가을학기 수강 신청 안내

브래드힐 대학교에 _____! 가을 학기 수강 신청에 관한 다음의 정보에 유의해 주십시오.

대학교 웹사이트의 등록 페이지는 8월 25일부터 이용할 수 있습니다. 등록 페이지에 로그인하려면 학번을 사용하십시오. 원하는 강좌를 선택하고, 보관을 위해 수강 신청 결과를 출력합니다. 1학년 학생을 위한 강좌만 신청할 수 있음을 기억하십시오. 수강 신청에 어려움이 있다면, 대학 안내서를 참조하거나, 학교에 전화를 걸어 지도 교수와 이야기를 하십시오. 모든 강좌에는 자리가 한정되어 있으므로 수강 신청을 서두르시기 바랍니다. 온라인 수강 신청은 9월 2일에 마감됩니다. 만일 신청한 강의가 정원을 초과하거나 폐강되는 경우, 다른 강좌를 신청할 수 있도록 조치가 취해질 겁니다. 조만간 만나게 되길 바랍니다.

(a) 질문해주셔서 감사드립니다
(b) 합격한 것을 축하드립니다
(c) 관심에 감사드립니다
(d) 좋은 시간을 보내셨기 바랍니다

해설 대학교 신입생들을 위한 수강 신청 안내이다. 가을 학기 등록에 대해 설명하고 있으며, 중간에 1학년 수강 강좌에 대한 내용이 나오는 것으로 보아 신입생을 대상으로 한 안내문이라는 것을 알 수 있다. 따라서 대학교 합격을 축하하는 (b)가 가장 적절하다.

어휘 registration 등록 note 주목하다, 주의하다
concerning ~에 관한, ~에 관련된
consult 상의하다, 상담하다
advisor 고문, 자문; 지도 교수
limited 제한된 arrangement 배치, 배열; 준비
look forward to ~ing ~하기를 기대하다, 고대하다
acceptance 받아들임; 입학

8 (c)

해석 미국에서 어업 감시자들은 배의 어획량을 감시하여 할당량을 넘기지 않도록 한다. 게다가, 감시자들은 적절한 장비가 사용되고 있는지도 확인한다. 감시자들의 업무는 스스로를 자연스레 선원들의 학대 및 괴롭힘의 대상으로 만든다. 어부들은 어떤 방법을 동원해서라도 가능한 한 많은 물고기를 잡고 싶어한다. 자신들의 배에 감시자를 동승시키는 것은 때로는 폭력으로 이들을 위협할 정도로 화가 나는 일이 된다. 선장은 감시자들에게 뇌물을 주어 다른 곳을 쳐다보거나 여러 위반 행위를 보고하지 않도록 할 수 있다. 이러한 행동은 감시자들의 잦은 퇴사로 이어지고 대체할 후임자를 고용하는 것을 어렵게 만들고 있는데, 이는 바로 _____ 것이다.

(a) 감시자들이 일어나기를 두려워했던
(b) 더 많은 폭력으로 이어지는
(c) 어부들이 원하는
(d) 처음의 괴롭힘을 야기했던

해설 어부들이 자신의 배에 동승하는 감시자들을 싫어한다는 것이 지문의 주된 내용이다. 빈칸 앞부분에서 여러 감시자들이 퇴사하고, 후임자를 찾는 것이 어렵다는 내용이 나오므로 이는 바로 어부들이 원하는 일일 것이다. 따라서 정답은 (c)이다.

어휘 fishery observer 어업 감시자 allot 할당하다
quota 한도, 할당(량) exceed 넘다, 초과하다
target 대상, 목표(물) abuse 학대; 남용
harassment 괴롭힘 bribe 뇌물을 주다; 매수하다
infraction 위반 a rash of (사건 등의) 빈발
initial 최초의, 처음의

9 (d)

해석 문명의 요람 중 한 곳으로서, 중동 지역은 고고학 유적지로 가득하다. 그러나 이들 중 다수는 범죄 조직에 의해 약탈당하고 있다. 이스라엘의 요단 강 서안지구는 그러한 행위의 온상이다. 이 작은 지역에는 2천 곳이 넘는 주요 고고학 유적지가 존재한다. 이스라엘과 팔레스타인이 그들 사이에 있는 해당 지역을 양분하여, 대부분의 유적지에 대한 권한 또한 나누었다. 약탈을 막기 위한 공동 노력_____, 많은 고고학 유물이 여전히 전 세계 고대 유물 암시장에서의 매물로 전락하고 있다.

(a) ~와 관련하여
(b) ~ 덕분에
(c) ~의 경우에
(d) ~에도 불구하고

해설 빈칸 바로 뒤에서는 약탈을 막기 위해 공동으로 노력한다고 했지만, 콤마 이후에는 고고학 유물이 여전히 암시장에서 팔리고 있다고 했다. 논리적으로 서로 상반되는 내용이므로 '~에도 불구하고'로 연결하는 것이 가장 자연스럽다. 정답은 (d)이다.

어휘 cradle 요람, 아기 침대 archaeological 고고학의
rob 도둑질하다 band (어울려 다니는) 무리
hotbed (범죄의) 온상 split up 나누다, 분할하다
authority 권한 joint 공동의, 합동의
antiquities (pl.) (고대) 유물, 골동품
black market 암시장 with regard to ~와 관련하여

10 (a)

해석 탬파 베이 로켓은 마이너리그 야구의 새로운 우승팀이다. 이들은 어젯밤 홈그라운드 경기에서 3대 2의 점수로 샬롯 코스터스를 패배시켰다. Bobby Stokes가 9회 말 2점 홈런을 치면서 우승을 결정지었다. 로켓은 6경기 만에 7전 4선승제의 대회를 마무리 지으면서 우승을 거머쥐었다. Eric Russo 감독은 샬롯에서 7차전을 치르고 싶지 않았기 _____ 어젯밤 승리하여 기뻤다고 말했다.

(a) 때문에
(b) 게다가
(c) 따라서
(d) 그리고

해설 빈칸 앞 문장에서는 우승하여 기쁘다고 했고, 뒤 문장에서는 샬롯에서 7차전을 치르고 싶지 않았다고 했다. 결국 우승하여 기쁜 이유를 설명하고 있는 것이므로 '때문에'로 연결하는 것

이 가장 자연스럽다. 정답은 (a)이다.

어휘 **defeat** 무찌르다, 패배시키다
home field 홈그라운드 (스포츠 팀의 본거지)
inning (야구의 9회 중) 한 회
margin 여백; 차이; (성공을 확실히 하는) 여유
wrap up 마무리하다
the best-of-seven series 7전 4선승제

11 (d)

해석 많은 경제 제도에서, 국가는 매일의 경제 활동에 직접적이고, 많은 경우 중요한 역할을 한다. 그러나 자본주의에서는 그렇지 않다. (a) 자본주의 제도에 따르면, 국가는 경제 활동으로부터 완전히 배제되어야 한다. (b) 게다가 국가는 경제에 영향을 끼치는 어떤 법률이나 규정도 통과시켜서는 안 된다. (c) 이는 Adam Smith에 의해 널리 알려진 견해로, 그는 종종 경제를 이끌어 문제가 생기지 않도록 하는 '보이지 않는 손'에 대해 이야기했다. **(d) 그의 가장 유명한 저서로는 1776년 출간된 〈국부론〉이 있다.**

해설 (a), (b) 자본주의의 기본 개념과 (c) 이를 뒷받침하는 경제학자 Adam Smith의 견해를 설명하고 있는 나머지 문장과 달리 (d)는 Adam Smith의 저서를 소개하고 있으므로 다른 문장과는 동떨어진 내용이다.

어휘 **play a role in** ~에서 역할을 하다
be not the case 그렇지 않다   **according to** ~에 따르면
participate in ~에 참여하다   **regulation** 규정, 규제
affect 영향을 미치다   **promulgate** 널리 알리다, 공포하다
keep ~ from ...ing ~가 ...하지 못하게 하다
incur 초래하다   **publish** 출판하다, 발행하다

12 (b)

해석 가장 아름다운 미국의 그림 중 일부는 19세기에 완성되었다. 대략 1825년에서 1875년까지, 거의 50년 동안 허드슨 리버파에 속한 화가들은 많은 훌륭한 풍경화를 그려냈다. (a) 대부분 뉴욕 시나 그 인근에 살았던 이 화가들은 뉴욕 주의 허드슨 강 계곡 지역에 자신들의 관심을 집중시켰다. **(b) 뉴욕 시는 주에서 가장 큰 도시였고, 이러한 이유로 대부분의 화가들이 그곳에 살았다.** (c) 이들 작품의 주제는 대륙 그 자체였고, 그렇기에 이들은 캐츠킬 산맥, 허드슨 강, 그리고 자연의 아름다움이 있는 여러 장소들의 그림을 그려냈다. (d) 이 화파에서 가장 유명한 화가 몇몇으로는 Frederic Edwin Church와 Thomas Cole이 있다.

해설 19세기 미국을 대표하는 화가인 허드슨 리버파에 관한 글이다. (a) 허드슨 리버파 명칭의 유래, (c) 이들 작품의 주제 및 (d) 대표 화가를 설명하는 나머지 문장과 달리 (b)는 뉴욕 시에 관한 내용이므로 글의 주제에서 벗어나 있다.

어휘 **approximately** 대략   **belong to** ~에 속하다
breathtaking 숨이 멎는 듯한, 굉장한   **landscape** 풍경(화)
subject 주제; 대상   **movement** 움직임; 운동; 단체

13 (c)

해석

NASA가 금성에 HAVOC을 필요로 하는 이유는 무엇인가?

John Cale

　수십 년 동안, 금성은 일종의 낙원으로 묘사되어 왔다. 사실 금성은 섭씨 460도가 넘는 표면 온도와 독성 대기 환경을 지닌 사람이 살기 힘든 황무지이다. 그러나 이는 NASA의 프로젝트 하복(HAVOC, High-Altitude Venus Operational Concept) 개발을 멈추지는 못하고 있다. 이는 금성 표면으로부터 50에서 60킬로미터 떠 있는 비행선을 만들어내는 것을 목표로 하는 프로젝트이다. 이 정도의 기압과 온도는 지구의 높은 고도 지점과 비슷하여, 그곳에서 적은 위험으로 조사 임무가 수행되는 것을 가능하게 한다. 그러한 임무를 위한 기술은 현재 이용 가능하다. 그것이 결실을 맺도록 하는 것은 그저 지금 지원과 자진하는 참가자의 문제인 것이다.

Q: 뉴스 기사의 주제는 무엇인가?

(a) 금성의 대기에 관한 데이터를 수집한 최근의 임무
(b) 금성과 지구의 위쪽 대기 간에 존재하는 유사점
(c) 행성 위에서의 고-고도 조사를 수행할 것을 제안하는 임무
(d) 금성에의 임무를 성공하지 못하게 만드는 환경

해설 금성의 가혹한 대기 환경이 만들어내는 어려움을 피하기 위해, 그 표면 위에 비행선을 띄워 조사 임무를 수행하겠다는 NASA의 HAVOC 프로젝트에 관한 내용으로 정답은 (c)이다. (a) 금성의 대기에 관한 정보가 나와 있지만 이러한 정보를 수집한 임무에 대한 내용은 없었다. (b) 금성과 지구 위쪽의 대기가 서로 비슷하다는 내용과, (d) 금성의 가혹한 대기 환경에 관한 내용은 나와 있지만 모두 세부 정보에 그친다.

어휘 **depict** 그리다, 묘사하다   **inhospitable** 사람이 살기 힘든
wasteland 황무지   **atmosphere** 대기
aim to ~하는 것을 목표로 하다   **airship** 비행선
aloft 하늘 높이   **comparable** 비슷한, 비교할 만한
elevation 고도   **feasible** 실현 가능한
conduct (특정 활동을) 수행하다
come to fruition 열매를 맺다, 결실을 맺다

14 (a)

해석 닭을 요리할 때 여러분이 반드시 기억해야 하는 가장 중요한 것은 닭을 덜 익혀도, 너무 익혀도 안 된다는 것이다. 사람들이 덜 익힌 닭을 먹게 되면, 닭 내부의 다양한 미생물이 닭을 익히는 열로 죽지 않기 때문에 병에 걸릴 위험을 얻게 된다. 그리고 너무 익힌 닭은 간단히 말해서 맛이 없어지는데, 믿을 수 없을 정도로 푸석푸석해지고 질겨지는 경향이 있기 때문이다. 딱 알맞게 익힌 닭은 색깔이 하얗고 조금씩 즙이 배어 나온다.

Q: 지문의 목적은 무엇인가?

(a) 닭을 제대로 요리해야 하는 이유를 설명하기 위해
(b) 너무 익힌 닭의 맛이 어떤지 설명하기 위해
(c) 닭을 요리할 때 사용할 요리책 몇 권을 추천하기 위해
(d) 덜 익힌 닭의 위험성을 언급하기 위해

해설 덜 익힌 닭과 너무 익힌 닭의 단점을 언급하면서 닭을 제대로 요리해야 한다고 이야기하고 있으므로 (a)가 가장 적절하다. (b), (d) 본문에 언급되어 있지만 세부 내용에 불과하다.

어휘 crucial 중요한, 결정적인
undercook 덜 익히다   overcook 지나치게 익히다
run the risk of ~의 위험을 무릅쓰다
organism 유기체, 미생물   tend to ~하는 경향이 있다
juicy 즙이 많은   note ~에 주목하다; ~을 언급하다

15 (c)

해석

인지 부조화란 무엇인가?

모든 사람들은 자신이 매우 중요하게 여기는 기본적인 개념 또는 이상을 가지고 있다. 이러한 이상은 대개 개인의 도덕관념에 의해 결정되며, 개인의 의사 결정 과정을 좌우한다. 하지만 때때로 두 가지 개인의 믿음이 서로 모순될 수 있는데, 이는 인지 부조화라 불리는 부정적 감정을 일으킨다. 아마도 어떤 사람은 자신을 환경보호주의자라고 생각할지도 모른다. 하지만 어떤 이유로 그는 쓰레기를 재활용하지 않을 수 있다. 그는 종종 서로 상충하는 자신의 생각과 행동으로 인해 죄책감, 후회, 또는 불안감을 느낄 것이다.

Q: 필자의 요지는 무엇인가?

(a) 인지 부조화는 원시적인 정신적 방어기제이다.
(b) 사람들은 항상 쓰레기 재활용에 신경 써야 한다.
(c) 인지 부조화가 있는 사람들은 서로 다른 방식으로 생각하고 행동한다.
(d) 인지 부조화는 사람이 느끼는 방식에 의해 영향을 받는다.

해설 환경보호주의자의 예에서와 같이 인지 부조화는 사람으로 하여금 생각하는 것과 다르게 행동하도록 만든다. 따라서 인지 부조화가 있는 사람들의 생각과 행동이 다르다는 (c)가 가장 적절하다. (d) 인지 부조화는 부정적 감정을 일으키므로 사람이 느끼는 방식에 영향을 줄 것이다.

어휘 cognitive dissonance 인지 부조화
value 가치 있게 여기다; 평가하다   determine 결정하다
moral 도덕, 도덕 개념   dominate 지배하다; 좌우하다
decision-making process 의사 결정 과정
contradict 상충되다, 대립하다
environmentalist 환경 운동가   remorse 후회
conflict 상충하다   primitive 원시적인
defense mechanism 방어기제

16 (c)

해석 지질 조사가 마을에 거대한 원유 매장지가 자리하고 있다는 것을 밝힌 뒤로 센터빌의 운명이 훨씬 더 밝아졌다. 주립 대학교의 지질학자들은 이곳이 지난 십 년 동안 국내에서 있었던 가장 큰 원유 발견 중 하나라고 확정 지었다. 게다가, 원유의 상당량은 도시 소유의 토지에 있어서, 이는 분명 퍼 올리면 막대한 이익을 거두게 할 것이다. 여러 원유 회사들이 이미 원유 시추에 관심이 있다고 보고했으며, 이는 아마 그리 깊지 않은 지하에 있을 것이다. 이는 시추를 더욱더 저렴하게 만들 것이

고, 이로 인해 발견의 가치는 높아지게 되었다. 경제적 어려움에 시달리던 마을에서, 이러한 발견은 절실하게 필요했던 희소식인 것이다.

Q: 지문은 주로 무엇에 관한 것인가?

(a) 센터빌의 원유 시추가 시작되는 시기
(b) 센터빌 내 원유 탐사가 가져온 것
(c) 센터빌을 벼락부자가 되게 만든 것
(d) 센터빌이 원유 회사와 계약을 맺은 이유

해설 센터빌에서 큰 원유 매장지가 발견되었다는 것이 지문의 핵심 내용이므로 (c)가 가장 적절하다. (b) 지질 조사를 하다가 원유를 발견하게 된 것이므로 의도적으로 원유 탐사를 했다고 볼 수 없고, (d) 원유 시추에 관심 있는 회사들이 몇몇 있다고는 했지만 아직 계약을 맺은 것은 아니다.

어휘 fortune 부, 재산; 운; 운명   geological survey 지질 조사
oil deposit 원유 매장지   domestic 국내의
reap 수확하다, 거두다   drilling 훈련; 구멍 뚫기
supposedly 추정상, 아마   extract 추출하다; 발췌하다
sorely 심하게, 몹시   be set to ~할 예정이다
strike it rich 일확천금을 하다, 벼락부자가 되다
sign a deal with ~와 계약을 맺다

17 (a)

해석 청소년기는 거의 모든 사람들의 인생에서 중요한 시기다. 정의감이나 자존감, 도덕성과 같은 개인의 관념 다수가 이 시기에 형성된다. 그래서 십대들의 지역 봉사 활동 참여가 중요한 것이다. 십대들이 일반적으로 하는 봉사 활동들이 많이 있다. 이러한 일에는 푸드 뱅크에서 일하는 것, 병원에서 자원 봉사하는 것, 심지어는 공원이나 다른 공공장소를 청소하는 것이 포함된다. 이러한 종류의 일을 하는 것은 십대들에게 다른 사람들의 필요가 꼭 자신의 필요만큼 중요하다는 사실을 가르쳐준다. 이는 또한 십대로 하여금 다른 덜 부유한 사람들이 어떻게 살고 있는지 알 수 있게 하고, 따라서 이들은 동정심을 기를 수 있는 것이다.

Q: 필자가 십대들이 봉사 활동을 해야 한다고 생각하는 이유는 무엇인가?

(a) 그들이 다른 사람들에게 관심을 갖도록 가르칠 것이다.
(b) 그들이 공부에 집중하도록 동기 부여할 것이다.
(c) 그들에게 좋은 직업 경험을 제공할 것이다.
(d) 그들이 나중에 자신의 시간을 내어 봉사를 하도록 할 것이다.

해설 필자는 지문 중간 부분부터 봉사가 타인의 필요를 인지하도록 해주고, 나아가 동정심을 갖게 해준다고 이야기하고 있으므로 (a)가 가장 적절하다. (b), (c) 봉사는 개인의 관념에 관한 것이므로 공부나 직업 경험과 연관되지 않을 것이다.

어휘 adolescence 청소년기   notion 개념; 관념
self-worth 자존감   morality 도덕성
engage in ~에 관여하다, 참여하다
community service 지역 봉사 활동
public place 공공장소   well-off 부유한, 유복한
compassion 연민, 동정심   care for ~을 보살피다, 돌보다
motivate 동기 부여하다

18 (b)

해석

> **독보적인 자동차 렌트**
>
> 라이드 어웨이 렌터카 대리점은 교통수단을 찾는 누구에게나 많은 것을 제공합니다. 저희는 SUV뿐만 아니라 다양한 종류의 소형, 중형 및 고급 자동차를 보유하고 있습니다. 저희의 중형 자동차는 무한 마일리지로 하루 50달러에 제공하고 있으며, 주말 요금은 하루 60달러입니다. 저희 서비스는 전액 보험을 포함하고 있으며, 차량 인도 시 연료를 가득 채워 드리고, 원하는 지역으로 보내 드릴 수 있으며, 공항이나 기차역 또는 버스 터미널에서 여러분의 차량을 회수해 갑니다. 저희 정비사는 문제가 발생할 경우를 대비하여 하루 24시간 근무합니다. 기억하십시오, 라이드 어웨이의 렌터카는 여러분이 앞으로 타게 될 최고의 자동차입니다.
>
> **라이드 어웨이 렌터카 대리점**

Q: 광고에 따르면 다음 중 옳은 것은 무엇인가?

(a) SUV는 주말에 하루 60달러 정도면 대여 가능하다.
(b) 고객은 자동차를 가져오기 위해 회사에 방문할 필요가 없다.
(c) 대여 고객은 회사 보험 대신 자신의 보험을 사용하는 것이 좋다.
(d) 정비사가 차량을 수리하기 위해 대여 고객의 위치로 갈 수 있다.

해석 렌터카 회사의 광고이다. 옳은 사실을 찾는 문제는 지문과 선택지를 비교, 대조하며 읽어 나가는 것이 좋다. (a) 지문에서 요금과 관련된 내용은 모두 중형 자동차에 대한 요금이고, (b) 고객이 원하는 지역으로 차량을 보내준다고 했으므로 고객은 회사에 갈 필요가 없다. 정답은 (b)이다. (c) 회사 측에서 전액 보험을 제공한다고 했으며, (d) 정비사가 24시간 근무한다는 내용은 있으나 고객에게 직접 찾아가서 서비스를 제공하는지는 알 수 없다.

어휘 exclusive 독점적인; 독보적인　rental car 렌터카, 임대 자동차
agency 대리점　transportation 교통; 운송
a wide variety of 매우 다양한　compact 소형의
rate 속도; 비율; 요금　full insurance 전액 보험
retrieval 회수　bus depot 버스 터미널
mechanic 수리공, 정비사　on duty 근무 중인

19 (c)

해석

> 편집장님께,
>
> 미디어의 편견에 대한 귀하의 기사에 제가 얼마나 감사했는지 알려 드리고 싶습니다. 미디어가 때로는 얼마나 편견에 사로잡힐 수 있는지 지적하는 기사를 보게 되어 저는 다소 충격받았지만, 기쁜 의미에서 놀랐습니다. 제 경험에 따르면, 미디어는 대개 스스로 비평하기를 주저합니다만, 귀하의 기사는 취재기자들의 개인적인 편견이 뉴스를 정직한 방식으로 보도하는 능력을 얼마나 방해하는지 수많은 사례로 지적했습니다. 저는 귀하의 기사를 제 친구 몇 명에게 보내줬는데, 모두 이구동성으로 귀하의 기사를 칭

> 찬했습니다. 저는 앞으로도 귀하의 신문에서 이처럼 질 좋은 보도를 더 많이 보길 바랍니다.
>
> Isaac Bourne 드림

Q: 편지에 따르면 다음 중 옳은 것은 무엇인가?

(a) 신문의 기사는 여러 취재기자들에 의해 쓰였다.
(b) Isaac Bourne은 신문 기사의 저자이다.
(c) 해당 신문 기사는 올바른 저널리즘의 한 예이다.
(d) 요즘 신문에는 너무 많은 미디어의 편견이 존재한다.

해설 기자 개인의 편견이 미디어에 작용할 수도 있다고 지적하는 기사를 쓴 사람을 칭찬하는 내용의 편지이다. 따라서 해당 기사를 좋은 저널리즘의 예로 보는 (c)가 가장 적절하다. (a) 기사는 편지를 받고 있는 편집장 한 명이 작성했고, (b) Isaac Bourne은 편지를 보낸 사람이다. (d) how biased the media can be at times라는 말로 보아 편지에 언급된 기사는 미디어가 편견에 사로잡힐 수 있는 위험성에 초점을 맞춘 기사일 것이다. 따라서 신문에 편견이 만연하다고 단정 짓기는 어렵다.

어휘 bias 편견　pleasantly surprised 기분 좋게 놀란
point out ~을 지적하다　at times 때때로
hesitant to ~하는 것을 주저하는　instance 사례, 경우
interfere with ~을 방해하다, ~에 지장을 주다
forward 전송하다, 보내다　unanimous 만장일치의

20 (d)

해석 John Keats는 오늘날에는 주로 송시에 정통했던 것으로 기억되는 영국의 시인이다. 그는 인기 있는 유명한 시인이었으며, 영어 구사 능력이 매우 뛰어났다. 이는 그가 작품, 특히 송시에서 창조적인 이미지를 많이 떠올릴 수 있도록 했다. 송시는 개인적 감정과 느낌에 기반을 둔 시로, 종종 어떤 사람이나 사물을 칭송하기 위해 쓰인다. 송시는 전형적으로 세 부분을 가지고 있다. 첫 두 개 스탠자는 스트로피(strophe)로, 시 나머지 부분의 형태를 규정한다. 중간 부분은 안티스트로피(antistrophe)로, 스트로피와는 반대되는 감정을 보인다. 마지막 부분은 에포드(epode)로, 시를 마무리 짓는다.

Q: 지문에 의하면, 송시에 대해 다음 중 옳은 것은 무엇인가?

(a) 매우 생생한 이미지를 요구한다.
(b) John Keats에 의해 처음으로 쓰였다.
(c) 에포드는 중간 부분을 이룬다.
(d) 별개의 세 부분을 가지고 있다.

해설 (a) 송시는 감정과 느낌이 주가 되는 시이므로 생생한 이미지를 요구하지는 않을 것이고, (b) John Keats는 송시로 유명한 시인일 뿐이다. (c) 에포드는 송시의 마지막 부분이고, (d) 송시는 스트로피, 안티스트로피, 에포드, 총 세 부분을 가지고 있다. 따라서 정답은 (d)이다.

어휘 poet 시인　primarily 주로
mastery 정통, 숙달　ode 송시　celebrated 유명한
a command of ~에 대한 지식; (언어의) 구사 능력
come up with ~을 떠올리다
be based on ~에 근거하다, ~을 기반으로 하다
segment 부분, 조각　stanza 스탠자, (시의) 연(聯)
set 정하다　vivid 생생한

21 (b)

해석 미국의 교육 수준은 그 어느 때보다 높다. 25세가 넘는 미국인 85% 이상이 고등학교 졸업장을 가지고 있다. 그러나 그 수는 미국의 각 지역마다 다르다. 서부 및 북동부에 위치한 주에는 남부 지역의 주보다 고등학교 졸업자 수가 더 많다. 이러한 차이를 만드는 다른 요인으로는 학생들이 학교를 다니기 시작한 시기가 있다. 많은 졸업자들은 그들이 겨우 3~4세였을 때부터 유아원이나 유치원을 다니기 시작했다.

Q: 지문에 따르면 고등학교를 마치지 못할 가능성이 가장 높은 사람은 누구인가?

(a) 유치원을 다닌 서부 지역 주 출신의 사람
(b) 유아원을 다니지 않은 남부 지역 주 출신의 사람
(c) 유아원을 다닌 북동부 지역 주 출신의 사람
(d) 유치원을 다니지 않은 북서부 지역 주 출신의 사람

해설 지문의 내용으로 보아 남부 지역 주 출신 사람들이나 어릴 때 교육받지 못한 사람들이 고등학교를 마치지 못할 가능성이 높다는 것을 알 수 있다. 따라서 (b)가 정답이다. (a), (c) 고등학교를 마칠 가능성이 가장 높은 사람에 속한다.

어휘 education level 교육 수준   diploma 졸업장
differ 다르다   graduate 졸업생
preschool 유아원; 유치원 (kindergarten)

22 (a)

해석

반품 및 교환 정책

던컨 서점은 몇몇 제품의 반품을 허용합니다. 하지만 여기에는 적용되는 상세 규정이 있습니다. 첫째로, 잡지는 본래 비닐 포장이 유지되어 있는 경우에만 반품될 수 있습니다. 어떤 경우라도 그 외 다른 잡지는 반품될 수 없습니다. 과월호 또한 새 잡지와 교환이 불가능합니다. 책의 경우에도, 동일한 규정이 적용됩니다. 비닐로 포장된 상태의 책을 소비자께서 유효한 영수증을 가지고 계시는 한 반품이 가능합니다. 반품은 오로지 현금으로만 돌려드립니다. 교환도 가능합니다. 비닐을 벗긴 책이나 구매 당시에 비닐 포장이 없던 책의 경우, 반품은 허용되지 않습니다. 본 정책은 타협이 불가능합니다.

던컨 서점

Q: 서점의 반품 및 교환 정책에 따르면 다음 중 옳은 것은 무엇인가?

(a) 특정 조건 하에서 잡지 반품이 가능하다.
(b) 비닐 포장이 없는 책은 구매자가 영수증을 가지고 있는 경우 반품 가능하다.
(c) 잡지를 다른 잡지로 교환하는 것이 허용된다.
(d) 어떤 경우라도 반품을 받지 않을 것이다.

해설 서점의 반품 및 교환 정책에 관한 글이다. 첫 번째 정책에 보면 잡지는 비닐 포장이 유지되어 있는 경우 반품될 수 있다고 했으므로 (a)가 정답이다. (b) 비닐이 벗겨지면 어떤 경우라도 반품이 불가능하고, (c) 책에 관해서만 교환이 가능하다는 내용이 나와 있다. (d) 반품이 가능한 몇몇 사례가 지문에 제시되어 있다.

어휘 permit 허용하다   specific 구체적인
apply 적용되다, 해당되다   plastic covering 비닐 포장
under any circumstances 어떤 경우라도
wrap 싸다, 포장하다   so long as ~하는 한
valid 유효한   receipt 영수증
nonnegotiable 협상할 수 없는

23 (c)

해석 상어는 바다의 사냥꾼이며 먼 거리에서 먹이를 찾는 데 능숙하다. 상어 체내에 있는 일련의 감지 기관은 그들로 하여금 물고기가 궁지에 처해 있는지 알아낼 수 있게 한다. 상어는 이러한 감지 기관을 아주 먼 거리에서도 사용할 수 있다. 궁지에 처해 있는 물고기는 이상한 움직임을 보이며 물을 튀기기 때문에, 상어는 이런 물고기에 바로 다가간다. 게다가 상어는 넓은 바다에서 작은 핏방울도 감지할 수 있다. 전문가들은 수영을 하는 사람들과 잠수부들에게 아무리 작더라도 신체 어디에 든 베인 곳이 있다면 물속에 들어가지 말 것을 당부한다. 누군가 물속에 있다가 베었다면, 해당 지역이 상어가 출몰한다고 알려지지 않았더라도 가능한 한 신속하게 물 밖으로 나와야 한다.

Q: 필자가 가장 동의할 것 같은 문장은 무엇인가?

(a) 상어는 먹이를 찾아 매일 먼 거리를 이동한다.
(b) 상어는 물속에서 발견하는 어떤 것이든 공격할 것이다.
(c) 상어는 피를 감지할 경우 평소 가지 않던 곳에도 들어갈 것이다.
(d) 상어는 뛰어난 후각으로 좋지 않은 시력을 보완한다.

해설 지문 후반부에 보면 상어가 넓은 바닷속에서 소량의 핏방울도 감지해내기 때문에 물속에서 무엇인가에 베인 경우에는 바로 물 밖으로 나오라는 당부가 나온다. 따라서 필자는 상어가 피를 감지한다면 평소 가지 않던 곳에도 들어갈 것이라는 (c)에 가장 동의할 것이다. (a) 멀리 떨어져 있는 먹잇감을 쉽게 찾아낼 수 있을 뿐이지 매일 먼 거리를 가는 것은 아니고, (b) 눈에 보이는 것을 전부 공격하는 것이 아니라 궁지에 처해 있는 물고기를 표적으로 삼아 다가간다. (d) 후각이나 시각에 대한 내용은 없었다.

어휘 the deep 대양   be skilled at ~에 능숙하다, 숙련되다
a series of 일련의   sensor 감지 기관
determine 알아내다, 밝히다   in distress 괴로운; 곤궁한
erratic 이상한; 변덕스러운   splash 물을 튀기다
home in on ~로 곧장 나아가다   detect 찾아내다, 감지하다
vast 광대한, 광활한   make up for 보상하다, 보충하다

24 (d)

해석

서비스 변경

오는 8월 12일부터 501번, 511번 및 516번 버스 노선에 일부 변경 사항이 있을 것입니다.

• 501번 버스는 오전에는 매 시 6분에 운행을 시작할 것이지만, 오후에는 매 시 12분에 터미널을 출발할 것입니다. 또한 더 이상 일요일에 운행되지 않을 것입니다.
• 511번 버스는 오전 5시부터 두 시간에 한 번씩만 운행

될 것입니다. 마지막 출발 시간은 오후 11시가 될 것입니다.
- 516번 버스에는 몇 개의 새로운 정거장이 추가됩니다. 이제 516번 버스는 베이커가와 3번가 교차로의 부두, 시내의 시계탑 앞, 베테랑스 스타디움 앞에 정차할 것입니다.

Q: 안내문으로부터 추론할 수 있는 것은 무엇인가?

(a) 501번 버스는 버스 스케줄이 변경된 이후 오후 12시 6분에 터미널을 출발할 것이다.

(b) 501번 버스는 수익성 하락으로 인해 일요일에는 운행하지 않을 것이다.

(c) 516번 버스는 주중에 새로운 시간표대로 운행할 것이다.

(d) 이 공지는 버스 승객들이 헷갈리지 않도록 하기 위해 마련된 것이다.

해설 세 개의 버스 노선에 변경 사항이 있음을 알리는 안내문으로 (a) 501번 버스는 오전에는 매 시 6분, 오후에는 매 시 12분으로 출발 시간이 바뀌며, (b) 일요일에는 어떤 이유에선지 운행하지 않는다. (c) 516번 버스의 경우, 시간표가 변경되는 것이 아니라 노선에 새로운 정거장이 추가되는 것이다. 이러한 공지 내용 모두 버스 이용자들을 위한 것이므로 정답은 (d)이다.

어휘 **undergo** (변화를) 겪다, 경험하다   **route** 도로; 노선
operate 작동하다; 운영하다   **departure** 출발
waterfront 부둣가   **metropolitan** 대도시의
transportation 교통; 운송   **authority** 당국
profitability 수익성   **intend** 의도하다

25   (b)

해설 미국 서부는 많은 독특한 지질학적 특징을 갖추고 있다. 메사(mesa)는 남서부에서 굉장히 흔하다. 이는 테이블처럼 보이는 넓은 지역을 말하는데, 모두 평평한 윗면과 수직인 측면으로 되어 있다. 메사는 일반적으로 다양한 종류의 암석으로 구성되어 있다. 시간이 지나면서 비바람으로 인해 보다 부드러운 암석은 침식되지만, 보다 단단한 암석은 남게 된다. 메사와 지질학적 특성이 유사한 것은 뷰트(butte)이다. 사실, 뷰트는 심지어 메사와 동일한 방식으로 형성된다. 둘 사이의 차이는 메사는 높이가 높다기보다 넓다는 것이고, 뷰트는 넓다기보다 높다는 것이다.

Q: 메사에 대해 추론할 수 있는 것은 무엇인가?

(a) 주로 부드러운 암석으로 구성된다.

(b) 높다기보다 길다.

(c) 뷰트 옆에서 발견된다.

(d) 뷰트만큼 높지 않다.

해설 마지막 문장에 mesas are wider than they are high라는 말이 나오는데 (b)는 본문의 wider를 longer로 바꾼 것뿐이다. 따라서 정답은 (b)이다. (a) 부드러운 암석이 침식되어 딱딱한 암석만 남은 것이 메사이고, (c) 메사와 뷰트는 형성 과정이 비슷할 뿐이다. (d) 메사는 넓게 형성되고, 뷰트는 높게 형성되는 것은 사실이지만, 둘을 비교한 내용은 언급되지 않았다. 메사가 넓게 형성되더라도 전체적인 크기가 크다면 뷰트보다 높을 것이다.

어휘 **distinct** 뚜렷한, 독특한   **geological** 지질학의, 지질학적인
be composed of ~로 구성되다, ~로 이루어지다
erode 침식되다   **form** 형성시키다

26-27   (d), (d)

해설
> ### 별자리의 본질과 이용
>
> 별자리란 별들 사이를 잇는 상상의 무늬로, 이 중 몇몇은 사람들이 아주 먼 옛날부터 인정해 왔다. 88개의 별자리가 공식적으로 인정되고 있지만, 사람들은 다른 무늬를 찾으면서 더욱 많은 별자리를 확인해오고 있다. 많은 별자리는 오래 전에 주어진 이름을 그대로 유지하고 있다. 유럽 사람들이 처음으로 남반구를 탐험하기 시작했을 때, 이들은 밤하늘의 별들이 다르다는 것을 알게 되었고, 따라서 새로운 여러 별자리가 이름을 얻게 되었다. 열 두 개의 주요 별자리는 12궁도를 이루고 있으며, 사람들은 이를 점성술에서 사용한다.
>
> 이것이 바로 별자리 운세가 만들어진 방법이다. 이는 사람들의 생일을 사용하여 개인의 미래를 예측하거나 그 혹은 그녀가 어떤 사람과 맞는지 알아낸다. 사람의 성격 또한 별자리와 관련이 있게 되는 것이다. 예를 들어, 8월 23일부터 9월 23일 사이에 태어난 사람은 처녀자리이다. 이들은 아마 비판적이고 완벽주의자일 것이다. 1월 20일부터 2월 18일 사이에 태어난 사람은 물병자리를 갖게 되는데, 창의적이면서도 예측 불가능한 것으로 이야기된다. 많은 사람들이 점성술을 믿지만, 가치가 전혀 없다고 생각하는 사람들 역시 많다.

26 Q: 무엇이 새로운 별자리의 탄생을 이끌었는가?

(a) 밤하늘의 새로운 모양에 대한 인식

(b) 사람의 특성을 알아내기 위한 생일의 사용

(c) 점성술의 신뢰성에 반하여 제기된 주장들

(d) 유럽인들의 남반구 탐험

27 Q: 지문에 따르면 다음 중 옳은 것은 무엇인가?

(a) 별자리는 여러 다른 문화의 사람들에 의해 다른 이름이 주어져 왔다.

(b) 유럽 사람들은 지금까지 인정되는 88개의 별자리를 지정하였다.

(c) 점성술의 사용은 별자리 발견 이전에 발달되었다.

(d) 사람들의 성격은 아마 그들이 태어난 날에 의해 결정되는 듯하다.

해설 26 첫 번째 문단 마지막 부분에 새로운 별자리에 대한 내용이 나온다. 유럽 사람들이 남반구를 탐험하면서 다른 별자리를 보게 되었고, 새로운 별자리가 탄생하게 되었다고 했으므로 (d)가 정답이다. (a) 밤하늘의 모양 자체가 새로워진 것은 아니고, (b) 별자리에서 파생된 점성술에 관한 내용이다. (c) 언급되지 않은 내용이다.

27 옳은 사실을 찾는 문제는 지문과 선택지를 비교, 대조하며 읽어 나가는 것이 좋다. (a) 첫 번째 문단에 보면 많은 별자리의 이름이 오래 전에 주어진 이름 그대로인 것을 알 수 있다. (b) 먼 옛날부터 지금까지 88개의 별자리가 인정되고 있는 것은 사실이지만, 유럽 사람들에 의한 것인지는 알 수 없고, (c)

별자리가 생긴 다음 점성술이 발달하였다. (d) 두 번째 문단에 점성술에 관한 내용이 구체적으로 서술되어 있다. 점성술은 사람의 미래나 성격이 그가 태어난 날에 해당하는 별자리에 따라 다르다고 이야기하므로 사람의 성격이 태어난 날에 의해 결정된다는 (d)가 정답이다.

constellation 별자리　**imaginary** 상상의
recognize 인정하다　**trace** 추적하다
retain 유지하다, 보유하다　**hemisphere** (지구의) 반구
zodiac (황도) 12궁도, 황도대　**practice** 관행, 관례
astrology 점성술　**horoscope** 별자리 운세, 점성술
find out 알아내다, 밝히다　**compatible** 사이좋게 지낼 수 있는
personality 성격　**perfectionist** 완벽주의자
unpredictable 예측할 수 없는　**merit** 가치　**trait** 특성
reliability 신뢰성　**designate** 지정하다; 지명하다

28-29 (b), (c)

해석

칭송받지 못한 세계 평화의 근원
Uriah Shelton

지난 80여 년간, 세계는 전례 없는 평화와 번영을 보게 되었고, 여기에는 의심할 여지없는 한 가지 이유가 있는데, 바로 세계화이다. 제2차 세계 대전의 종전과 미국의 형성은 역사상 그 어느 때와도 다른 세계 상호 연결의 시대를 열어주었다. 각기 다른 나라의 사람들은 이제 그 어느 때보다 더 많이 무역에 참여하고, 지역을 벗어나 실로 국경을 넘어 연결되고 있다. 또한 1940년대 이후로 세계에는 단 하나의 전쟁도 없었다.

점점 더 많은 나라의 사람들이 서로 연결되기 시작하면서, 국가들은 빠른 속도로 적을 잃고 동맹을 만들어 가고 있다. 아마 가장 주목할 만한 예시는 중국과 일본에서 볼 수 있다. 역사적으로 적이었던 그들은 이제 놀랄 만한 양의 무역에 참여하고 있으며, 이는 두 국가 사이의 전쟁이 일어날 가능성을 꽤 낮게 만들고 있다. 유럽의 많은 나라들 역시 동일하다. 역사를 되풀이하며 서로 전쟁하기보다, 유럽의 국가들은 이제 그 대신 무역에 참여하는 것을 선호하고 있다.

28 Q: 사설의 주제는 무엇인가?

(a) 국제 무역의 경제, 사회적 혜택
(b) 평화와 세계화 사이의 상관관계
(c) 세계화로의 길을 만들어낸 다양한 요인
(d) 아시아 국가 간의 역사적 관계 발달

29 Q: 사설에 따르면 세계화에 대해 다음 중 옳은 것은 무엇인가?

(a) 중국과 일본이 서로 곧 싸울 가능성을 더 높게 만들었다.
(b) 전 세계적으로 엄청난 경제 성장을 이끌었다.
(c) 국가 간 적대감을 없애는 데 주요한 기여 요소이다.
(d) 유럽 국가들을 아시아 국가들과 연결해 주었다.

해설 28 기사의 첫 문장에 바로 주제가 등장한다. 세계가 전례 없는 평화를 누리고 있고, 그 중 한 가지 이유로 세계화를 꼽을 수 있다고 이야기하고 있으므로 (b)가 정답이다. (a) 국제 무역이 가져온 경제, 사회적 혜택보다 그것이 가져온 세계적인 평화

가 기사의 초점이고, (c) 제2차 세계 대전의 종전과 미국의 형성을 세계화의 주요 요인으로 볼 수 있겠지만 세부 내용에 불과하다. (d) 중국과 일본의 역사적 관계에 대한 언급은 있지만 이를 아시아 국가 사이의 역사적 관계 발달로 일반화시키기는 어렵다.

29 두 번째 문단 처음 부분에 보면 여러 나라가 서로 연결되면서 적이 없어지고 동맹이 만들어진다고 했으므로 국가 간의 적대감은 사라질 것이다. 따라서 (c)가 정답이다. (a) 지문과 상반되는 내용이고, (b) 상식적으로 추론할 수도 있는 내용이지만 직접적으로 언급되지는 않았다. (d) 유럽 내의 국가들과 아시아 내의 국가들의 서로 연결되었다고는 했지만, 유럽 국가와 아시아 국가가 연결된다는 내용은 없었다.

unsung (자격이 있음에도) 찬양받지 못한
unprecedented 전례 없는　**prosperity** 번영
undoubtedly 의심할 여지없이
usher in an era 시대의 막이 오르다
interconnectivity 상호 연결성
engage in ~에 관여하다, 참여하다
go beyond ~을 넘어서다　**stretch** 늘이다; 뻗다
enemy 적국　**ally** 동맹국　**notable** 주목할 만한, 눈에 띄는
phenomenal 놀랄 만한, 경이로운　**likelihood** 가능성
break out (전쟁이) 발발하다　**correlation** 상관관계
pave the way for ~을 위해 길을 열다
contributor 기여자　**hostility** 적대감

30-31 (d), (b)

해석

현재, 휴게실의 상태가 망신스러울 정도입니다. 휴게실을 좀 더 깨끗하고, 모두가 사용할 수 있는 공간으로 만들기 위해 아래의 사항을 실천합시다.

• 전자레인지와 커피 머신을 사용한 후에는 반드시 정리 정돈을 해주십시오.
• 사용한 개인 접시와 머그컵은 씻어 놓으시고, 청소 직원이 이를 처리하도록 남겨두지 마십시오.
• 근무가 끝나면 음식 용기를 치우십시오. 냉장고에 오랫동안 있었던 것이 분명해 보이는 음식이 담긴 용기가 몇 개 있는데, 악취가 나고 보기 좋지 않습니다. 미리 치우지 않으신다면, 이번 주 금요일 오후 청소 직원들이 냉장고 안의 모든 용기를 버릴 것입니다.
• 근무 시간에 TV를 시청하지 마십시오. TV는 휴식 시간에만 시청하도록 되어 있습니다. 누군가 이미 TV를 보고 있다면, 채널을 변경하지 마십시오.
• 서로의 소유물을 존중하여, 자신의 것이 아닌 음식이나 음료를 가져가는 일이 없도록 하십시오.

휴게실을 우리 모두가 즐길 수 있는 장소로 만듭시다.

30 Q: 필자의 요지는 무엇인가?

(a) 직원들은 휴게 시설을 잘 관리하고 있다.
(b) 직원들은 휴게실을 남용하는 것에 대해 처벌을 받아야 한다.
(c) 직원들이 충분히 쉴 공간이 넉넉하지 않다.
(d) 직원들에게 올바른 휴게실 사용에 대해 상기시켜 줄 필요가 있다.

Q: 안내문으로부터 추론할 수 있는 것은 무엇인가?

    (a) 근무시간에 TV를 시청하는 직원들은 처벌받을 것이다.

    (b) 많은 직원들은 회사로 자신의 음식을 가져 온다.

    (c) 커피 머신과 전자레인지는 휴게실에서 가장 더러운 부분이다.

    (d) 휴게실은 청소 직원이 일주일에 한 번씩 청소한다.

해설 **30** 안내문 전반적으로 필자는 기본적인 휴게실 사용 지침을 숙지하고 이용할 것을 당부하고 있으므로 (d)가 정답이다. (a) 안내문과 반대되고, (b) 처벌에 관한 내용이나 (c) 공간이 부족하다는 내용은 언급되지 않았다.

31 세 번째 항목이 음식 용기에 관한 내용이므로 직원들이 회사로 음식을 가져 온다고 추론하는 (b)가 가장 적절하다. (a) 근무 시간에 TV 시청을 금한다는 말만 있고, 불이익에 관한 내용은 언급되지 않았다. (c) 휴게실에서 가장 더러운 부분이나, (d) 청소 직원의 청소 횟수는 알 수 없다.

어휘 **state** 상태   **breakroom** 휴게실   **disgrace** 불명예, 망신
microwave oven 전자레인지   **cleaning staff** 청소 직원
take care of ~을 돌보다; ~을 처리하다
container 용기, 그릇   **refrigerator** 냉장고
foul smelling 고약한 냄새가 나는, 악취가 나는
unsightly 보기 흉한   **dispose of** ~을 없애다, 처리하다
beforehand 미리, 사전에   **property** 재산, 소유물
take care of ~을 돌보다; ~에 신경 쓰다
punish 처벌하다, 벌주다   **misuse** 남용하다, 오용하다
reminder 상기시켜주는 것

32-33 (a), (d)

해석

> ### 고용안내
>
> 에이켄 컨트리 공원 및 휴양 관리부에서는 올 여름 12명의 아르바이트 직원들을 고용할 예정입니다. 저희는 도시의 다양한 공원을 돌아다니면서 정해진 유지 보수 작업을 필요에 따라 할 수 있는 직원을 찾고 있습니다. 대표적인 업무로는 잔디 관리, 관목 및 꽃 심기, 스프링클러 설치, 전구 교체 및 배수로 청소가 있습니다. 해당 업무는 장기간 동안 여름 더위에 밖에서 일할 직원들을 필요로 하고 있으므로, 지원자는 건강한 신체 상태여야 합니다.
>
> 지원자는 다음의 요건을 충족시켜야 합니다.
> – 최소 18세 이상
> – 유효한 운전면허증 소지
> – 최소 50파운드 이상 들어 올릴 수 있음
> – 최소한의 관리 감독 하에 일할 수 있음
> – 깨끗한 전과 기록
>
> 근무 시간은 다양하지만 일반적으로 아침이나 이른 오후일 것입니다. 근무 시간은 한 주에 15시간에서 30시간으로 예상됩니다. 급여는 시간당 9.25달러부터 시작합니다. 지원하기 위해서는 에이켄 시내에 있는 공원 및 휴양 관리부 사무실에 직접 방문하셔야 합니다.
>
> **에이켄 컨트리 공원 및 휴양 관리부**

32 Q: 지원자가 좋은 신체 건강을 지녀야 하는 이유는 무엇인가?

    (a) 가혹한 날씨에서 일해야 할 것이다.

    (b) 매일 오랜 시간을 일해야 한다.

    (c) 다양한 환경에서 일해야 할 것이다.

    (d) 대부분의 시간에 노동 집약적인 일을 할 것이다.

33 Q: 광고에 따르면 다음 중 옳은 것은 무엇인가?

    (a) 지원자는 도시 내의 여러 공원에 가기 위해 차를 가지고 있어야 한다.

    (b) 해당 부서의 직원들은 매일의 보수 작업을 상사에게 보고해야 한다.

    (c) 직원들은 새로운 법으로 인해 하루에 6시간 이상 일할 것을 요구받지 않을 것이다.

    (d) 직원들은 정해진 근무 장소가 없이 여러 장소로 옮겨 다닐 것이다.

해설 **32** 첫 번째 문단 마지막 부분에 보면 해당 업무가 장기간 동안 여름에 밖에서 일하는 것이므로 지원자는 건강한 상태여야 한다고 했다. 따라서 (a)가 정답이다. (b) 하루 근무시간이나, (c) 다양한 환경에 관한 내용은 언급되지 않았고, (d) 공원의 유지 보수 작업을 노동 집약적인 일로 볼 수는 있지만 광고에서는 날씨를 이유로 건강한 신체 상태를 언급했으므로 (a)가 더 적절하다.

33 광고 앞부분에 도시의 다양한 공원을 돌아다니면서 유지 보수 작업을 할 직원들을 찾고 있다고 했으므로 (d)가 정답이다. (a) 자격 요건에 운전면허증을 소지해야 한다는 사항은 있지만 차량까지 소유해야 한다는 내용은 없었고, (b) 자격 요건의 네 번째 항목에 보면 최소한의 관리 감독 하에 일한다고 했으므로 매일 상사에게 보고하지는 않을 것이다. (c) 한 주에 15시간에서 30시간을 일한다고만 나와 있으므로 하루 근무시간은 알 수 없다.

어휘 **recreation** 레크리에이션; 휴양
routine 일상적인; 정해 놓은   **maintenance** 유지, 보수
typical 전형적인; 대표적인   **lawn** 잔디   **shrubbery** 관목
fix 고정시키다, 박다   **drainage ditch** 배수로
prolonged 장기적인   **requirement** 자격 요건   **valid** 유효한
driver's license 운전면허증   **minimal** 최소한의
supervision 관리, 감독   **criminal record** 전과 기록
be expected to ~해야 한다; ~할 것으로 기대되다
range from ~ to ... (범위가) ~에서 ...까지 이르다
in person 직접   **harsh** 가혹한
labor-intensive 노동 집약적인

34-35 (c), (b)

해석

> 오늘은 중요한 날이었다. 마침내 코넬대학으로부터 입학 허가서를 받은 뒤로, 나는 내 전공을 무엇으로 해야 할지에 대해 좀 더 심각하게 생각해야 했다. 엄마와 아빠는 내가 의사라는 성공 가도를 달리기 위해서는 의학을 전공해야 한다고 주장한다. 나는 부모님의 조언에 감사하다. 두 분 모두 의사시고, 두 분의 직업 선택은 내가 이러한 명문 대학을 다닐 기회를 얻는 데 중요한 역할을 해왔다. 나 또한 의학 분야에 들어서는 것이 가져다주는 경제적인 혜택을 잘 알고 있다.
>
> 그것이 내 마음에 들지 않는다는 게 문제이다. 나는 단 한

번도 과학이나, 다른 여러 수업을 즐긴 적이 없다. 다만 최근에 12학년을 보내면서 나는 나의 진정한 열정을 발견했다. 바로 연극이다. 나는 무대에 올라가서 완전히 다른 누군가의 역할을 맡는 것이 좋다. 나의 억양과 말투, 그리고 버릇 등을 바꾸는 이러한 모든 것이 정말 신이 난다. 그러므로 우리 부모님의 바람에도, 난 다음 주에 학교를 시작하게 되면 연극을 전공할 것으로 결정했다.

34 Q: 왜 필자는 의사가 되는 것의 경제적인 혜택을 언급하는가?

  (a) 의사가 되고자 하는 주요한 이유를 설명하기 위해
  (b) 의학 공부에 찬성하는 부모님의 주요 근거를 알리기 위해
  (c) 자신이 반대 의견을 고려해보았다는 것을 나타내기 위해
  (d) 연극을 공부하는 것이 현명한 경제적 결정인 이유를 설명하기 위해

35 Q: 글로부터 필자에 대해 추론할 수 있는 것은 무엇인가?

  (a) 자신의 직업에 관련하여, 부모님의 의견에 반대하고 싶어 하지 않는다.
  (b) 여러 역할을 연기하면서, 그는 여러 사투리를 말할 수 있다.
  (c) 그의 부모님은 대부분의 의사가 대학생 때부터 의학을 공부하지는 않는다는 것을 알고 있다.
  (d) 고등학교에서 형편없었던 학생이었고, 어떤 과목에도 거의 관심을 갖지 않았다.

해설 **34** 첫 번째 문단에서 필자는 자신이 부모님의 의견을 존중하여 의학 전공을 하는 것을 고려해 보았다고 했고, 두 번째 문단에서는 그럼에도 자신의 진정한 열정은 연극에 있다고 했다. 따라서 (c)가 가장 적절하다. (a) 필자는 의사가 되려는 생각이 없고, (b) 경제적인 혜택은 부모님이 아닌 자신이 알고 있는 의학 공부의 근거이다. (d) 연극에 관해서는 경제력에 대한 언급이 없었다.

35 두 번째 문단에 보면 억양, 말투, 버릇 등을 바꾸는 연기가 필자로서는 정말 신이 난다는 내용이 나와 있다. 따라서 필자가 여러 역할을 통해 사투리를 배웠을 것이라 추론할 수 있다. 정답은 (b)이다. (a) 직업에 관련하여서는 부모님의 의견에 반대하게 되었고, (c) 그의 부모님은 대학생 때부터 의학을 공부해야 성공 가도에 들어설 수 있다고 생각하고 있다. (d) 필자가 학교의 여러 수업을 즐긴 적이 없다고는 했지만, 이로써 성적이 나쁜 학생이라 단정 짓기는 어렵다.

어휘 **a letter of acceptance** 입학허가서, 합격통지서
major 전공; 전공으로 하다
be on the fast track 성공(출세) 가도를 달리다
input 조언; 제공, 투입   **instrumental** 중요한; 악기에 의한
prestigious 명망 있는, 일류의   **be aware of** ~을 알다
senior (고등학교) 12학년의, 마지막 학년의
assume 추정하다; 맡다   **way of speech** 말투
mannerism 버릇; 타성, 매너리즘   **argument** 논쟁; 논거
in favor of ~을 찬성하여, 지지하여   **indicate** 나타내다
viewpoint 관점   **regarding** ~에 관하여
dialect 방언, 사투리